FRANÇOIS VILLON

POÉSIES

Texte présenté et commenté
par
Jean DUFOURNET

GF Flammarion

INTRODUCTION

Les légendes et les noms de Villon.

Villon a toujours eu des fidèles passionnés, pour des raisons fort diverses. Clément Marot et Théodore de Banville ont admiré l'habile poète des ballades et des rondeaux émouvants. Théophile Gautier trouvait dans son œuvre des types amusants et singuliers. Rimbaud chanta le pur poète, le fol enfant qui a des rimes plein l'âme, des rimes qui chantent et qui pleurent, qui nous font rire ou pleurer. Jean Richepin, qui a repris dans sa *Ballade de Noël* un refrain de Villon (*Tant crie l'on Noël qu'il vient*), exalta le marlou de génie. Pour Marcel Schwob, Villon mentit dans sa vie comme dans son œuvre, habile à composer sa figure, à changer de manières pour s'adapter à chaque milieu, préférant organiser les mauvais coups et en profiter plutôt que de les mettre à exécution, acceptant de bouffonner et d'être moqué « pourvu qu'on lui donnât de l'hospitalité et de l'admiration pour son extraordinaire talent de poète ». Son génie, selon André Suarès, est la clairvoyance : Villon est admirable pour voir les autres et lui-même, pour peindre ce qu'il voit, le plus réaliste et le plus confident des poètes avant Baudelaire. Francis Carco et Pierre Mac Orlan, que Villon visitait dans leurs rêves, furent hantés par le mauvais garçon un peu lâche, par l'ami des prostituées, que dévorait la passion de la liberté, resté poète au fond de l'âme malgré ses turpitudes, terrorisé par le spectre du gibet, fasciné par le mal et la chute [1]. Bertolt Brecht l'a introduit dans *L'Opéra de quat'sous* sous les traits de Macheath. Antonin Artaud, dans une lettre du 22 septembre 1945, écrivait à Henri Parisot :

« J'aime les poèmes des affamés, des malades, des parias, des emprisonnés : François Villon, Charles Baudelaire, Edgar Poe, Gérard de Nerval, et les poèmes des suppliciés du langage qui sont en perte dans leurs écrits, et non de ceux qui s'affectent perdus pour mieux étaler leur conscience et leur science et de la perte et de l'écrit [2]. »

En 1952, Blaise Cendrars, pour expliquer Villon, refusait de choisir, comme Francis Carco, la *Ballade de la Grosse Margot* (*Testament,* vers 1591-1627) et de voir en lui « le premier voleur du royaume » ; il estimait au contraire que la *Ballade à s'amie* (*Testament,* vers 942-969), véritable confession du poète, le plus riche de ses poèmes pour la biographie et l'interprétation, « comporte peut-être la clé de l'existence dévergondée de Villon, des malheurs de sa vie et de la source de sa poésie [3] ».

Mais ce mauvais garçon a été élevé au sein de l'Église, dans la communauté de Saint-Benoît-le-Bétourné, aux côtés de son père adoptif Guillaume de Villon, dont il assume l'héritage spirituel : une admiration sincère pour Jeanne d'Arc et Du Guesclin, une acerbe hostilité contre les chanoines de Notre-Dame et les frères mendiants, une profonde imprégnation de la Bible, les idées des prédicateurs et des poètes de son temps (universalité de la mort, putréfaction des corps...). Il porte en lui un riche fonds de culture écrite et orale que, poète docte et non populaire, il utilise pour s'adresser aux lettrés ; il joue même l'ignorance, note André Suarès, « ingénu, non pas naïf ».

---

1. Pour des compléments, voir Jean Dufournet, *Villon et sa fortune littéraire,* Saint-Médard-en-Jalles, Ducros, 1970.
2. Dans *Change,* nᵒ 71, p. 22.
3. « Sous le signe de François Villon », *La Table ronde,* nᵒ 51, mars 1952, p. 60.

Tous ces visages de Villon comportent une part de vérité ; il faut les garder tous pour tenter de recomposer la personnalité de ce poète aux noms multiples, différent de lui-même et de ses légendes, des rimeurs de cour comme de ses compagnons de ribote.

Il se cache sous plusieurs pseudonymes qui proposent des *personæ fictae* du poète, tout comme Rabelais, son admirateur, sera Alcofrybas Nasier, Alcofrybas l'Abstracteur qui a la tête dans les nuages et qui fabrique l'huile de la science, Nasier le Renifleur qui a les pieds sur terre et hume le bon vin.

Dans les documents qui concernent le poète, il apparaît sous les noms de François Monterbier (ou Montcorbier) qui est peut-être son patronyme, de François des Loges, celui qui déloge au plus vite après un mauvais coup, de Michel Mouton, nom qu'il prend quand il fait panser sa blessure à la suite d'une vilaine affaire, sans doute une autre manière de se moquer du monde, puisque le mouton n'a pas hésité à frapper et à tuer.

Surtout, il joue avec son nom le plus connu : le *Je, François Villon, écolier*, n'est plus, à la fin du *Lais*, la première suite de ses legs, que *le bien renommé Villon*, dépossédé de tout. Le jeu est repris dans le *Testament* où il est tour à tour François en acrostiche dans la *Ballade à s'amie* (vers 942-949), Villon en acrostiche dans l'envoi de la *Ballade de la Grosse Margot* (vers 1621-1626), « un pauvre petit écolier / qui fut nommé François Villon » (vers 1886-1887), et le *pauvre* Villon (vers 1997) de la ballade finale [1].

Le clerc et le mauvais garçon.

François de Montcorbier, qui deviendra Villon, naquit en 1431 ou 1432 à Paris dans une famille pauvre. Très tôt orphelin de père, il est présenté à

---

1. Pour une étude plus ample des noms de Villon, voir notre article sur « La permanence d'un mythe au Moyen Âge ou Villon-Merlin », *Europe*, n° 654, octobre 1983, p. 83-92.

Guillaume de Villon, chapelain de Saint-Benoît-le-Bétourné, près de la Sorbonne, et professeur de droit canon ; son *plus que père* lui donna nom, culture, vie sociale et religieuse. En 1443, Villon s'inscrit à la Faculté des Arts ; il est reçu bachelier en mars 1449. Le 4 septembre 1450, Guillaume de Villon, en procès avec le chapitre de Notre-Dame, que le poète n'épargnera pas, est emprisonné. Entre le 4 mai et le 26 août 1452, Villon obtient sa licence et sa maîtrise ès arts.

De 1453 à 1455, il participe à des chahuts d'étudiants de plus en plus audacieux, à des bagarres avec la police ; il hante les tavernes. Le 5 juin 1455, il blesse mortellement un prêtre, Philippe Sermoise, qui l'a pris à partie ; il se fait panser sous le nom de Michel Mouton et s'enfuit. En janvier 1456, il obtient des lettres de rémission pour le meurtre de Sermoise. La nuit de Noël, il participe à un vol de 500 écus au collège de Navarre, avec Colin de Cayeux, Gui Tabarie, un moine picard nommé Damp Nicolas, et Petit Jehan. Il prétend avoir composé cette nuit-là le *Lais,* le premier et le moins long de ses deux poèmes suivis, parfois appelé, contre l'avis de l'auteur, « Petit Testament » par opposition avec l'autre. En fait, il écrivit le *Lais* juste avant le vol ou le lendemain, en hâte, pour se préparer un alibi ou excuser un méfait qu'il aurait commis dans un état de demi-inconscience.

Il quitte Paris tout de suite après le vol, ou après sa découverte en mars 1457. L'enquête commence les 9 et 10 mars. En mai, Pierre Marchand, curé de Paray près de Chartres, peut-être indicateur de police, fait parler Tabarie, qui déclare que Villon s'est dirigé vers Angers pour voler un religieux. Arrêté au milieu de 1458, torturé, Tabarie fait des aveux et met en cause Villon, qui mène une vie errante, sans qu'on puisse reconstituer son itinéraire, car les noms cités dans le *Testament* semblent n'avoir été choisis que parce qu'ils se prêtaient à des jeux de mots. Sans doute passa-t-il par les cours de Charles d'Orléans à Blois, où il composa la ballade *Je meurs de seuf auprès de la fontaine* et le *Dit de la naissance de Marie d'Orléans* (*Poésies diverses*, VII et VIII), et de Jean II de Bourbon à Moulins, où il aurait écrit, en échange de subsides, la *Requête à Monseigneur de Bourbon* (*ibid.*, X). Affilié à une bande de malfaiteurs, les Coquillards, comme ses amis Colin de Cayeux et Régnier de Montigny, il compose dans leur jargon des ballades complexes où l'on peut trouver plusieurs niveaux de signification et, à coup sûr, un goût prononcé pour toutes sortes de jeux linguistiques. Durant l'été de 1461, il subit à Meung-sur-Loire une rigoureuse captivité, soumis à la question par l'eau, torturé dans une prison de l'évêque Thibaud d'Aussigny. Pourquoi ? On ne sait : peut-être a-t-il commis un vol sacrilège ou fait partie d'une troupe de baladins malgré son état de clerc. De cette époque datent l'*Épître à ses amis* et *Le Débat du cœur et du corps* (*Poésies diverses*, IX et XI). Le 2 octobre, il est libéré, à l'occasion du passage dans la ville du nouveau roi Louis XI. Il commence la composition du *Testament,* qu'il poursuit l'année suivante, en y intégrant des pièces plus anciennes auxquelles il a pu donner un sens différent.

En 1462, il regagne Paris. Inculpé de vol en novembre et incarcéré au Châtelet, il est libéré le 7 novembre après avoir promis de rembourser cent vingt écus d'or au collège de Navarre. À la fin du même mois, impliqué dans une bagarre au cours de laquelle le notaire pontifical Ferrebouc, qui s'était occupé du cambriolage de Navarre, avait reçu un coup d'épée de Robin Dogis, Villon est arrêté, torturé, condamné à être pendu. Il fait appel. Le 5 janvier 1463, le Parlement casse le jugement et bannit Villon pour dix ans de la ville, prévôté et vicomté de Paris. Dans sa *Louange à la Cour* (*Poésies diverses*, XV), le poète remercie les membres du Parlement et demande un délai de trois jours pour régler ses affaires ; dans la *Question au clerc du guichet* (*ibid.*, XVI), il se félicite d'avoir demandé que fût cassée cette injuste sentence.

Il disparaît alors, aux alentours de la trentaine, sans qu'on sache quand, ni où, ni comment il mourut. La légende s'empare de lui, le métamorphose en buveur, voleur, trompeur, *farceur* (faisant des farces, jouant des farces) dans des œuvres comme *Les Repues franches*, *La Grande Diablerie* d'Éloi d'Amerval, la *Vie et Trépassement de Caillette*, dans des testaments burlesques, dans le *Pantagruel* et le *Quart Livre* de Rabelais où il joue la Passion en Poitou, où il se venge cruellement d'un moine cordelier, Étienne Tappecoue, et où il se moque du roi d'Angleterre.

En 1489, Pierre Levet publie la première édition imprimée des œuvres de Villon, qui obtiennent un vif succès, et sont reproduites au moins neuf fois avant 1500 et plus de vingt fois avant 1553.

L'œuvre et ses structures.

Les deux œuvres suivies de Villon, le *Lais* et le *Testament*, qui appartiennent au genre du dit et se présentent comme des testaments, sont composées de huitains d'octosyllabes [1]. Si le poète a incorporé des ballades et des rondeaux à la trame du *Testament* dont il a ainsi diversifié l'architecture traditionnelle que seule la brièveté sauvait de la monotonie [2], le huitain demeure l'élément de base de son discours poétique. Bien plus, de nombreuses ballades comportent trois ou six huitains octosyllabiques [3]. D'autre part, Villon prend toujours le soin de préparer la ballade qu'il enchâsse par un ou deux huitains de présentation. Ainsi se tisse une trame complexe qui transfigure le *sermo pedestris*, constitué dans le *Testament* comme dans le *Lais* par l'énoncé systématique des legs, en y mêlant des efflorescences lyriques, satiriques ou philosophiques.

Villon a utilisé toutes les ressources du huitain, qui

1. Dont les rimes s'organisent selon le schéma suivant : *ababbcbc*.
2. C'est le cas du *Testament par esbatement* d'Eustache Deschamps.
3. Les rondeaux eux-mêmes sont composés de quatre quatrains, c'est-à-dire de deux huitains.

tantôt constitue une unité indépendante, aux contours
bien délimités, autour d'un personnage comme Frère
Baude (*Testament*, huitain CXX) ou d'un groupe
(*ibid.*, CXLV), et tantôt s'insère dans une suite plus
ou moins étendue, qui présente une anecdote à tona-
lité philosophique ou morale, comme le dialogue
d'Alexandre et du pirate Diomédès (*ibid.*, XVII-XXI),
ou, sur le mode ironique, une démonstration théolo-
gique sur le sort des prophètes avant l'Incarnation
(*ibid.*, LXXXI-LXXXIII), ou un débat entre le cœur
et le corps de Villon (*ibid.*, XXXVI-XXXVII), ou un
portrait antithétique de la jeunesse et de la vieillesse
(*ibid.*, LI-LV), ou une méditation sur la pauvreté, la
danse macabre, l'agonie ou les charniers du cimetière
des Saints-Innocents, ou la critique d'un individu,
comme Thibaud d'Aussigny (*ibid.*, I-VI) ou d'un
groupe, frères mendiants ou chanoines de Notre-
Dame. Il amène avec une singulière habileté le dernier
vers, qui peut annoncer le poème suivant [1], prendre la
forme d'un proverbe [2], énoncer un jugement [3], laisser
le lecteur sur l'évocation d'un personnage [4] ou d'une
attitude [5], amener un retournement qui invite à relire
le huitain [6].

Cette diversité se retrouve à l'intérieur du huitain,
fait souvent de ruptures et de bifurcations, par l'inser-
tion dans la réalité sordide d'images rapides, par la
juxtaposition ou l'entrelacement de confidences
pathétiques et de pitreries cocasses, par l'emploi de
mots empruntés à tous les lexiques et à tous les styles.

S'agissant de l'ensemble, si le jeu du poète consiste
à imiter la forme d'un acte de succession, la suite des
Item, généralement plaisants, s'interrompt en divers
endroits pour laisser place, dans le même cadre de
la strophe octosyllabique, à des développements de

---

1. *Testament*, vers 1590 : *Qu'on lui lise cette ballade.*
2. *Ibid.*, vers 1827 : *De beau chanter s'ennuie on bien.*
3. *Ibid.*, vers 1213 : *Elle est une mauvaise ordure.*
4. *Ibid.*, vers 1197 : *C'est bien le diable de Vauvert.*
5. *Ibid.*, vers 1221 : *Comme enragé, à pleine gorge.*
6. *Ibid.*, vers 1085 : *Et est plaisant ou il n'est point.*

plus haute volée. Il y a ainsi une série de coups
d'aile : dès le *Lais,* lors de l'évocation initiale du mal
d'amour, ou à partir de la strophe XXXV, où le
testateur, à l'annonce de l'Angélus, s'interrompt pour
prier, avant de plonger dans l'inconscience, et se
trouve ainsi détourné de son jeu. Tout au début du
Testament, le poète, au souvenir des misères accumu-
lées et survenues depuis le *Lais,* prend à partie son
tourmenteur Thibaud d'Aussigny, fait le point sur
son expérience vécue depuis sa « jeunesse folle »,
médite sur l'amertume d'un destin terrestre qui, pour
lui comme pour tous, va bientôt déboucher sur une
mort déjà menaçante et, à propos de la mort, s'élève
déjà, notamment dans les quatre derniers huitains
(XXXVIII-XLI) de la série liminaire, aux plus hauts
accents du lyrisme philosophique, introduisant impli-
citement aux trois premières ballades, sur le « temps
jadis ». Immédiatement après ces trois ballades, le ton
des huitains continue à se soutenir et l'exemple de la
Belle Heaumière donne un nouvel aliment à la médi-
tation sur le destin, ainsi que sur l'amour, qui se
prolonge sur le rythme du *sermo pedestris,* mais avec,
çà et là, des accents plus pathétiques que dans la
séquence du *Lais* (LXX : *Je renie Amour... ;* LXXII :
Je connois approcher ma seuf...). Ce n'est pas avant le
huitain LXXV qu'on revient à l'idée des dispositions
testamentaires et qu'on prépare les nouvelles séries
d'*Item,* annoncées avec quelque solennité (LXXIX)
par un testateur qui voit s'approcher l'échéance et
qui, tout en revenant à une apparente frivolité sati-
rique, y associe plus souvent une âpreté plus ou
moins féroce. L'unité du thème testamentaire est
maintenue dans des séquences plus ou moins longues
(XCV à CXXV, CXXVI à CXXXIX, CXLI à CL,
CLI à CLV, CLXVII à CLXXVII, CLXXVIII à
CLXXXV) et soulignée comme en écho par de
fréquents retours à des personnages déjà nommés
dans le *Lais* ; mais s'intercalent de façon plus serrée,
pour concourir à l'élargissement ou à l'approfon-
dissement de l'inspiration, les poèmes à forme fixe,

occasionnellement rondeau ou chanson, mais surtout ballade.

Ainsi Villon prouvait-il qu'il n'était pas seulement un *vieux singe* qui ne viserait qu'à faire rire et, du coup, lasserait ; qu'il était capable d'être le poète sérieux de la pauvreté, du vieillissement, de la déchéance et de la mort ; qu'il pouvait passer d'un ton à l'autre en demeurant dans le cadre du huitain qu'il avait lié dans le *Lais* à l'ironie gouailleuse et à la parodie irrévérencieuse, capable d'imprimer à ses vers la marque de sa personnalité, en sorte que l'œuvre est sans cesse illuminée de formules fulgurantes qui traduisent ses obsessions et, de quelques traits, dessinent personnages et scènes.

On a donc tort de réduire l'œuvre de Villon à quelques ballades comme celles dites des *Dames du temps jadis* (*Testament*, vers 329-356) ou des *Pendus* (l'*Épitaphe* des *Poésies diverses*, XIV) ; mais, à condition de les considérer dans leur ensemble, elles nous offrent un bon moyen pour aborder son univers poétique, dont elles nous suggèrent la richesse par la diversité des tons et des moyens employés. Marot, d'ailleurs, accordait une place particulière aux ballades, dont il a loué la *veine belle et héroïque,* au moment où Villon passait encore pour un farceur malicieux.

Le poète n'a pas cherché à innover. Il conserve l'envoi de quatre à sept vers qu'il adresse en général à un prince, jouant avec ce nom, ici employé au pluriel (*Prince à mort sont tous destinez, Testament,* vers 409), là désignant Charles d'Orléans, *Prince amoureux, des amants le graigneur* (*ibid.*, vers 966), ailleurs, lui substituant d'autres personnages, les filles de joie [1], la Vierge Marie [2], Jésus-Christ [3], une grande dame, Ambroise de Loré [4], ou, dans les *Poésies diverses* [5], lui-même interpellé par Fortune. Préférant les strophes

1. *Testament,* vers 557.
2. *Ibid.,* vers 903.
3. *Poésies diverses,* XIV, vers 31.
4. *Testament,* vers 1402.
5. XII, vers 37.

carrées, huitains de vers de huit syllabes qui constituent la trame du *Lais* et du *Testament* et dizains de vers de dix syllabes, il se limite à l'ordinaire à un seul schéma de rimes (*ababbcbc* pour le huitain, *ababbccdcd* pour le dizain), choisissant le plus souvent des rimes riches et rejetant les rimes faciles.

La difficulté technique de la ballade explique que beaucoup d'entre elles soient construites sur des énumérations, dont Villon a tiré le meilleur parti en ne se bornant pas à la reprise mécanique d'une recette. Aussi a-t-il, dans la *Ballade des femmes de Paris* (*Testament,* vers 1515-1540), entrecoupé de remarques piquantes la longue litanie des noms propres, dont il s'est efforcé d'introduire le plus grand nombre possible, comme il le souligne avec malice : *Ai-je beaucoup de lieux compris ?* Ainsi dans les trois ballades [1] regroupées autour du thème *Ubi sunt* (Où sont passés ces illustres personnages ?) et d'expressions voisines : *Dites-moi où... Qui plus, où est... car ou soit... :* dans la première, celle des *Dames,* le procédé est au service de la plus parfaite harmonie des sons et de la plus pure poésie, tandis qu'une savante progression renforce la démonstration : à travers la mélancolie, les précisions cocasses et le caractère composite de l'évocation — ombres vagues, s'enfonçant dans la nuit, et personnages appartenant à la mémoire populaire comme Héloïse et Jeanne d'Arc — font percer un léger sourire, l'incantation des rimes caressantes et d'un refrain enveloppé d'une frange de rêverie suscite le retour d'un passé poétique. Au contraire, dans la seconde, celle des *Seigneurs,* prosaïque et sinistre comme l'agonie, Villon réussit à inclure une dizaine de contemporains, morts récemment de façon plus ou moins affreuse. Moins individualisée, la dernière pièce de ce triptyque est imprégnée de la magie du vieux français.

Cet excellent artisan du vers n'hésite pas à compliquer sa tâche par des acrostiches qui le désignent lui-

---

1. *Testament,* vers 329-412.

même, dans la *Ballade pour prier Notre Dame* (*Testament*, vers 903-908) ou la *Ballade de la Grosse Margot* (vers 1621-1626), ou qui indiquent les destinataires des poèmes : Marthe dans la *Ballade à s'amie* (*ibid.*, vers 950-955) ou Ambroise de Loré dans la *Ballade pour Robert d'Estouteville* (*ibid.*, vers 1376-1391). Mais surtout, très exigeant, il a exclu du *Testament*, lorsqu'il a constitué sa propre anthologie, les ballades construites sur des procédés qu'il jugeait trop faciles, énumération fondée sur le même début de vers (*Je connois bien mouches en lait*), succession de proverbes commençant par le même mot (*Tant gratte chèvre que mal gist*), jeu des contradictions (*Ne bien conseillé qu'amoureux* ou *Je meurs de seuf auprès de la fontaine*), ou les pièces alourdies d'allusions mythologiques (*Ballade de la Fortune*) ou emphatiques (*Dit de la naissance de Marie d'Orléans*) [1].

Par les ballades, qui permettent de déceler un mélange constant de réalisme et de poésie, de sérieux et d'ironie, de délicatesse et de grossièreté, Villon a voulu rompre la monotonie d'une succession de huitains et manifester les multiples facettes de son talent. En outre, les ballades, qui comportent moins d'équivoques, de doubles sens et d'antiphrases que les huitains, peuvent recevoir de leur place dans l'œuvre une signification nouvelle. Ainsi, la *Ballade à s'amie*, écrite d'abord pour Marthe dont le prénom se lit en acrostiche, fut insérée dans le *Testament*, offerte à la *chère rose*, et prit un sens différent après les huitains grossiers qui dénoncent la cupidité et la sensualité de Catherine de Vaucelles. De surcroît, elle est à interpréter en fonction de la *Ballade pour prier Notre Dame* : l'une et l'autre sont décasyllabiques, signées par des acrostiches et séparées par quatre huitains ; l'une parle de la Dame du ciel, l'autre de la Dame de son cœur ; l'une exalte l'infinie bonté de la Vierge qui sauva Théophile, clerc comme Villon, l'autre dénonce la dureté et la félonie de la *fausse beauté qui tant* lui *coûte*

---

1. Voir *Poésies diverses*, III, II, IV, VII, XII, VIII.

cher et cause sa perte. De même, la proximité de la *Ballade pour Robert d'Estouteville* [1] et de celle des *Langues ennuyeuses* [2] invite à les comparer et à expliquer le comportement de Villon par l'attitude des autres à son égard. Aidé et estimé, il peut être le chantre, en un style noble et décent, de l'amour conjugal qui réconcilie la passion, la raison et la religion ; mais, quand on tente de lui nuire, comme les frères Perdrier, la vie à laquelle on le contraint fait de lui le poète de la vengeance grossière et injurieuse. Qu'on ne lui reproche pas écarts et excès dans sa vie comme dans ses poèmes, mais qu'on s'en prenne plutôt à ses bourreaux et à ses ennemis !

On peut donc discerner la sûreté d'un instinct et d'une science qui permettent de concilier les nombreux aspects d'une inspiration multiforme et la continuité de dessein d'un artiste qui sait où il va, qui, dans le *Lais*, apparaît souvent encore comme un plaisantin, comme *un bon folâtre*, et qui, dans le *Testament*, ménage avec maîtrise une montée délibérée, mais nuancée, du pathétique jusqu'à la fin, où les deux ballades terminales, annoncées par les derniers legs relatifs à la sépulture, puis par l'*Épitaphe* et par les dispositions ultimes, nous laissent, en dépit du ton encore désinvolte, sur l'image du poète aux portes du tombeau.

Villon se distingue des rhétoriqueurs surtout parce qu'il met cette habileté technique au service d'une œuvre profonde, d'une grande diversité de tons et de sujets.

Les grands thèmes.

Un premier ensemble se regroupe autour des spectacles de la vie quotidienne et des milieux que Villon a fréquentés. Le réalisme, plus ou moins appuyé, s'y

1. *Testament,* vers 1378-1405.
2. *Ibid.,* vers 1422-1456.

teinte d'humour et d'ironie. Voici, autour de la belle qui fut heaumière, femme ou employée d'un fabricant et marchand de casques, les filles de joie et les femmes de médiocre vertu [1] ; dans les tavernes et les bouges, toutes sortes de gens plus ou moins recommandables, que la *Ballade de bonne doctrine* [2] énumère avec allégresse : coquillards, tricheurs, faux monnayeurs, voleurs, amuseurs publics, baladins, acteurs, musiciens, ouvriers agricoles, palefreniers, teilleurs de chanvre ; et, dans la *Ballade de merci* [3], un monde d'oisifs, de prostituées décolletées, de mauvais garçons bagarreurs, de troupes de sots et de sottes agitant marottes et vessies de porc garnies de pois. Ailleurs [4], il évoque la marche zigzagante de Jean Cotart qui était procureur en cour d'Église, et, par une série de touches rapides, les attitudes caractéristiques de l'ivrogne, devenu un chevalier au service du vin et associé à Noé, à Loth et à l'*Archetriclin* des noces de Cana ; ou encore la vie d'un bouge et les relations d'un proxénète et de la Grosse Margot [5], sans réussir toutefois à rassembler autant de détails répugnants que dans la *Ballade des langues ennuyeuses*. Homme de la ville, la campagne lui fait horreur, pour ses décors comme pour ses mœurs [6]. Il préfère le spectacle des rues, des enfants allant en bande chercher de la moutarde à l'heure du repas (*Testament*, huitain CLXVI), des vieilles se chauffant à un maigre feu (*ibid.*, huitain LVI), des mendiants dormant sous les étals (*Lais*, huitain XXX), toute la faune des citadines peu farouches.

Le second groupe, autour du thème de l'amour, traduit les expériences, les aspirations et les contradictions du poète. La *Double Ballade* ou *Ballade des folles amours* [7], à grand renfort d'exemples empruntés à l'an-

1. *Testament*, vers 533-560.
2. *Ibid.*, vers 1692-1719.
3. *Ibid.*, vers 1968-1995.
4. *Ibid.*, vers 1238-1265.
5. *Ibid.*, vers 1591-1627.
6. Voir *Les Contredits de Franc Gontier*, vers 1483-1502.
7. *Testament*, vers 626-672.

tiquité païenne et biblique, dénonce les méfaits de la
passion qui rend « les gens bêtes », la démythifiant et
la ridiculisant pour atténuer la douleur et le dépit du
poète. Dans *Les Contredits de Franc Gontier* [1], qui refu-
sent le retour à la vie campagnarde prôné par Philippe
de Vitri et Eustache Deschamps, la première strophe
exprime, à travers les ébats d'un gras chanoine et de
dame Sidoine, une sensualité raffinée, le rejet des
contraintes du travail, de la famille, du temps, de la
morale et de la pauvreté, la recherche de tous les exci-
tants qui peuvent décupler le plaisir dans un monde
douillet et clos. Si la *Ballade à s'amie* [2] est la mise en
accusation d'une dame trop dure, la *Ballade pour
Robert d'Estouteville* [3], véritablement courtoise malgré
sa gaillardise, exprime les aspirations les plus pro-
fondes du poète : issu du peuple, il rêve d'être noble
par la naissance, les manières et le cœur ; vagabond
sans famille, il regrette la paix d'un foyer heureux et
fécond ; misérable, meurtrier d'un prêtre, emprisonné,
abandonné de tous et accablé par ses ennemis, il sou-
haite le réconfort d'un amour sincère.

Le dernier groupe a pour motif l'obsession de la
mort, qui apparaît tant dans les trois ballades *Ubi sunt*
que dans la *Ballade pour prier Notre Dame* (*Testament,*
vers 873-909) et la *Ballade des Pendus* (*Poésies diverses,*
XIV). Villon hait la mort tout en se sentant attiré par
elle ; il la voit omniprésente et toute-puissante, frap-
pant également les princes et les petits (*Testament,*
huitain XXXIX), vengeant les parias en accablant les
grands. Cette égalité dans le destin ne masque pas la
souffrance de l'agonie, dont le poète suggère, moins
lourdement que la plupart de ses contemporains, la
douleur physique, l'angoisse, l'amertume, la solitude
et les sueurs (*ibid.*, huitains XL-XLI) ; il évoque aussi
le cadavre pourri, la décomposition du corps féminin,
les pendus desséchés et noircis par les intempéries,
agités sans cesse par le vent, *plus becquetés d'oiseaux que*

1. *Ibid.*, vers 1473-1506.
2. *Ibid.*, vers 942-969.
3. *Ibid.*, vers 1378-1405.

dés à coudre ; et il donne la parole à ces malheureux qui, ballottant au haut du gibet, requièrent notre pardon, prient et préviennent.

Toutefois, comparé à ses prédécesseurs immédiats et à ses contemporains, à Eustache Deschamps et à son *Double Lai de la fragilité humaine,* à Pierre de Nesson (1383-1442) et à ses *Vigiles des morts,* à Georges Chastelain et à son *Miroir de la mort,* à Pierre Michault et à sa *Danse aux aveugles* (1465), à Meschinot (1420-1491) et à ses *Lunettes des princes,* Villon apparaît plus discret, plus retenu ; respectant le corps même après sa mort, il se contente de dire qu'il est pourri, tandis que Nesson écrivait :

> Ô très ténébreuse maison,
> Ô charogne qui n'est plus hom !
> Qui te tiendra lors compagnie ?
> Ce qui istra [1] de ta liqueur,
> Vers engendrés de ta pueur [2],
> De ta vil chair encharognée.
> Hé ! Sac à fiens [3] puant, hélas !

Mais Villon ne se borne pas à reprendre les lieux communs qu'avait illustrés un Rutebeuf au XIIIe siècle. S'il regrette le temps de sa *jeunesse folle* où il a *plus qu'un autre galé,* « fait la noce » (*Testament,* huitains XXII et XXVI), ce n'est pas pour avoir gaspillé son temps en jeux futiles, mais en raison de son échec social, du manque de biens matériels. Jugement dernier et enfer sont pratiquement absents de son œuvre, sinon sous forme d'allusions souvent burlesques, puisque, selon lui, parlant des patriarches et des prophètes, *onques grand chaud n'eurent aux fesses* (vers 808) et qu'en enfer *pïons y feront mate chiere,* « les buveurs feront grise mine » (vers 821). En revanche, la mort, pour lui, est liée au vieillissement, présence de la mort dans la vie, qu'il observe chez les *pauvres femmelettes qui vieilles sont* (huitain XLVI)... dont *la belle*

---

1. Sortira.
2. Puanteur.
3. Fiente.

qui fut hëaumière est le porte-parole, et chez le *pauvre vieillard*, autrefois un *plaisant raillard* (huitain XLIII). La vieillesse, qui survient d'un coup, écarte de la vie, contraint de vivre dans le seul univers des vieux, incapable de susciter l'attention et l'amour, *car vieilles n'ont ne cours ne être* (*Testament*, vers 539), pas plus qu'une monnaie hors d'usage. Elle apporte avec elle la laideur, l'apathie, la paralysie : tel est le sinistre avertissement des vers 958-963. Elle est encore plus redoutable pour le poète qui, usé, est dépossédé de ce qui le distinguait, de sa drôlerie et de sa verve satirique. Sa jeunesse évanouie, il n'a plus de génie, il déplaît, parce qu'il est triste et qu'il se répète, vieux singe débitant des bouffonneries ressassées qui, loin de faire rire, excèdent (huitain XLV).

Comment échapper à cette obsession ? Pour Rutebeuf, il fallait se préparer à la mort, en se pénétrant de ces tragiques vérités, en se conciliant Dieu et la Vierge, en méritant l'intercession de celle-ci par une vie de sacrifice. Pour Villon, il s'agit avant tout d'oublier la mort. D'abord, par des allusions plutôt que par des descriptions : elle n'est nommée que de façon détournée, avec pudeur et discrétion, avec une sobre élégance qui coupe Villon de son temps, même si le *Testament* contient de nombreuses allusions à la mort qu'il faut souvent deviner, d'autant qu'elles se compliquent de doubles sens : mort par pendaison que pouvait redouter un marginal comme Villon, mort sur le bûcher, mort des faux monnayeurs qui sont *échaudés*... S'il accumule dans la *Ballade des Seigneurs* un certain nombre de morts récentes, il se contente d'un nom, sans rien dire de la manière dont chacun mourut, ne conservant que des éléments positifs en rapport avec la vie du défunt, le *gracieux* duc de Bourbon, Charles VII *le bon*... De surcroît, l'horreur du réel est subtilisée par la métaphore, et le poète recourt à la poésie, sous toutes ses formes, dès que l'angoisse affleure. Enfin, nous entrons très vite dans le tohu-bohu carnavalesque, avec toutes les valeurs qu'il véhicule et la volonté de jouir immédiatement, pleinement de la vie, pendant qu'il est temps. On peut ainsi découvrir dans le *Testament* l'itinéraire du poète et celui qu'il recommande à ses lecteurs : de la mort tragique à la mort burlesque, de l'horreur du trépas à la gaieté de la fin, des affreuses persécutions de Thibaud d'Aussigny, de l'omniprésence de Dieu et de la conscience pécheresse aux deux ballades carnavalesques qui terminent le *Testament* dans une absence totale de Dieu.

Une vision carnavalesque.

En effet, la seconde partie du *Testament,* qui imite avec minutie un testament réel du XIVᵉ ou du XVᵉ siècle [1], se transforme rapidement en un grand défilé de carnaval, en une fête de la parodie et de la métamorphose dont les acteurs, souvent grotesques, nous sont évoqués par leur nom que Villon a rendu signifiant, ou par un don qu'ils portent ou tiennent entre leurs mains, ou par un détail, un trait du visage ou du corps grossi jusqu'à la caricature. Cette procession burlesque, où les gens s'avancent par groupes, affranchit de la vérité dominante, abolit les rapports hiérarchiques et les tabous dans une égalité subversive qui libère les individus des règles constantes de l'étiquette et de la décence, et qui traduit le refus de l'immuable et de l'éternel au profit des formes changeantes qui reflètent la conscience du caractère relatif des vérités et des autorités, à travers les permutations et les détrônements bouffons.

Théophile Gautier avait bien senti le caractère de cette parade, puisqu'il a introduit sa galerie des Grotesques par le portrait de Villon. En voici un échantillonnage significatif :

Ythier Marchant (huitain XCIV) brandit une épée, tout en chantant un rondeau émouvant sur la mort de

---

1. Voir A. Tuetey, *Testaments enregistrés au Parlement de Paris sous le règne de Charles VI,* Paris, 1880.

sa maîtresse. Jean Cornu et Pierre Baubignon, rapprochés dans le huitain XCV, se voient pousser, l'un, de belles cornes, l'autre, une grosse bosse, un *beau bignon*, deux symboles des maris trompés, qui constituent aussi un début d'animalisation. Saint-Amant et sa femme (huitain XCVII) changent de monture, passent du *Cheval blanc qui ne bouge* à l'âne rouge et de la *Mule* à la jument, puis s'identifient à eux. Merebeuf et Louviers (huitain CII) passent à la condition animale, l'un, bœuf de grande taille, le second, loup agressif, au milieu de bovins et d'oiseaux. Jean Le Loup (huitain CX) se dissimule sous un long manteau. Jean Riou, accompagné de gros mâtins et d'archers, porte une hure de loup, ou plusieurs, qu'il se met à manger, puis s'enveloppe de la fourrure de la même bête (huitains CXII-CXIII). Robinet Trascaille essaie de rattraper une caille et d'en faire une bête de charge, puis se juche sur un épais roncin, la tête recouverte d'une jatte en guise de casque (huitain CXIV). François de La Vacquerie se débat comme un possédé au milieu d'un troupeau de vaches (huitain CXXIII), tandis que le jeune Merle prend la forme d'un merle siffleur (huitain CXXVI) ; que les trois vieux usuriers deviennent des moutons butés (huitain CXXVII) et les deux vieux chanoines des loirs endormis (huitain CXXXIII). Le seigneur de Grigny *grigne*, montre les dents comme un chien menaçant (huitain CXXXVI). Les médisants Perdrier, qui ont recommandé à Villon des *langues cuisants, flambants et rouges,* s'avancent, un plat de langues répugnantes entre les mains, une longue langue leur sortant de la bouche comme dans de nombreuses représentations de démons ou d'animaux démoniaques, leurs vêtements recouverts des langues que portaient les gens condamnés par l'Inquisition pour faux témoignage et qui symbolisaient les flammes de l'enfer, entourés d'animaux dangereux ou repoussants (huitains CXL-CXLI). Jacques James, transformé en porc (huitain CLXIX) précède le sénéchal de Normandie qui cherche à ferrer des oies et des canes (huitain CLXX).

Menant le jeu avec force grimaces, Villon prend tous les masques : testateur mourant qui ressuscite, amoureux transi, chevalier élégant, banquier, pèlerin, pédagogue, médecin, proxénète, vieux singe, *vieil usé rocard*, « vieil oiseau tout déplumé », émule de saint Martin qui partage en deux son grand manteau... ; il utilise diverses voix, celles du pirate Diomédès, d'une vieille femme qui autrefois vendait des heaumes, de sa mère, du grand seigneur Robert d'Estouteville.

Le *Testament* se termine par deux ballades carnavalesques, évoquant, l'une, intitulée la *Ballade de merci*, un cortège qui comporte, entre autres, des bateleurs traînant des guenons, des fous et des folles, des sots et des sottes dans leur costume traditionnel, porteurs de vessies remplies de petits pois et de marottes tintinnabulantes, des *traîtres chiens mâtins ;* l'autre, la *Ballade finale,* un enterrement burlesque dont les participants, *vêtus rouge comme vermillon,* entourent le mort, Villon, martyr d'amour, qui se redresse pour boire un verre de *vin morillon,* du « gros rouge », et c'est sur ce geste que Villon quitte la compagnie et que se termine le *Testament.*

Le jeu des masques, qui peuvent surprendre, émouvoir ou choquer, s'oppose à l'immobilité et met l'accent sur le renouveau social, historique, personnel ; le déguisement marque la rénovation du personnage social ; mais se révéler différent et contradictoire, c'est ne rien révéler de soi en particulier. Le rire offre un monde différent et une vie autre, détruit les limites de l'un, bouleverse l'ordre social et naturel, fait éclater l'univers du sérieux. Dans ce jeu insolite, on passe facilement de l'humain à l'animal, voire au végétal, sans qu'aucune frontière nette les sépare, ni qu'aucune stabilité les maintienne sous le même aspect, dans un mouvement constant de l'existence éternellement inachevée, qui s'exprime dans la permutation des formes et de la hiérarchie, comme dans les sculptures du Moyen Âge ; ainsi, sur les piliers de Souillac, huit bêtes montent à l'assaut du linteau : chaque fois, c'est un fauve à tête, ailes et serres d'aigle qui se croise

et s'affronte avec un lion incroyablement allongé dont
le cou a passé sous le boudin festonné qui masque les
bords. Cette création permanente, qui associe des élé-
ments hétérogènes, affranchit du banal et du conven-
tionnel, jette un regard neuf sur le monde, élargit les
possibilités du langage et de la réalité, libère le voca-
bulaire et les mœurs. Ce rire n'est pas seulement un
moyen de conquérir le lecteur, ni un masque protec-
teur ; il écarte les angoisses personnelles et les
angoisses du temps, vainqueur du sérieux extérieur
comme de la censure intérieure, victorieux de la peur
de l'au-delà, de la mort, du sacré, de l'enfer, des mau-
vaises gens et des soldats licenciés, de l'épidémie, des
puissants de ce monde, triomphant de l'angoisse
d'une société bouleversée dans ses croyances, en proie
à une crise métaphysique, contemplant son déclin,
s'opposant à l'hypocrisie et à la flatterie. Libération
sans doute éphémère, puisque, la fête finie, l'homme
retombe sous le joug de la peur, comme le suggère la
dernière ballade du *Testament,* burlesque certes et
éclairée par des plaisanteries, mais ressassant toutes
les hantises du poète.

Le texte littéraire devient le lieu de la décomposi-
tion du réel et surtout de sa métamorphose. Les gens
changent de rôle, se transforment comme dans les
tableaux de Jérôme Bosch. De là l'abondance des
antiphrases : le temps d'un vers, de brutaux policiers
deviendront de *bonnes et douces gens* (*Testament,* vers
1088), le répugnant Pernet de la Barre un jeune
homme *beau et net* (vers 1096). Dans la série des hui-
tains CXXVI-CXXXI, où le poète fait des legs tour à
tour au *jeune Marle,* à ses *trois pauvres orphelins,* à ses
pauvres clergeons, sans doute s'agit-il du vieux Merle
qui devient amoureux, de trois vieillards rapaces et
bornés que le poète envoie à l'école de Pierre Richer,
le « richard », de deux vieux chanoines de Notre-Dame
qui, loin d'être de *beaux enfants et droits comme joncs,
jeunes et ébattants,* loin de ne pas dormir *comme loirs,*
sont des vieillards cassés en deux, quasi inertes, figés
dans une somnolence léthargique.

La métamorphose s'opère devant nous. Au long de
l'œuvre dans certains cas. L'évêque Thibaud d'Aus-
signy bénit les rues au vers 7 : *S'évêque il est, signant les
rues...* Au vers 731, une homonymie permet de le
confondre avec l'ignoble et débauché favori du duc de
Berry, le suspect Tacque Thibaud. Il devient, au vers
1984, l'un de ces *traîtres chiens mâtins,* qui ont
contraint Villon à mâcher et ronger de dures croûtes
maint soir et maint matin. Cette évolution permet de
mesurer le chemin parcouru : l'évêque n'a plus rien de
sacré, il est même sorti du règne humain. Villon se
sent libéré. La métamorphose peut s'accomplir et se
multiplier dans le cadre d'un huitain : Pierre de Saint-
Amant, mauvais cavalier, s'identifie ensuite à sa mon-
ture, à un *cheval blanc qui ne bouge,* puis à un âne
rouge, tandis que sa femme devient une mule, puis une
jument (huitain XCVII) ; le frère Baude du huitain
CXX, un vieux moine, sera successivement, par la
vertu de son nom (*baude,* adjectif, signifie « vigoureux,
impétueux, vif, lascif »), un jeune homme allègre ; par
le don de Villon, une *salade,* une sorte de casque, et
deux *guisarmes,* deux hallebardes (les deux mots
comportent, de plus, un double sens érotique), un
soldat redoutable et un amant vigoureux ; par l'allu-
sion finale au diable de Vauvert, le monstre vert qui
terrorisait les passants dans le quartier de la rue
d'Enfer en agitant des chaînes. Bien que Villon affirme
que

Les monts ne bougent de leurs lieux
Pour un pauvre n'avant n'arrière [1],

ces changements vont jusqu'à bouleverser la géogra-
phie, puisque le poète rapproche à Paris le mont Valé-
rien et Montmartre (huitain CXLVI), dans l'ouest de
la France, les bourgs de Saint-Généroux et de Saint-
Julien-de-Vouvantes dont les noms changent de sens,
puisque *generou* (qui pouvait se lire *je ne souds*)...

1. *Testament,* vers 127-128.

voventes signifie « je ne paie pas ce que vous m'avez vendu » (huitain CIV).

De plus, à y bien regarder, on s'aperçoit que ces métamorphoses affectent tout le *Testament,* pas seulement la seconde partie où l'élève enseigne au maître (vers 1631) et où des vieillards retournent à l'école, mais même le début, de façon moins voyante : Cerbère gagne une tête dans la *Double Ballade* (vers 634), il en a quatre au lieu des trois de la mythologie antique ; Samson porte des lunettes ; Orphée l'initié devient un ménestrel de village qui anime fêtes et noces. Ailleurs (huitains LXVII-LXVIII), dans la reprise du lieu commun du monde renversé, par la magie de l'amour et la rouerie de Catherine, la farine se transforme en cendre, le mortier d'un président en un élégant chapeau de feutre, le ciel en une poêle d'airain, les nues en une peau de veau et une truie (machine de guerre ou animal) en moulin à vent. La langue courante se retourne : alors que le proverbe affirmait : *Selon le seignor, mesnie duite,* à peu près « tel maître, telle maisonnée », Villon écrit : *Selon le clerc est duit* (dressé) *le maître* (vers 568), et on ne va plus *de vie à mort,* mais *de mort à vie* (vers 1861).

Ces métamorphoses consistent le plus souvent à animaliser les personnages. *Totalement* : le seigneur de Grigny, les persécuteurs de Villon et, l'espace d'un instant, Merebeuf et Louviers deviennent des chiens grondants — on retrouve fréquemment l'image défavorable du chien, envieux, querelleur, maussade, lubrique, paresseux, qui reflète chez Villon comme un complexe de Cerbère éprouvé par l'homme errant, chassé par tous, en marge de toute vie normale ; Jacques James se transforme en pourceau, lui qui vient d'hériter d'une maison située rue aux Truies (vers 1818-1819). *Partiellement,* en sorte que nous retrouvons ces monstres hybrides chers au Moyen Âge et à Bosch (tête d'animal sur corps d'homme, tête humaine sur corps d'animal) : Michaut Cul-d'Oie (huitain CXXXV) garde la tête d'un homme, mais prend le croupion d'une oie, comme le roi Marc a des oreilles de cheval dans le *Tristan* de Béroul.

Cette animalisation peut se développer au cours des vers consacrés à un légataire : Jean Riou reçoit des hures de loup qu'il est invité à manger ; puis, au terme du développement, il s'identifie au loup dans la fourrure duquel Villon lui recommande de s'envelopper : *Que des peaux, sur l'hiver, se fourre* (vers 1141) — émule du lion Noble soigné par Renard ou véritable loup-garou, comme dans le *Bisclavret* de Marie de France, où le chevalier se métamorphose en loup et ne peut retrouver sa forme humaine, sa femme lui ayant volé ses habits.

Pourquoi cette animalisation ? C'est, pour une part, un moyen, entre autres, d'introduire les activités physiologiques du corps, de tout ramener au domaine corporel qui est universel, au boire et au manger, à la digestion, à la vie sexuelle, au *bas corporel* de Mikhaïl Bakhtine qui rabaisse l'orgueil de l'homme, mais aussi le régénère et conjure la mort. Aussi n'est-on pas étonné de découvrir, dans le même temps, nombre de dons et de mots dont le sens était équivoque au Moyen Âge : l'épée, appelée *brant* dans le texte pour permettre un jeu supplémentaire avec le *bran*, l'« excrément » ; la guisarme ou hallebarde ; la lance ; la charrue, le manche de houe et le *grès*, la « pierre » ; le nez de Genevois, symbole phallique ; le mortier et la potence ou « pilon », qui ne sont pas seulement les attributs de l'épicier et de l'apothicaire. De là, aussi, des passages qui incitent à l'acte charnel et citent nommément les organes sexuels (huitain CXI) ; de là, l'évocation de réalités vulgaires : le *roman du Pet-au-Diable*, la chaise percée, l'étron de mouche, et Villon descend jusqu'au répugnant dans la *Ballade de la Grosse Margot* ou les *Langues ennuyeuses* ; de là, le geste final du poète : *ce jura il sur son couillon* (vers 2002) et l'exaltation de Michaut qui mourut à la tâche d'amour. Le *Testament* est donc la grande fête des Michaut et des Jean, les premiers prenant les femmes des seconds.

De plus, si les objets et leurs multiples significations établissent entre Villon et le monde un rapport nouveau, l'apparition des animaux en est un élément majeur. Ils fonctionnent comme des indices qui permettent de mieux appréhender l'univers intérieur du poète. Dans ce monde recréé, où les normes sont bousculées, les animaux, comme les objets, décrivent une relation déviée et nous proposent une vision plus dynamique de cet univers issu de l'inconscient de Villon. Celui-ci, en incluant les animaux dans le texte poétique, certes règle ses comptes, mais aussi complète l'élaboration du monde incroyable où tout peut se confondre, où il n'existe pas de réelle hiérarchie des choses, de véritables impossibilités. Villon, les hommes, les choses, les animaux, tout se mêle et se superpose dans un grand fracas. Cette entreprise non de destruction mais de déconstruction ne réduit pas tout à néant, mais remanie le concret. La présence des animaux est un facteur de burlesque, elle alimente le carnaval et lui confère une allure frénétique. Le poète et ses légataires arborent des masques ; surgissent des hommes-bêtes, un homme-cheval, un homme-âne, reflétant le monde de cauchemar qui entoure Villon et restituant à l'humanité sa nature profonde, la bestialité. La nature humaine est dégénérée vers la nature animale. Ces renversements ont donc un double but, l'un, avoué, qui est de décrire sous son plus vil aspect le monde concret, l'autre, implicite, qui vise à faire entrer l'univers dans l'imaginaire de Villon.

Le poète s'inclut dans le carnaval, devient un vieux singe qui n'intéresse plus personne et dont il ne faut pas diminuer l'aspect misérable. Bien plus, s'il choisit le singe, c'est que celui-ci, n'étant ni vraiment homme ni vraiment bête, doit être placé à l'écart, en dehors de toutes les catégories. On retrouve cette micromanie dont parlait Italo Siciliano, puisque Villon reconnaît n'être qu'un sous-homme, qu'une bête de second plan, comme il n'est qu'un oiseau vulgaire, un *rocard*, loin d'être un faucon ou un épervier.

Du *Lais* au *Testament*, la frénésie délirante du lan-

gage, qui détruit la nature humaine et traduit la perver-
sité du monde, enferme davantage Villon dans sa
détresse, rejeté de la société, acceptant sa différence,
s'enfonçant plus loin dans le cauchemar. Jongleur, le
rire qu'il dispense menace à tout moment de s'étouffer
dans un sanglot. Du *Lais* au *Testament*, nous assistons à
la chute d'un être qui perd son identité, qui se replie sur
lui-même et dont l'imaginaire prend le pas sur les autres
formes d'expression. Le carnaval dans lequel se meu-
vent ces êtres grotesques et ces figures grimaçantes est
pour Villon le seul moyen non pas de cacher son déses-
poir, mais de l'exprimer. C'est par lui que le poète
assume la dégradation de son être. En bouleversant et
recréant le monde concret, Villon en révèle la vraie
nature, la cruauté et l'étrangeté, et lui-même se dissout
dans le tumulte du monde qu'il a créé.

Derrière cette profonde originalité, il est possible de
découvrir une double tradition.

D'abord, une tradition philosophique, héritage de
Jean de Meun et du *Roman de la Rose* et, en remontant
plus loin, de la pensée de l'École de Chartres au
XIIe siècle. Le *Testament,* qui évoque et discute toutes les
formes de l'amour (courtois dans la *Ballade à s'amie*,
raffiné et sensuel dans *Les Contredits de Franc Gontier*,
conjugal dans la *Ballade à Robert d'Estouteville*, vénal et
vulgaire dans la *Ballade de la Grosse Margot...*) et qui
semble condamner l'homosexualité, continue le grand
débat sur l'amour que *Le Roman de la Rose* a développé,
où plusieurs maîtres prodiguent leur enseignement, les
uns représentatifs d'une théorie (Raison, Amour,
Génius), les autres d'une expérience (Ami, la Vieille),
Nature fournissant la conclusion en exposant sa philo-
sophie de la plénitude et de la régénération[1].

C'est ce qu'a bien senti David Kühn dans sa *Poé-
tique de Villon,* malgré des excès et quelque simplifi-
cation. Villon, pour une large part, se constitue le por-

---

1. Guillaume de Lorris et Jean de Meun, *Le Roman de la Rose*,
Paris, Gallimard, coll. « Folio », 1984, et Alan F. Gunn, *The Mirror
of Love. A Reinterpretation of the Romance of the Rose*, Lubbock,
Texas, 1952.

te-parole et l'avoué de la Nature contre la perversion générale, le champion de la fécondité, de la justice, du flux vital, de l'amour et des organes sexuels contre les forces de Mort, la stérilité, l'avarice, la sodomie, le mensonge, l'injustice que symbolise Thibaud d'Aussigny. Même la *Ballade des Dames du temps jadis* serait, à en croire David Kühn, construite autour du thème de la fertilité, les neiges d'antan du refrain étant à la fois une menace et la promesse d'une continuité. Le propos de Villon serait donc de travailler avec la parole pour refaire, redresser et fertiliser le monde, la poésie, le langage, soi-même et les autres.

Cette pensée philosophique, qui remonte au *Timée* de Platon, à la *Physique* et à la *Métaphysique* d'Aristote, identifie la bonté de Dieu à sa fécondité ; elle insiste sur les idées de la plénitude d'un monde sans lacune et d'une chaîne continue des êtres, des plus humbles aux plus élevés, d'où il découle une double nécessité : la réalisation de toutes les possibilités et leur maintien par l'exercice constant du pouvoir reproducteur afin qu'il n'y ait pas de manque dans l'univers. En accomplissant cette fonction de reproduction, les créatures participent à l'activité créatrice de l'être éternel, elles prennent part à sa vie éternelle.

Pour la réalisation de cette philosophie de la plénitude, il était nécessaire d'y adjoindre le principe de la réfection, du remplissage, et c'est Jean de Meun qui insista le plus sur ce point : aussi, si l'idéal est celui de la fécondité et de la régénération de l'espèce, les plus précieux organes sont-ils ceux de la génération, qui sont sacrés, comme l'avait déjà exposé Alain de Lille. En revanche, la chasteté, le célibat et les déviations sexuelles sont des offenses à Dieu et à la Nature, tandis que des récompenses célestes attendent ceux qui accomplissent les lois de la génération. Le rôle et le devoir de la Nature sont de faire qu'aucun trou n'apparaisse dans la chaîne des êtres vivants. Dieu a délégué ses pouvoirs à Nature qui les a elle-même délégués à Génius, Amour et Vénus.

D'autre part, Villon est l'héritier de la tradition jongleresque, homme de lettres qui truffe son texte d'allusions à l'actualité littéraire, de reprises, de parodies, d'emprunts à des œuvres antérieures ou contemporaines (le *Roman de Renart*, Rutebeuf, Jean de Meun, fabliaux, Eustache Deschamps, Charles d'Orléans, théâtre du XVᵉ siècle...) ; il reprend les jeux verbaux traditionnels, parfois grossiers, souvent ressassés, et joue avec le monde et le langage, dont il entend utiliser toutes les possibilités[1], mais c'est aussi un jongleur lié à l'aspect ludique de la tradition populaire au Moyen Âge.

En effet, pendant toute cette période, à côté de la vie officielle, n'a cessé d'exister un second monde, organisé autour du rire et du corps, dans lequel tous les gens étaient mêlés à des moments déterminés de l'année, à l'ombre de chacune des fêtes religieuses. Fêtes du rire, héritées des saturnales romaines, du mime antique et du folklore local, dont les plus connues sont les carnavals et les processions burlesques, les fêtes des fous, la fête de l'âne, le rire pascal, les fêtes agricoles, les parodies des cérémonies de la vie courante – fêtes extérieures à l'Église et à la religion, semblables aux cultes et aux mythes des folklores primitifs, à la frontière de la vie et de l'art, vie à la fois idéale et effective « qui pénétrait temporairement dans le royaume utopique de l'universalité, de la liberté, de l'égalité et de l'abondance » (M. Bakhtine). Les fêtes des fous, en particulier, étaient célébrées par les clercs et les écoliers les jours de l'An, des Innocents, de la Trinité, de la Saint-Jean, dans les églises d'abord, puis, peu à peu devenues suspectes et pourchassées, dans les rues et les tavernes, où l'on parodiait le culte officiel au milieu de déguisements et de danses obscènes, de scènes de déshabillage, de goinfrerie et de beuverie sur l'autel même. Au XVᵉ siècle, on discutait de cette coutume : ses apologistes parlaient de la nécessité de laisser la seconde nature de l'homme se donner libre cours au moins une fois l'an. Mais le 12 mars 1444, la faculté de théologie de Paris condam-

---

1. On en trouvera de nombreux exemples dans les notes.

nait la fête des fous, en réfutant les arguments de ses défenseurs.

Par le biais d'allusions et de jeux verbaux, Villon a lui-même établi des liens avec les manifestations de la joie et de la culture populaires. Avec la fête de l'âne : le huitain consacré à Saint-Amant (huitain XCVII) est tout entier construit sur des noms de monture et s'achève sur la mention de l'âne rouge, cependant qu'ailleurs l'acte sexuel est appelé *jeu de l'âne* (*Testament*, vers 1566). Avec la fête des fous, qui survit dans la sottie (il parle du Prince des Sots[1]), et les cortèges carnavalesques que rappelle la *Ballade de Merci* : fous et folles, sots et sottes s'en vont sifflant six à six. Avec les diableries, puisque frère Baude se transforme en diable de Vauvert, monstre vert et barbu, moitié homme et moitié serpent.

Avant Rabelais, Villon est donc représentatif de cette fin du Moyen Âge où la culture populaire, reléguée d'abord dans les fêtes ou certains genres mineurs, pénètre dans la grande littérature, dans les mystères et les mises en prose des chansons de geste, tandis que s'épanouissent les sotties et les farces, ainsi que les sociétés comme les Enfants sans souci et le Royaume de la Basoche.

Toutefois, ces jeux n'ont rien d'innocent : Villon les charge de sa rancune et de sa vengeance ; ils ont une fonction dénigrante qui tend à rabaisser les puissants. Bon vivant qui est souvent un mauvais plaisant, le poète demeure l'exclu et le déchu qui cherche à se venger de ceux qui lui ont nui et aspire à retrouver la protection d'un milieu clos pour le défendre contre les agressions de l'extérieur, comme le manifeste la récurrence des images du château, de la maison et même de la maison close, de la chambre bien fermée. Cette position marginale, cette solitude du renié confèrent au texte du *Testament* une sorte de frénésie.

Ce que le poète créait naguère au temps du *Lais* n'a plus aucun rapport avec le discours vengeur et raffiné du *Testament*. Comme il a eu à subir la mauvaise et

1. *Testament*, vers 1078.

cruelle justice de la société, la parole est sentie, elle aussi, comme un instrument de la justice.

De là, à côté d'une philosophie optimiste, pour une part héritée, et d'un rire tout rabelaisien, la satire grinçante d'un homme amer que le désespoir menace, dépossédé, vieilli, trompé, rejeté de la vie. Les jeux de mots tendent à dénoncer les tares, la sottise, les prétentions, la méchanceté, l'hypocrisie des gens respectables qu'il cherche à ridiculiser, reprenant des critiques traditionnelles, en introduisant d'autres, toujours acerbes, pourfendant les riches égoïstes, les juges et les enquêteurs trop sévères, les policiers suspects, faisant écho à la colère et au scepticisme populaires.

Griefs personnels, certes : certains personnages du *Testament* lui ont nui, en l'emprisonnant comme l'évêque Thibaud d'Aussigny à Meung-sur-Loire, en le jugeant comme François de La Vacquerie, Jean Laurens, Michaut du Four et d'autres dans l'affaire du collège de Navarre ; d'autres ont été impliqués dans l'histoire d'amour de Villon, qui a peut-être trop aimé Catherine et qui a été trompé avec des rivaux : Ythier Marchant, Jean Le Cornu, François Perdrier, Noël Jolis, si l'on en croit Tristan Tzara. Griefs de ses protecteurs, dont il attend des secours, comme Robert d'Estouteville, la communauté de Saint-Benoît, voire Louis XI, et de son milieu universitaire.

La plupart du temps, il ressasse les mêmes accusations : ivrognerie, mœurs anormales, débauche ou impuissance, infortunes conjugales, avarice, méchanceté, hypocrisie. Mais les procédés sont divers. Villon se sert des doubles et triples sens pour transformer un legs en une attaque d'une cruauté raffinée, souvent ambiguë : donner son *brant,* son épée (mais aussi son membre viril) à Ythier Marchant, c'est se moquer de ses prétentions à la noblesse, c'est plus ou moins lui souhaiter la mort, l'accuser de débauche ou d'impuissance. Il joue sur les noms : Thibaud d'Aussigny, devenu Tacque Thibaud, est taxé de cupidité, d'injustice, d'incompétence et d'homosexualité. Il caricature un personnage comme l'ivrogne Jean Cotart, révèle des

scènes honteuses, la rossée de François de La Vac-
querie, ou des détails répugnants, les *plaques,* les scro-
fules, sur les jambes de Jacques Raguier. Il fait des dons
qui se retournent contre les légataires : Jean Le Cornu
reçoit une maison qui lui tombera sur la tête et qui,
rendez-vous des mauvais garçons, lui vaudra des coups
peut-être mortels. Pourquoi donner des hures de loup à
Jean Riou ? Symbole de la gloutonnerie, de la cupidité
et de la cruauté, lié aux dieux de la Mort dans l'Anti-
quité, le loup représentait le côté dangereux et immoral
de la nature. Dans la médecine populaire, la hure de
loup passait pour donner du courage et sa peau était
recommandée pour guérir l'hydrophobie causée par la
morsure d'un chien enragé. Pour Henri Pourrat et
Arnold Van Gennep, c'est en endossant une peau de
loup qu'on devenait loup-garou : Jean Riou est plus ou
moins soupçonné d'être un loup-garou, ou Villon le
voue à un tel sort. C'est une figure du Mal : l'homme se
change en loup pour nuire à sa guise.

Souvent Villon utilise conjointement l'antiphrase et
la symbolique. Le *jeune* Merle (ou Marle) du vers
1266 du *Testament* est peut-être le vieux Jean de
Marle, un riche financier, qui mourut en 1462, tandis
que se profile l'image du merle, symbole du diable
dans *La Légende dorée* (*Vie de saint Benoît*), et oiseau
chanteur lié au printemps et à l'éveil de l'amour dans
la poésie lyrique et *Le Roman de la Rose,* ou bien, selon
le *Bestiaire* de Pierre de Beauvais, gardé en cage par
l'homme à cause de son chant. Cocasse discordance
entre le vieil homme et l'oiseau chanteur, emblème de
l'amour évoqué dans le dernier vers du même huitain :
Car amants doivent être larges (vers 1273).

Une philosophie de l'incertitude.

Ce dernier exemple signale les difficultés que nous
rencontrons : faut-il prendre par antiphrase l'adjectif
jeune ou lui garder son sens immédiat ? Quelle valeur
symbolique lui conserver ?

Cette complexité est sans doute voulue. Cet humour meurtrier, pour reprendre l'expression de Jean-Paul, finit par transformer le monde en quelque chose d'extérieur qui échappe à nos prises, le sol se dérobe, le vertige nous emporte, nous ne voyons plus rien de stable autour de nous ni en nous : l'individu profond, complexe, inépuisable, toujours changeant, devient flou, incertain, composite, comme le monde, fait de pièces et de morceaux contradictoires.

Cette recherche de l'ambiguïté, cette polyvalence sémantique, syntaxique et symbolique, reflètent une attitude qu'on peut qualifier de philosophique. Ces mots suspects que tiraillent divers sens et qui comportent plusieurs plans de signification, cet émiettement du langage visent à rendre évidente l'incertitude du monde. Il est quasiment impossible d'appréhender la réalité, les êtres humains, le langage. Que sont les légataires ? Des amis, comme il est dit en clair, ou des ennemis égoïstes, comme les legs nous invitent souvent à le penser ? Des débauchés ou des impuissants ? Qu'en est-il de l'amour ? Est-il possible ? Est-ce toujours un jeu érotique ou une duperie ? Qu'est-il lui-même derrière ses masques ? Que désignent les mots ? Où est l'apparence, où est la réalité ?

On comprend maintenant l'importance de certains vers que leur allure paradoxale a fait négliger, mais qui nous offrent une des clés du *Testament* et de la seconde moitié du XVᵉ siècle :

> Rien ne m'est sûr que la chose incertaine...
> Doute ne fais, fors en chose certaine[1]...

D'ailleurs, le thème apparaissait déjà dans le *Lais* (huitain VIII) :

> Et puisque departir me faut
> Et de retour ne suis certain,
> [...]
> Vivre aux humains est incertain.

1. *Poésies diverses*, VII, vers 11 et 13.

C'est aussi l'un des motifs favoris de la cour de Blois, comme en témoignent de nombreuses ballades qui accompagnent les œuvres de Charles d'Orléans dans l'édition de Pierre Champion :

> En doute suis de chose très certaine...
> Grand doute fais de chose bien certaine...

Au fond, les trois étranges ballades des *Menus propos* avec le refrain *Je connois tout fors que moi-même,* des *Contre-vérités* qui détruit le manichéisme du bon sens (*Il n'est service que d'ennemi*) et du *Concours de Blois* (*Je meurs de seuf auprès de la fontaine*) révèlent l'homogénéité du monde villonien et expriment la philosophie du *Testament,* vision d'un monde ambivalent, brisé, éclaté en parties contradictoires entre lesquelles le poète ne peut choisir.

Pour le signifier, il a eu recours à une formule où l'on n'a vu à tort que l'expression de son caractère ou de son évolution : c'est le fameux *Je ris en pleurs,* qui appartient aussi à son temps, puisque Jean Molinet disait : *Ma bouche rit et mon pauvre cœur pleure,* que Guillemette affirme dans la *Farce de Maître Pierre Pathelin* (vers 778-779) :

> Par ceste ame, je rys et pleure
> Tout ensemble...

et que Georges Chastelain, dans la *Mort du duc Philippe,* établissait un contraste entre les divers personnages de son mystère, entre la douleur des hommes :

> Je pleure un haut bien qui se perd
> Et me complains que si peu dure (vers 25-26)

et le plaisir du ciel :

> Et je ris quand j'ai recouvert
> Ce qui est ma nourriture (vers 27-28).

Rire en pleurs qu'Alain Chartier, dans son *Dialogus*

*familiaris Amici et Sodalis super deploracionem Gallice
calamitatis,* attribuait au jongleur : ... *tempus enim
ridendi et tempus flendi. Qui secus facit non viri sed
joculatoris vacat officio.* (Il y a un temps pour rire et un
temps pour pleurer. Qui n'agit pas ainsi se comporte
non pas en homme mais en jongleur.)

Pour Villon, le monde est à la fois amitié et haine,
rire et sérieux, amour profond et louche aventure.
Seuls l'entrelacement et le mélange du bouffon et du
grave, de l'ironie et du pathétique peuvent traduire
cette vision de l'opacité et de l'incertitude universelles.
Le rire en pleurs est une attitude esthétique destinée à
charger d'une plus profonde signification chaque vers
du *Testament.*

Cette ambiguïté s'exprime souvent par des jeux lin-
guistiques et poétiques dont le *Testament* offre de très
nombreux exemples[1]. Quand Villon, au huitain XVIII
du *Lais,* souhaite au seigneur de Grigny de *coucher
paix et aise ès ceps,* on devine bien vite, derrière les ceps
de la vigne, les instruments dont on torturait les pri-
sonniers. Que donne-t-il exactement aux Onze Vingts
Sergents (*Testament,* huitain CVII) quand il lègue

> À chacun une grande cornette
> Pour pendre à leurs chapeaux de fautre ?

Un long ruban qu'ils suspendront à leurs chapeaux de
feutre en guise d'ornement, ou bien une corde de
chanvre qu'on utilisera pour les pendre, la tête tou-
jours coiffée de leur chapeau ? La petite Macée d'Or-
léans (*Testament,* huitain CXXII) est-elle vraiment
une femme, ou bien est-ce plutôt le juge Macé,
bavard, méchant, injuste comme une femme, symbole
au carré du mari trompé et du niais (que désignait le
nom de Macé), voire un homosexuel passif ?

On retrouve cette attitude à la même époque, sur le
plan politique, chez Louis XI et chez son conseiller et

1. Voir les notes, et notre article sur « Les formes de l'ambiguïté
dans le *Testament* de Villon », *Revue des langues romanes,* t. 86, 1982,
p. 191-219.

mémorialiste, Philippe de Commynes, qui se plaît à opposer la réalité aux apparences, les intentions aux paroles, dans un univers où la crainte et la méfiance ne discréditent pas : fondées sur l'humilité, elles astreignent à évaluer toutes les éventualités, à analyser toutes les possibilités, à ne rien laisser au hasard. Le vrai politique ne perd jamais de vue ces deux vérités complémentaires : ne pas prendre l'apparence pour la réalité, savoir utiliser les apparences[1]. C'est aussi l'époque de la *Farce de Maître Pierre Pathelin,* où chacun, du drapier au berger en passant par l'avocat et sa femme, s'efforce de duper autrui.

Ainsi donc les jeux sur les mots dans la poésie de Villon ne sont-ils rien moins qu'anodins : ils révèlent l'attitude d'un poète en face d'un monde instable et difficile, aux apparences trompeuses, où le déraciné, l'être défixé a éprouvé la fausseté du langage, échouant dans sa tentative de réintégrer le groupe, dans ses recours à des idéaux et à des refuges rassurants : la chevalerie, l'amour, l'amitié. À travers la philosophie optimiste d'un Jean de Meun et la joie débridée des carnavals populaires, s'insinue l'inquiétude d'une civilisation à bout de souffle, prête à céder la place à la fougue et à la vitalité de la Renaissance.

Jean DUFOURNET.

1. Voir J. Dufournet, *Sur Philippe de Commynes. Quatre études,* Paris, SEDES, 1982, p. 39-83 et 111-146.

PRINCIPES D'ÉDITION

I

Soucieux de faciliter la lecture du poète, nous avons, d'une façon générale, modernisé les graphies, fort bigarrées et anarchiques au XVᵉ siècle, où la relatinisation de la langue a introduit beaucoup de lettres parasites. Toutefois, nous avons maintenu *oi* à l'imparfait de l'indicatif et dans certains mots pour la rime ; nous avons reproduit telles quelles les six ballades en jargon et la *Ballade en vieil langage françois*, curieux exercice de style où Villon a tenté, en commettant de nombreuses fautes, d'imiter la langue des XIIᵉ et XIIIᵉ siècles. D'autre part, nous avons introduit, sauf dans les ballades en jargon, les signes d'accentuation et de ponctuation, absents des manuscrits du Moyen Âge. Enfin, nous avons conservé les titres habituels, dont la plupart sont postérieurs à Villon, voire aux plus anciens manuscrits, et que nous devons, pour une large part, à Marot.

Afin d'améliorer le texte, nous avons recouru, du moins pour le *Lais* et le *Testament*, au manuscrit qui est maintenant tenu pour le meilleur, le manuscrit Coislin (désigné par la lettre C), lequel, à la différence des autres manuscrits, n'est pas une anthologie et ne contient que les œuvres de Villon (hormis, dans les 107 premiers folios, le *Roman de Mélusine* de Couldrette), dans l'ordre suivant : fol. 107 verso : *L'Épitaphe de Villon (Poésies diverses,* XIV*)* ; fol. 108 recto :

Lais ; fol. 112 verso : *Question au clerc du guichet (Poésies diverses,* XVI) ; fol. 113 recto : *Testament* ; fol. 152 recto : *Épître à ses amis (Poésies diverses,* IX) ; fol. 152 verso : *Problème ou Ballade de la Fortune (Poésies diverses,* XII). Le manuscrit C donne pratiquement tout le *Testament,* puisqu'il n'y manque que le huitain XXXIX. Si le scribe est moins fin et moins cultivé que celui de A (manuscrit de l'Arsenal, n° 3523), il prend moins de liberté avec le texte de Villon. Certes, il nous a été impossible de le suivre aveuglément, car certaines fautes sont éclatantes : ainsi a-t-il écrit, au vers 339, *Pierre en bailla* au lieu de *Pierre Esbaillart,* au vers 1042 *Son don on cœuvre,* qu'il faut lire *Ce dont on couvre...,* au vers 1180 *Mais en droit honorer ce cas,* à corriger en *Mais on doit honnorer ce qu'a... ;* il a oublié des mots (*fut* au vers 338), il a commis des fautes d'accord (*en facent* au vers 772 au lieu *d'en face*), il a modifié des personnes (au vers 467, *eusses* à la place *d'eusse*). Nous avons donc dû corriger notre manuscrit en plus d'un endroit, proposer par exemple, comme nos prédécesseurs, *Hesselin,* nom d'un personnage connu, plutôt que *Hyncelin* au vers 1015, *je suis* au lieu de *que suis,* au vers 273.

Il reste qu'une comparaison attentive de la tradition manuscrite et des premiers imprimés démontre que C demeure le témoin le plus sûr, précisément dans la mesure où il n'a pas retouché le texte volontairement. C'est pourquoi nous nous sommes efforcé d'être le plus fidèle possible à ce manuscrit de base.

Dans certains cas, des critiques, commentateurs et éditeurs avaient déjà proposé de revenir à la leçon C, parfois à l'encontre de vieilles habitudes : au vers 861 du *Testament, par cayeux* a l'avantage, sur *par cahiers,* de suggérer une allusion au vol du collège de Navarre auquel participa Colin de Cayeux ; au vers 1026, dans *Il aura avec ce un reau,* l'adjonction de *ce* fait de *reau* un monosyllabe homonyme de *rot* ; il n'y a aucune raison de ne pas conserver, au vers 1057, *Plus fort fera que le devin,* au profit de *Plus fort sera que le devin ; Trouscaille,* au vers 1142, est une déformation plaisante et signifiante du nom propre *Trascaille* ; au vers 1257, l'expression argotique *pour la pie jucher* introduit une dissonance riche de sens ; dans le refrain de la *Ballade des langues*, *Soient frites ces langues ennuyeuses*, l'adjectif *ennuyeuses* (« malfaisantes ») est aussi fort et aussi percutant qu'*envieuses*.

Dès notre édition de 1973, nous nous étions distingué de nos devanciers en suivant, de même, le manuscrit C dans d'autres cas où il offre un texte clair, cohérent, souvent plus riche que ses concurrents. En voici quelques exemples, que les notes éclaireront, le cas échéant : au vers 391 du *Testament*, *De ceste vie cy brassez* au lieu de *buffez* ; au vers 1029, *De la grand clôture du Temple* plutôt que *De la grant cousture du Temple* ; au vers 1114, *Par les rues* plutôt qu'*au champ* à la place d'*Ung beau petit chiennet couchant* ; au vers 1447, l'ironique *en ces claires eaues* au lieu d'*en ces ors cuveaulx* ; au vers 1496, *À tel école* tout aussi courant qu'*À tel escot* ; au vers 1949, nous avons préféré *cette ordinaire* de C à *cette ordonnance*.

Dans quelques cas, il était permis d'hésiter : par exemple, au vers 695, fallait-il conserver la leçon de C, *Toujours trompoit ou moi ou aultre,* plutôt que d'adopter la variante argotique de l'Imprimé I, *Toujours trompeur autruy engautre ?* Au vers 941, *Triste paillarde* semble moins fort qu'*Orde* (répugnante) *paillarde.* Mais, par souci de cohérence, nous avons, à l'ordinaire, opté pour C.

Pour la présente édition, enfin, nous avons introduit, en particulier dans le texte du *Testament*, un nombre important de corrections nouvelles, appelées par un examen plus systématique de C. Voici quelques-unes des plus significatives : au vers 323, *le corps enfler* au lieu de *le col enfler* ; au vers 852, *Enfant eslevé de maillon* plutôt qu'*À enfant levé de maillon* ; au vers 1244, *prêcher* à la place de *pêcher* ; au vers 1425, *En suie* au lieu de *En suif* ; au vers 1472, *discute* et non plus *dispute* ; au vers 1540, *de beau parler* plutôt que *de bien parler* ; au vers 1668, *perdez* à la place de *perdrez* ; au vers 1688, *quitté* et non pas *enté* ; au vers 1700, *fluctes* et non *luthes* ; au vers 1739, *Engloutir vins, engrossir panses* au lieu d'*Engloutir vins en grosses panses* ; au vers 1847, *comment on me nomme,* et non *comme je me nomme* ; au vers 1954, *ce fera* et non *ce sera* ; au vers 1964, *Trop plus me font mal,* au lieu de *Trop plus mal me font.*

Il en a été de même pour le *Lais* où, par exemple, nous avons substitué *perches* à *pêches* (vers 155), *Item* à *Derechef* (vers 193), *ces lais* à *ce lais* (vers 275), *de sens la lïance* à *de sens l'alliance* (vers 304). Toutefois le texte du *Lais* comporte dans le manuscrit C deux lacunes importantes, puisque manquent les huitains IV-IX et XXXVI-XXXIX, que nous avons restitués en recourant respectivement à A et à F (manuscrit Fauchet, de la Bibliothèque royale de Stockholm, V. u. 22, ms. fr. LIII).

Quant aux seize pièces regroupées sous le nom de *Poésies diverses,* C n'en contient que quatre, et elles se trouvent dispersées entre de nombreux recueils dont le tableau de la page suivante constitue l'inventaire.

Cet inventaire montre que les ballades qui ont rencontré le plus grand succès aux XVe et XVIe siècles sont, dans l'ordre, l'*Épitaphe de Villon ou Ballade des Pendus* (7 sources), la *Question au Clerc du guichet* (6), *Le Débat du cœur et du corps de Villon,* la *Ballade des proverbes,* la *Ballade des menus propos* et la *Louange à la Cour* (5).

Enfin, pour les six ballades en jargon que nous avons retenues et qui sont difficiles à interpréter, nous avons scrupuleusement suivi notre source la plus ancienne, l'Imprimé de Levet, que nous avons reproduit presque tel quel, nous bornant à développer les abréviations, renonçant même à le ponctuer (hormis à la fin de chaque strophe) afin de laisser plus de liberté au lecteur. Nous n'avons pas retenu les cinq ballades en jargon du manuscrit F dont l'attribution à Villon continue à être controversée et qui, de toute façon, n'ajoutent rien à son bagage littéraire.

Sigle des manuscrits et recueils	Localisation	Numéro des pièces contenues
A	Paris, Bibl. de l'Arsenal, ms. 3523.	XII
C	Paris, Bibliothèque nationale, ms. fr. 20041.	IX, XII, XIV, XVI
F	Stockholm, Bibliothèque royale, ms. V. u. 22, ms. fr. LIII.	II, III, IV, XI, XIII, XIV, XV, XVI
I	Imprimé de Levet, Paris, Bibliothèque nationale, Rés. Y^c 238 et Y^c 245.	II, III, X, XI, XIII, XIV, XV, XVI
H	Chansonnier de Rohan, Berlin, Bibliothèque nationale, Cabinet des estampes, 78 B 17.	V, X
J	Jardin de plaisance et fleur de rhétorique, imprimé par Antoine Vérard, Paris vers 1501.	II, III, V, VI, XI, XIV, XV, XVI
V	Manuscrit La Vallière, Paris, Bibliothèque nationale, ms. fr. 25458.	VII, VIII
P	Paris, Bibliothèque nationale, ms. fr. 1719.	II, III, X, XI, XII, XIV, XV, XVI
R	Paris, Bibliothèque nationale, ms. fr. 12490.	II, III, V, X, XI, XIII, XIV, XV, XVI
T	Paris, Bibliothèque nationale, ms. fr. 24315.	V, XIV
Ch.	Les Faits maistre Alain Chartier, imprimé par Pierre Le Caron, Paris, 1489 ; Paris, Bibliothèque nationale, Rés. Y^c 28-29, cahier L iiii v⁰.	I

Certaines rimes de nos textes peuvent étonner le lecteur moderne. Tantôt elles reflètent la prononciation du XVe siècle, et surtout la prononciation populaire de Paris, sur laquelle Pierre Fouché a apporté de précieuses explications dans sa *Phonétique historique du français* (Paris, Klincksieck, 1952-1961). Ainsi, dans le *Testament,* auquel nous emprunterons tous nos exemples, *-ar-* et *-er-* riment-ils, l'*-e-* s'étant ouvert en *-a-* devant *-r-*, comme le montrent les huitains LXXIV *(Robert/Lombard)*, LXXVI *(terre/Barre)*, LXXXIII *(ardre/aerdre)* et CXXXVII *(Garde/perde) ; -oi-,* se prononçant *-ouè,* rime avec *-è-* et *-ai- (clercs/loirs,* huitain CXXXIII) ; *-l-* ne se prononce pas entre *-i-* et *-s-* (de là, des rimes *Paris/périls/péris/barils* dans le huitain XCVIII), ni *-r-* entre voyelle et consonne ; ainsi avons-nous à la rime *mâles* et *Charles* (huitain IX) et *rouges, courges, bouges* et *Bourges* (huitain CXXIV). Tantôt il s'agit d'usages qu'on retrouve dans les textes de l'époque, comme l'adjonction d'un *-s-* pour faciliter la rime *(Macrobes* au vers 1547 ou *mercis* au vers 1967), l'effacement de *-b-* devant *-l- (Grenobles,* au vers 401, rime avec *Dolles ; Bible,* au vers 1507, avec *Évangile ; tremble,* au vers 1906, avec *branle),* la confusion de *-t-* et d' *-s- (fuste* et *fusse* dans le huitain XVIII, *prophètes* et *fesses* dans le huitain LXXXI).

Enfin, s'agissant du compte des syllabes, il est à remarquer la diérèse fréquente de l'*-i-* devant *-a-* *(Archipïadès,* vers 331), *-e- (gracïeux,* vers 225 ; *mendier,* vers 429), *-o- (Dïomédès,* vers 130 ; *présomption,* vers 812). L' *-e-* n'est jamais prononcé après voyelle devant consonne *(uniement,* vers 812 ; *prierai,* vers 33), il peut disparaître entre deux consonnes dont l'une est *-r-* ou *-l-,* tout comme *-i-,* ce qui explique qu'on ait *souvraine* au vers 351, *verté* au vers 193, 623, et *vérité* au vers 1685. L'*-e-* final atone derrière voyelle peut, dans quelque cas, être supprimé, bien que devant une consonne : *détrempée* (vers 1425), *théologie* (vers 811), *Marie* (vers 932), *menue* (vers 1651), *oies* (vers 1823).

II

Nous avons inscrit en face du texte un essai de transcription suivie en langue moderne. Nous avons

ainsi cherché à offrir une version littéralement saisis-
sable pour le lecteur qui ne connaît pas l'ancienne
langue, en écartant des tours archaïques, des mots dis-
parus du vocabulaire ou dont le sens a changé.

Nos principes primordiaux ont été l'exactitude et la
fidélité. Notre traduction se tient au plus près du texte
initial, elle ne le modifie que lorsque la stricte intelli-
gibilité l'exige ; elle tâche d'en préserver au maximum
l'énergie poétique, la densité et la vigueur expressive.
Aussi reproduit-elle toutes les images, même celles qui
sont devenues obscures ; nous les éclairons, quand il y
a lieu, par des notes. Elle respecte, autant que pos-
sible, le mouvement, le rythme, la cadence. Du coup,
certains huitains n'ont appelé pour ainsi dire aucune
intervention de notre part.

III

La compréhension du texte de Villon demande un
grand nombre d'éclaircissements. Pour éviter de sur-
charger le texte d'appels de notes, les commentaires,
en fin du volume, renvoient aux pages et aux vers.

Complémentaires de la traduction, les notes, que
nous avons voulues concises et claires, sont de plu-
sieurs sortes.

Les unes ressortissent à la philologie et à la séman-
tique : elles justifient la leçon que nous avons adoptée,
voire la ponctuation que nous avons introduite ; elles
commentent quelquefois la traduction ou attirent l'at-
tention sur des mots que le français contemporain a
conservés mais avec un sens autre que celui du texte ;
elles signalent la tonalité de certains termes, techni-
ques, archaïques, dialectaux, vulgaires ou même argo-
tiques ; elles peuvent porter sur la prononciation, dans
les rares cas où celle-ci a une importance pour la rime
ou la juste compréhension des vers.

D'autres, en grand nombre, relèvent de l'histoire :
nous avons tâché d'identifier et de situer en quelques
mots tous les personnages et les lieux que mentionne

Villon, qu'ils appartiennent au XVᵉ siècle ou à des temps plus reculés ; nous avons rendu compte des institutions et des usages dont le poète s'est fait l'écho ; nous avons commenté les faits de civilisation.

D'autres notes encore, plus proprement littéraires, visent à éclairer les intentions de Villon, les antiphrases et les doubles ou triples sens, les jeux de langage très variés par les moyens utilisés (phoniques, syntaxiques, lexicaux, symboliques...) ; elles visent à mettre le texte de notre poète en relation avec les œuvres antérieures ou contemporaines, comme celles de Jean de Meun, d'Eustache Deschamps ou de Charles d'Orléans, à élucider les allusions mythologiques et les citations bibliques.

Souvent, tout en évitant une érudition trop pesante, nous avons indiqué les ouvrages ou les articles où le lecteur pourra trouver des renseignements complémentaires [1]. Pour les ballades en jargon, nous nous sommes limité à quelques remarques d'ordre historique : il eût fallu de trop nombreuses pages pour rendre compte de tous les mots qui sont l'objet d'interprétations très différentes et que notre traduction a tenté d'éclairer.

---

1. Les indications *Recherches* et *Nouvelles Recherches* renvoient respectivement à nos ouvrages *Recherches sur le « Testament » de François Villon*, 2ᵉ éd., 2 vol., Paris, SEDES, 1971-1973, et *Nouvelles Recherches sur Villon*, Paris, Champion, 1980.

POÉSIES

LAIS

I

L'an quatre cent cinquante six,
Je, François Villon, écolier,
Considérant, de sens rassis,
4 Le frein aux dents, franc au collier,
Qu'on doit ses œuvres conseillier
Comme Végèce le raconte,
Sage Romain, grand conseillier,
8 Ou autrement on se mécompte...

II

En ce temps que j'ai dit devant,
Sur le Noël, morte saison,
Que les loups se vivent du vent
12 Et qu'on se tient en sa maison,
Pour le frimas, près du tison,
Me vint un vouloir de briser
La très amoureuse prison
16 Qui faisait mon cœur débriser.

L'an quatre cent cinquante-six, moi, François Villon, étudiant, considérant, bien sain d'esprit, serrant les dents, tirant franchement au collier, qu'on doit peser ses actions, comme Végèce le démontre, le sage Romain, l'illustre conseiller, ou on s'expose à des mécomptes...

En ce temps dont je viens de parler, à la Noël, saison de mort, où les loups se nourrissent du vent et où on se tient en sa maison, à cause du frimas, près des tisons, me vint un désir de briser la très amoureuse prison qui mettait mon cœur en pièces.

III

Je le fis en telle façon,
Voyant celle devant mes yeux
Consentant à ma défaçon,
20 Sans ce que ja lui en fût mieux ;
Dont je me deuil et plains aux cieux,
En requérant d'elle vengeance
À tous les dieux vénérïeux,
24 Et du grief d'amour allégeance.

IV

Et se j'ai pris en ma faveur
Ces doux regards et beaux semblants
De très décevante saveur,
28 Me tréperçant jusques aux flancs,
Bien ils ont vers moi les pieds blancs
Et me faillent au grand besoin.
Planter me faut autres complants
32 Et frapper en un autre coin.

V

Le regard de celle m'a pris
Qui m'a été félonne et dure :
Sans ce qu'en rien aie mépris,
36 Veut et ordonne que j'endure
La mort, et que plus je ne dure ;
Si n'y vois secours que fouïr.
Rompre veut la vive soudure,
40 Sans mes piteux regrets ouïr.

Je fis de cette façon, en voyant devant mes yeux celle qui consentait à ma perdition sans qu'ainsi elle s'en trouvât mieux ; ce dont je me lamente et me plains aux cieux, en demandant de me venger d'elle à tous les dieux de l'amour, et d'alléger ma peine amoureuse.

Et si j'ai pris pour favorables ces doux regards et ces beaux semblants de saveur très fallacieuse qui me transperçaient jusqu'aux flancs, ils ont bien pour moi les pieds blancs et me font défaut au moment critique. Il me faut planter en d'autres terres et frapper en un autre coin.

J'ai été pris par le regard de celle qui a été pour moi félonne et dure : sans que j'aie commis la moindre faute, elle veut et ordonne que j'endure la mort, et que je ne vive pas plus longtemps ; aussi ne vois-je de secours que dans la fuite. Elle veut rompre le lien vivant, sans écouter mes pitoyables plaintes.

VI

Pour obvier à ses dangers,
Mon mieux est, ce crois, de partir.
Adieu ! Je m'en vais à Angers,
44 Puis qu'elle ne me veut impartir
Sa grâce, ne me départir.
Par elle meurs, les membres sains ;
Au fort, je suis amant martyr
48 Du nombre des amoureux saints.

VII

Combien que le départ me soit
Dur, si faut-il que je l'élogne :
Comme mon pauvre sens conçoit,
52 Autre que moi est en quelogne,
Dont oncque soret de Boulogne
Ne fut plus altéré d'humeur.
C'est pour moi piteuse besogne :
56 Dieu en veuille ouïr ma clameur !

VIII

Et puisque départir me faut,
Et du retour ne suis certain,
— Je ne suis homme sans défaut
60 Ne qu'autre d'acier ne d'étain ;
Vivre aux humains est incertain,
Et après mort n'y a relais ;
Je m'en vais en pays lointain —
64 Si établis ce présent lais.

Pour échapper à ses exigences, le mieux pour moi est,
je crois, de partir. Adieu ! Je m'en vais à Angers, puis-
qu'elle ne veut pas m'accorder sa grâce, ni m'en
donner une parcelle. Par elle je meurs, les membres
sains ; en somme, je suis un amant martyr, du nombre
des saints de l'amour.

Bien que la séparation me soit dure, pourtant il faut
que je la quitte : comme le comprend ma pauvre
raison, un autre que moi est en quenouille, et jamais
hareng saur de Boulogne n'a été plus assoiffé qu'elle.
C'est pour moi une pitoyable affaire : que Dieu veuille
entendre ma plainte !

Et puisqu'il me faut partir et que je ne suis pas certain
de revenir — je ne suis pas un homme sans faiblesse,
je ne suis pas plus qu'un autre d'acier ni d'étain, la vie
humaine est incertaine, et après la mort il n'y a plus
de ressource, je m'en vais en pays lointain —, j'établis
donc cette série de legs.

IX

Premièrement, ou nom du Père,
Du Fils et du Saint Esperit,
Et de sa glorïeuse Mère,
68 Par qui grâce rien ne périt,
Je laisse, de par Dieu, mon bruit
À maître Guillaume Villon,
Qui en l'honneur de son nom bruit,
72 Mes tentes et mon pavillon.

X

Item, à celle que j'ai dit,
Qui si durement m'a chassé
Que je suis de joie interdit
76 Et de tout plaisir déchassé,
Je laisse mon cœur enchâssé,
Pâle, piteux, mort et transi :
Elle m'a ce mal pourchassé,
80 Mais Dieu lui en fasse merci !

XI

Item, à maître Ythier Marchant,
Auquel je me sens très tenu,
Laisse mon brant d'acier tranchant
84 Et à maître Jean le Cornu,
Qui est en gage détenu
Pour un écot sept sols montant ;
Je veul, selon le contenu,
88 Qu'on leur livre... en le rachetant.

Premièrement, au nom du Père, du Fils et du Saint-Esprit et de sa glorieuse Mère par la grâce de qui rien ne périt, je lègue, de par Dieu, à maître Guillaume Villon ma renommée qui retentit à la gloire de son nom, mes tentes et mon pavillon.

Item, à celle dont j'ai parlé, qui si durement m'a chassé que je suis interdit de joie et banni de tout plaisir, je laisse mon cœur mis en châsse, exsangue, pitoyable, mort, trépassé : elle m'a procuré ce malheur, mais que Dieu le lui pardonne !

Item, à maître Ythier Marchant, envers qui je me sens très obligé, et à maître Jean Le Cornu, je laisse mon épée d'acier tranchant, qui est retenue en gage pour une dette se montant à sept sous ; je veux, selon l'engagement, qu'on la leur livre... à condition qu'ils la rachètent.

XII

Item, je laisse à Saint Amant
Le Cheval blanc avec *La Mule*
Et à Blaru mon dïamant
92 Et *L'Âne rayé* qui recule ;
Et le décret qui articule
Omnis utriusque sexus,
Contre la carméliste bulle
96 Laisse aux curés, pour mettre sus.

XIII

Et à maître Robert Vallée
Pauvre clergeon en Parlement,
Qui n'entend ne mont ne vallée,
100 J'ordonne principalement
Qu'on lui baille légèrement
Mes braies, étant aux *Trumillières,*
Pour coiffer plus honnêtement
104 S'amie Jeanne de Millières.

XIV

Pour ce qu'il est de lieu honnête,
Faut qu'il soit mieux récompensé,
Car le Saint Esprit l'admoneste,
108 Obstant ce qu'il est insensé ;
Pour ce, je me suis pourpensé
Puisqu'il n'a sens nes qu'une aumoire,
De recouvrer sur Maupensé,
112 Qu'on lui baille, *L'Art de Mémoire.*

Item, je lègue à Saint-Amant *Le Cheval blanc* avec *La Mule,* et à Blaru mon diamant et *L'Âne rayé* qui recule ; quant au canon *Omnis utriusque sexus* qui légifère article par article, je le lègue aux curés pour sa mise en vigueur contre la bulle des Carmes.

Et à maître Robert Vallée, pauvre petit clerc au Parlement, qui n'entend ni mont ni vallée, je décide, en legs principal, qu'on lui donne promptement mes caleçons, qui sont aux *Trumillières,* pour coiffer de façon plus digne son amie Jeanne de Millières.

Comme il est d'un milieu honorable, il faut qu'il soit mieux récompensé, car le Saint-Esprit invite à le faire, vu qu'il est dépourvu de sens ; aussi ai-je mûrement décidé, puisqu'il n'a pas plus de sens qu'une armoire, de récupérer chez Malpensé, pour qu'on le lui donne, *L'Art de Mémoire.*

XV

Item, jë assigne la vie
Du dessusdit maître Robert,
(Pour Dieu ! n'y ayez point d'envie !) :
116 Mes parents, vendez mon haubert,
Et que l'argent, ou la plus part,
Soit employé, dedans ces Pâques,
À acheter à ce poupart
120 Une fenêtre emprès Saint-Jacques.

XVI

Item, laisse et donne en pur don
Mes gants et ma huque de soie
À mon ami Jacques Cardon,
124 Le gland aussi d'une saussoie,
Et tous les jours une grasse oie
Et un chapon de haute graisse,
Dix muids de vin blanc comme croie,
128 Et deux procès, que trop n'engraisse.

XVII

Item, je laisse à ce jeune homme,
Regnier de Montigny, trois chiens ;
Aussi à Jean Raguier la somme
132 De cent francs, pris sur tous mes biens.
Mais quoi ? Je n'y comprends en riens
Ce que je pourrai acquérir :
L'on ne doit trop prendre des siens,
136 Ne trop ses amis surquérir.

Item, j'assure la vie du susdit maître Robert (par
Dieu, n'en soyez pas envieux) : mes parents, vendez
ma cuirasse, et que l'argent, ou la plus grande partie,
soit employé, d'ici à Pâques, à acheter à ce drôle une
échoppe d'écrivain près de Saint-Jacques.

Item, je lègue et donne en toute propriété mes gants et
ma cape de soie à mon ami Jacques Cardon, et aussi
le gland d'une saussaie, et tous les jours une oie grasse
et un chapon de haute graisse, dix muids d'un vin
blanc comme craie et deux procès pour qu'il n'en-
graisse pas trop.

Item, je laisse à ce jeune homme, René de Montigny,
trois chiens ; de même à Jean Raguier la somme de
cent francs, pris sur tous mes biens. Mais je n'y inclus
aucun des biens que je pourrai acquérir : il ne faut pas
trop enlever aux siens, ni trop exiger de ses amis.

XVIII

Item, au Seigneur de Grigny
Laisse la garde de Nijon
Et six chiens plus qu'à Montigny,
140 Vicêtre, châtel et donjon ;
Et à ce malotru changeon,
Moutonnier, qui l'tient en procès,
Laisse trois coups d'un escourgeon
144 Et coucher, paix et aise, ès ceps.

XIX

Item, au Chevalier du Guet
Le Hëaume lui établis ;
Et aux piétons qui vont d'aguet
148 Tâtonnant par ces établis,
Je leur laissë un beau riblis,
La Lanterne à la Pierre au lait,
Voire, mais j'aurai *Les Trois Lis,*
152 S'ils me mènent en Châtelet.

XX

Et à maître Jacques Raguier
Laisse l'*Abreuvoir Popin,*
Perches, poussins au blanc manger,
156 Toujours le choix d'un bon lopin,
Le trou de *La Pomme de pin,*
Clos et couvert, au feu la plante,
Emmailloté en jacopin ;
160 Et qui voudra planter, si plante.

Item, au seigneur de Grigny je laisse la garde de Nijon
et six chiens de plus qu'à Montigny, Bicêtre, le châ-
teau et le donjon, et à ce maudit fils de démon, Mou-
tonnier, qui le tient en procès, je laisse trois coups de
lanière et un sommeil paisible et plaisant dans les
ceps.

Item, au Chevalier du Guet, j'assigne comme legs *Le
Heaume,* et aux sergents à pied qui vont prudemment,
tâtonnant parmi les étalages, je lègue un bel objet
volé, *La Lanterne* de la rue Pierre-au-Lait, oui vrai-
ment, mais j'aurai *Les Trois Lis,* s'ils me conduisent au
Châtelet.

Et à maître Jacques Raguier je laisse l'*Abreuvoir Popin,*
des perches, des poulets au blanc manger, chaque jour
le choix d'un bon morceau, le trou de *La Pomme de
pin,* clos et couvert, les pieds au feu, emmailloté en
jacobin, et que qui voudra planter, plante !

XXI

Item, à maître Jean Mautaint
Et maître Pierre Basanier
Le gré du seigneur qui atteint
164 Troubles, forfaits sans épargnier ;
Et à mon procureur Fournier
Bonnets courts, chausses semelées
Taillées sur mon cordouennier
168 Pour porter durant ces gelées.

XXII

Item, à Jean Trouvé, boucher,
Laisse *Le Mouton* franc et tendre
Et un tacon pour émoucher
172 *Le Bœuf couronné* qu'on veut vendre,
Ou *La Vache* qu'on ne peut prendre :
Le vilain qui la trousse au col,
S'il ne la rend, qu'on le puist pendre
176 Ou assommer d'un bon licol !

XXIII

Item, à Perrenet Marchant,
Qu'on dit le Bâtard de la Barre,
Pour ce qu'il est un bon marchand
180 Lui laisse trois gluyons de feurre
Pour étendre dessus la terre
À faire l'amoureux métier
Ou il lui faudra sa vie querre,
184 Car il ne sait autre métier.

Item, à maître Jean Mautaint et maître Pierre Basanier
la faveur du seigneur qui poursuit troubles, forfaits,
sans douceur ; et à mon procureur Fournier, des bon-
nets courts, des chausses à semelles, taillées chez mon
cordonnier, pour porter durant les présentes gelées.

Item, à Jean Trouvé, boucher, je lègue *Le Mouton* sain
et tendre, et un chiffon pour émoucher *Le Bœuf cou-
ronné* qu'on veut vendre, ou *La Vache* qu'on ne peut
prendre : le vilain qui la charge sur son cou, s'il ne la
rend pas, puisse-t-on le pendre ou l'assommer d'un
bon licol !

Item, à Perrinet Marchant, qu'on appelle le Bâtard de
la Barre, comme il est un joyeux marchand, je laisse
trois bottes de paille à étendre par terre pour se livrer
au métier d'amour par lequel il lui faudra chercher sa
subsistance, puisqu'il n'a pas d'autre métier.

XXIV

Item, au Loup et à Cholet
Je laisse à la fois un canard
Pris sur les murs, comme on souloit,
188 Envers les fossés, sur le tard,
Et à chacun un grand tabart
De cordelier jusques aux pieds,
Bûche, charbon, des pois au lard,
192 Et mes houseaux sans avant-pieds.

XXV

Item, je laissë, en pitié,
À trois petits enfants tous nus
Nommés en ce présent traitié,
196 Pauvres orphelins impourvus,
Tous déchaussés, tous dépourvus,
Et dénués comme le ver
(J'ordonne qu'ils seront pourvus
200 Au moins pour passer cet hiver),

XXVI

Premièrement Colin Laurens,
Girard Gossouin et Jean Marceau,
Dépris de biens et de parents,
204 Qui n'ont vaillant l'anse d'un seau,
Chacun de mes biens un faisceau,
Ou quatre blancs, s'ils l'aiment mieux.
Ils mangeront maint bon morceau,
208 Les enfants, quand je serai vieux !

Item, au Loup et à Cholet, aux deux ensemble, je
laisse un canard pris sur l'enceinte, comme d'habi-
tude, du côté des fossés, à la nuit, et à chacun un
grand manteau de cordelier descendant jusqu'aux
pieds, du bois, du charbon, des pois au lard, et mes
guêtres sans empeigne.

Item, je laisse, par pitié, à trois petits enfants tous nus
nommés dans le présent traité, pauvres orphelins mal
pourvus, tout déchaussés, tout dépourvus, dénués
comme des vers (je décide qu'ils soient pourvus au
moins de quoi passer l'hiver),

d'abord, à Colin Laurens, Girard Gossouin et Jean
Marceau, privés de biens et de parents, qui n'ont vail-
lant l'anse d'un seau, à chacun un faisceau de mes
biens, ou quatre blancs, s'ils préfèrent. Ils mangeront
maint bon morceau, les enfants, quand je serai vieux !

XXVII

Item, ma nominaẗion
Que j'ai de l'Université
Laisse par résignaẗion
212 Pour seclure d'adversité
Pauvres clercs de cette cité
Sous cet *intendit* contenus :
Charité m'y a incité,
216 Et Nature, les voyant nus.

XXVIII

C'est maître Guillaume Cotin
Et maître Thibaut de Vitry,
Deux pauvres clercs parlant latin,
220 Humbles, bien chantant au letrin ;
Paisibles enfants, sans estrif ;
Je leur laisse cens recevoir
Sur la maison Guillot Gueuldry
224 En attendant de mieux avoir.

XXIX

Item, et j'adjoins à la crosse
Celle de la rue Saint-Antoine
Ou un billard de quoi on crosse,
228 Et tous les jours plein pot de Seine,
Aux pigeons qui sont en l'essoine
Enserrés sous trappe volière,
Mon mirouër bel et idoine
232 Et la grâce de la geôlière.

Item, ma lettre de nomination que je tiens de l'Université, je la lègue par renonciation, pour faire sortir du malheur de pauvres clercs de cette cité, désignés après cette déclaration ; Charité m'y a incité, et Nature, les voyant nus.

C'est maître Guillaume Cotin et maître Thibaut de Vitry, deux pauvres clercs parlant latin, humbles, chantant bien au lutrin, enfants paisibles, sans humeur querelleuse ; je leur lègue une redevance sur la maison de Guillot Gueuldry, en attendant de mieux avoir.

Item, et j'ajoute à la crosse celle de la rue Saint-Antoine, ou un maillet avec quoi on crosse, et tous les jours un plein pot d'eau de Seine pour les pigeons qui sont en détresse, enfermés dans une volière, et mon miroir beau et commode et les grâces de la geôlière.

XXX

Item, je laisse aux hôpitaux
Mes chassis tissus d'arignée,
Et aux gisants sous les étaux
236 Chacun sur l'œil une grongnée,
Trembler à chère renfrognée,
Maigres, velus et morfondus,
Chausses courtes, robe rognée,
240 Gelés, murdris et enfondus.

XXXI

Item, je laisse à mon barbier
Les rognures de mes cheveux,
Pleinement et sans détourbier ;
244 Aux savetiers mes souliers vieux,
Et au fripier mes habits tieux
Que quand du tout je les délaisse ;
Pour moins qu'ils ne coûtèrent neufs
248 Charitablement je leur laisse.

XXXII

Item, je laisse aux Mendïants,
Aux Filles-Dieu et aux Béguines,
Savoureux morceaux et friands,
252 Chapons, flaons, grasses gelines,
Et puis prêcher les Quinze Signes,
Et abattre pain à deux mains.
Carmes chevauchent nos voisines,
256 Mais cela, ce n'est que du moins.

Item, je lègue aux hospices mes fenêtres tissées d'arai-
gnée, et aux clochards sous les étals, chacun sur l'œil
un coup de poing, et qu'ils grelottent le visage ren-
frogné, maigres, velus et enrhumés, les chausses
courtes, la robe rognée, gelés, meurtris et tout
trempés.

Item, je lègue à mon barbier les rognures de mes che-
veux, sans restriction ni empêchement ; aux savetiers
mes vieux souliers et au fripier mes habits tels qu'ils
sont quand je les jette : pour moins qu'ils ne coûtèrent
neufs, charitablement je les leur laisse.

Item, je lègue aux frères mendiants, aux Filles-Dieu et
aux Béguines, de savoureux et friands morceaux, cha-
pons, flans, grasses poulardes ; ensuite, ils annonce-
ront les Quinze Signes et ramasseront du pain à deux
mains. Les Carmes chevauchent nos voisines, mais
cela, c'est sans importance.

XXXIII

Item, laisse *Le Mortier d'or*
À Jean, l'épicier, de la Garde,
Une potence de Saint-Mor
260 Pour faire un broyer à moutarde.
Et celui qui fit l'avant-garde
Pour faire sur moi griefs exploits,
De par moi saint Antoine l'arde !
264 Je ne lui ferai autre lais.

XXXIV

Item, je laisse à Mirebeuf
Et à Nicolas de Louviers,
À chacun, l'écaille d'un œuf
268 Pleine de francs et d'écus vieux.
Quant au concierge de Gouvieux,
Pierre Rousseville, j'ordonne,
Pour ly donner encores mieux,
272 Écus tels que le Prince donne.

XXXV

Finalement, en écrivant,
Ce soir, seulet, étant en bonne,
Dictant ces lais et décrivant,
276 J'ouïs la cloche de Serbonne,
Qui toujours à neuf heures sonne
Le Salut que l'ange prédit ;
Si suspendis et mis en bonne
280 Pour prier comme le cœur dit.

Item, je lègue *Le Mortier d'or* à Jean, l'épicier, Jean de la Garde, et une béquille de Saint-Maur pour faire un pilon à moutarde. Quant à celui qui suscita contre moi de cruelles actions, que sur mon ordre saint Antoine le brûle de son feu ! Je ne lui ferai pas d'autre legs.

Item, je lègue à Mirebeuf et à Nicolas de Louviers, à chacun, la coquille d'un œuf, pleine de francs et de vieux écus. Quant à l'intendant de Gouvieux, Pierre Rousseville, je lui assigne, pour lui donner encore plus, des écus tels que le Prince en donne.

À la fin, comme j'écrivais, ce soir-là, seul, de bonne humeur, composant et rédigeant ces legs, j'entendis la cloche de la Sorbonne, qui, tous les jours, à neuf heures, sonne le Salut que l'Ange annonça ; aussi me suis-je interrompu et arrêté pour prier du fond du cœur.

XXXVI

Ce faisant, je m'entroublïai,
Non pas par force de vin boire,
Mon esperit comme lïé ;
284 Lors je sentis dame Mémoire
Repondre et mettre en son aumoire
Ses espèces collatérales,
Opinative fausse et voire,
288 Et autres intellectuales,

XXXVII

Et mêmement l'estimative,
Par quoi prospective nous vient,
Simulative, formative,
292 Desquelles souvent il advient
Que, par leur trouble, homme devient
Fol et lunatique par mois :
Je l'ai lu, se bien m'en souvient,
296 En Aristote aucunes fois.

XXXVIII

Dont le sensitif s'éveilla
Et évertua Fantasie
Qui tous organes réveilla,
300 Et tint la souvraine partie
En suspens et comme amortie
Par oppressïon d'oublïance
Qui en moi s'étoit épartie
304 Pour montrer de Sens la lïance.

Ce faisant, je perdis conscience, non pas à force de boire du vin, mon esprit étant comme entravé. Je sentis alors dame Mémoire cacher et mettre en son armoire les facultés dépendant d'elle, l'opinative fausse et vraie et autres facultés intellectuelles,

et particulièrement l'estimative, par quoi nous vient la prospective, la simulative et la formative, desquelles il résulte souvent que, quand elles se troublent, on devient fou et lunatique chaque mois. Je l'ai lu, si je m'en souviens bien, plusieurs fois dans Aristote.

Alors le sensitif s'éveilla et stimula l'Imagination qui réveilla tous mes organes et maintint la partie souveraine suspendue et comme accablée sous l'emprise de l'oubli qui s'était propagé en moi pour manifester l'engourdissement de l'esprit.

XXXIX

Puisque mon sens fut à repos
Et l'entendement démêlé,
Je cuidai finer mon propos ;
308 Mais mon encrë étoit gelé
Et mon cïerge étoit soufflé ;
De feu je n'eusse pu finer.
Si m'endormis, tout emmouflé,
312 Et ne pus autrement finer.

XL

Fait ou temps de ladite date
Par le bon renommé Villon,
Qui ne mange figue ne date,
316 Sec et noir comme écouvillon,
Il n'a tente ne pavillon
Qu'il n'ait laissé à ses amis,
Et n'a mais qu'un peu de billon
320 Qui sera tantôt à fin mis.

Explicit.

Lorsque mon esprit eut retrouvé son calme et que l'entendement fut libéré, je pensai terminer mon propos ; mais mon encre était gelée et mon cierge était soufflé, je n'aurais pu me procurer du feu. Aussi me suis-je endormi, tout emmitouflé, et je ne pus autrement terminer.

Fait au temps de ladite date par le bien renommé Villon, qui ne mange ni figue ni datte, sec et noir comme écouvillon. Il n'a tente ni pavillon qu'il n'ait légués à ses amis, et n'a plus qu'un peu de billon qui sera bientôt épuisé.

Fin.

TESTAMENT

I

1 En l'an de mon trentïème âge
  Que toutes mes hontes j'eus bues,
  Ne du tout fol, ne du tout sage,
4 Non obstant maintes peines eues,
  Lesquelles j'ai toutes reçues
  Sous la main Thibaut d'Aussigny...
  S'évêque il est, signant les rues,
8 Qu'il soit le mien je le regny !

II

  Mon seigneur n'est ne mon évêque ;
  Sous lui ne tiens, s'il n'est en friche ;
  Foi ne lui dois n'hommage avecque ;
12 Je ne suis son serf ne sa biche.
  Pu m'a d'une petite miche
  Et de froide eau tout un été.
  Large ou étroit, mout me fut chiche :
16 Tel lui soit Dieu qu'il m'a été !

En l'an de ma trentième année, que toutes mes hontes
j'eus bues, ni tout à fait fou, ni tout à fait sage, malgré
maintes peines subies, lesquelles j'ai toutes reçues de
la main de Thibaut d'Aussigny... S'il est évêque et
bénit les rues, qu'il soit le mien, je le nie !

Il n'est pas mon seigneur ni mon évêque ; je ne tiens
rien de lui que terre en friche ; je ne lui dois ni la foi ni
l'hommage ; je ne suis pas son serf ni sa biche. Il m'a
repu d'une petite miche et d'eau froide tout un été.
Généreux ou avare, il a été pour moi très chiche : que
Dieu soit avec lui comme il a été avec moi !

III

    Et s'aucun me vouloit reprendre
    Et dire que je le maudis,
    Non fais, se bien le sait comprendre,
20 En rien de lui je ne médis.
    Veci tout le mal que je dis :
    S'il m'a été miséricors,
    Jésus, le roi de paradis,
24 Tel lui soit à l'âme et au corps !

IV

    Et s'été m'a dur ne cruel
    Trop plus que ci je ne raconte,
    Je veul que le Dieu éternel
28 Lui soit donc semblable à ce compte.
    Et l'Église nous dit et conte
    Que prions pour nos ennemis.
    Je vous dirai : « J'ai tort et honte,
32 Quoi qu'il m'ait fait, à Dieu remis ! »

V

    Si prierai pour lui de bon cœur,
    Pour l'âme du bon feu Cotart !
    Mais quoi ? ce sera donc par cœur,
36 Car de lire je suis fétard :
    Prière en ferai de Picard ;
    S'il ne le sait, voise l'apprendre,
    S'il m'en croit, ains qu'il soit plus tard,
40 À Douai ou à Lille en Flandre !

Et si quelqu'un voulait me reprendre et dire que je le
maudis, non, je ne le fais pas, si on sait le bien
comprendre, en rien de lui je ne médis. Voici tout le
mal que je dis : s'il a été miséricordieux envers moi,
que Jésus, roi de Paradis, soit tel envers son âme et
son corps !

Mais s'il a été pour moi dur et cruel beaucoup plus
que je ne le raconte ici, je veux que le Dieu éternel
soit semblable envers lui de la même manière. D'autre
part l'Église nous dit et redit de prier pour nos
ennemis. Je vous dirai : « Du tort et de la honte subis,
quoi qu'il m'ait fait, je me suis remis à Dieu ! »

Soit, je prierai pour lui de bon cœur, par l'âme du bon
feu Cotart ! Mais ce sera alors par cœur, car pour lire
je suis paresseux. Je ferai donc une prière de Picard ;
s'il ignore cette prière, qu'il aille l'apprendre, s'il m'en
croit, avant qu'il ne soit trop tard, à Douai ou à Lille
en Flandre !

VI

Combien, souvent je veul qu'on prie
Pour lui, foi que dois mon baptême,
Obstant qu'à chacun ne le crie :
44 Il ne faudra pas à son esme.
Ou Psautier prends, quand suis à même,
Qui n'est de bœuf ne cordouan,
Le verselet écrit septième
48 Du psëaume *Deus laudem.*

VII

Si prie au benoît fils de Dieu,
Qu'à tous mes besoins je réclame,
Que ma pauvre prière ait lieu
52 Vers lui, de qui tiens corps et âme,
Qui m'a préservé de maint blâme
Et franchi de vile puissance.
Loué soit-il, et Notre Dame,
56 Et Loïs, le bon roi de France,

VIII

Auquel doint Dieu l'heur de Jacob,
Et de Salmon l'honneur et gloire,
(Quant de prouesse, il en a trop,
60 De force aussi, par m'âme, voire !)
En ce monde-ci transitoire,
Tant qu'il a de long ne de lé,
Afin que de lui soit mémoire,
64 Vivre autant que Mathieusalé !

Quoi qu'il en soit, je veux qu'on prie souvent pour lui,
par la foi que je dois à mon baptême, bien que je ne le
crie pas à tout un chacun : il ne sera pas déçu dans
son attente. Dans le Psautier, qui n'est relié ni en
bœuf ni en chèvre de Cordoue, je prends, puisque je
peux le faire, le petit verset numéro sept du psaume
Deus laudem.

Je prie aussi le bienheureux fils de Dieu, dont je
réclame l'aide dans toutes mes peines, que ma pauvre
prière soit admise auprès de lui, dont je tiens et le
corps et l'âme, qui m'a préservé de maint outrage et
affranchi d'un pouvoir maléfique. Loué soit-il, ainsi
que Notre-Dame et Louis, le bon roi de France !

Puisse Dieu lui donner le bonheur de Jacob, l'honneur
et la gloire de Salomon, — quant à la vaillance, il en a
beaucoup, de la force aussi, par mon âme, c'est
vrai —, afin que, dans ce monde où tout passe, sur
toute sa longueur et sa largeur, on conserve de lui
mémoire, et qu'il vive autant que Mathusalem !

IX

Et douze beaux enfants, tous mâles,
Vëoir de son cher sang royal,
Aussi preux que fut le grand Charles
68 Conçus en ventre nuptïal,
Bons comme fut saint Martïal.
Ainsi en preigne au feu Dauphin !
Je ne lui souhaite autre mal,
72 Et puis paradis en la fin.

X

Pour ce que faible je me sens
Trop plus de biens que de santé,
Tant que je suis en mon plein sens,
76 Si peu que Dieu m'en a prêté,
Car d'autre ne l'ai emprunté,
J'ai ce Testament très estable
Fait, de dernière volonté,
80 Seul pour tout et irrévocable,

XI

Et écrit l'an soixante et un
Lorsque le roi me délivra
De la dure prison de Meun,
84 Et que vïe me recouvra,
Dont suis, tant que mon cœur vivra,
Tenu vers lui m'humilier,
Ce que ferai jusque il mourra :
88 Bienfait ne se doit oublier.

Et qu'il voie douze beaux enfants, tous mâles, sortir
de son précieux sang royal, aussi vaillants que fut
Charlemagne, conçus au sein du mariage, valeureux
comme fut saint Martial. Qu'ainsi en advienne à l'an-
cien Dauphin ! Je ne lui souhaite pas d'autre mal,
avec, pour finir, le Paradis.

Parce que je me sens faible beaucoup plus de biens
que de santé, tant que j'ai toute ma raison, si peu que
Dieu m'en a prêté, car je ne l'ai emprunté à personne
d'autre, j'ai fait ce *Testament*, définitif, expression de
ma dernière volonté, seul valable pour l'ensemble, et
irrévocable,

je l'ai écrit en l'an soixante et un lorsque le roi me
délivra de la dure prison de Meung et lorsqu'il me
rendit la vie ; aussi, tant que mon cœur vivra, je suis
tenu de m'incliner devant lui, ce que je ferai jusqu'à la
mort : on ne doit pas oublier un bienfait.

XII

Or c'est vrai qu'après plaints et pleurs
Et angoisseux gémissements,
Après tristesses et douleurs,
92 Labeurs et griefs cheminements,
Travail mes lubres sentements,
Aiguisés comme une pelote,
M'ouvrit plus que tous les comments
96 D'Averroÿs sur Aristote.

XIII

Combien, au plus fort de mes maux,
En cheminant sans croix ne pile,
Dieu, qui les pèlerins d'Emmaus
100 Conforta, ce dit l'Évangile,
Me montra une bonne ville
Et pourvue du don d'espérance ;
Combien que péché si soit vile,
104 Rien ne hait que persévérance.

XIV

Je suis pécheur, je le sais bien ;
Pourtant ne veut pas Dieu ma mort,
Mais convertisse et vive en bien,
108 Et tout autre que péché mort.
Combien qu'en péché soye mort,
Dieu voit, et sa miséricorde,
Se conscïence me remord,
112 Par sa grâce pardon m'accorde.

Or il est vrai qu'après plaintes et pleurs et gémisse-
ments angoissés, après tristesses et douleurs, fatigues
et pénibles cheminements, la souffrance ouvrit mon
esprit incertain, aiguisé comme une pelote, plus que
tous les commentaires d'Averroès sur Aristote.

Cependant, au plus profond de ma misère, alors que
je cheminais sans croix ni pile, Dieu, qui réconforta
les pèlerins d'Emmaüs, comme dit l'Évangile, me
montra une bonne ville chargée du don d'espérance ;
bien que le péché soit répugnant, Dieu ne hait que
l'endurcissement.

Je suis pécheur, je le sais bien ; pourtant, Dieu ne veut
pas ma mort, mais que je me convertisse et vive dans
le bien, comme tout homme mordu par le péché. Bien
que je sois mort dans le péché, Dieu voit, et sa misé-
ricorde, si ma conscience me donne du remords, par
sa grâce m'accorde le pardon.

XV

Et, comme le noble *Romant*
De la Rose dit et confesse
En son premier commencement
116 Qu'on doit jeune cœur en jeunesse,
Quand on le voit vieil en vieillesse,
Excuser, hélas ! il dit voir.
Ceux donc qui me font telle presse
120 En murté ne me voudroient voir.

XVI

Se, pour ma mort, le bien publique
D'aucune chose vausît mieux,
À mourir comme un homme inique
124 Je me jugeasse, ainsi m'est Dieus !
Griefs ne fais à jeunes ne vieux,
Soie sur pieds ou soie en bière :
Les monts ne bougent de leurs lieux
128 Pour un pauvre, n'avant n'arrière.

XVII

Ou temps qu'Alixandre régna,
Un hom nommé Dïomédès
Devant lui on lui amena,
132 Engrillonné pouces et dés
Comme larron, car il fut des
Écumeurs que voyons courir ;
Si fut mis devant ce cadès
136 Pour être jugé à mourir.

Et quand le noble *Roman de la Rose* dit et affirme tout à son début qu'on doit excuser cœur jeune en la jeunesse quand on le voit vieux en la vieillesse, hélas ! il dit la vérité. Donc ceux qui m'accablent ainsi ne voudraient pas me voir atteindre la maturité.

Si, de ma mort, le bien public devait tirer quelque profit, à mourir comme un homme injuste je me condamnerais, de par Dieu ! Je ne fais de tort ni aux jeunes ni aux vieux, que je sois sur pieds ou en bière : les monts ne bougent de leur place, pour un pauvre, ni en avant ni en arrière.

Au temps où régnait Alexandre, un homme nommé Diomédès fut amené devant lui, pouces et doigts entravés, comme un brigand, car il était de ces écumeurs que nous voyons parcourir la mer : aussi fut-il conduit devant ce capitaine pour être condamné à mort.

XVIII

L'empereur si l'araisonna :
« Pourquoi es-tu larron en mer ? »
L'autre réponse lui donna :
140 « Pourquoi larron me fais clamer ?
Pour ce qu'on me voit écumer
En une petïote fuste ?
Se comme toi me pusse armer,
144 Comme toi empereur je fusse.

XIX

Mais que veux-tu ? De ma fortune
Contre qui ne puis bonnement,
Qui si faussement me fortune,
148 Me vient tout ce gouvernement.
Excusez-moi aucunement,
Et sachez qu'en grand pauvreté
— Ce mot se dit communément —
152 Ne gît pas grande loyauté. »

XX

Quand l'empereur ot remiré
De Dïomédès tout le dit :
« Ta fortune je te muerai
156 Mauvaise en bonne », si lui dit.
Si fit-il. Onc puis ne médit
À personne, mais fut vrai homme.
Valère pour vrai le vous dit,
160 Qui fut nommé le Grand à Rome.

Alexandre

L'empereur l'interpella ainsi : « Pourquoi es-tu brigand sur la mer ? » L'autre lui fit cette réponse : *Diomédès* « Pourquoi m'appelles-tu brigand ? Parce qu'on me voit écumer la mer sur un minuscule bateau ? Si comme toi j'avais pu m'armer, comme toi j'aurais été *libre* empereur.

« Mais que veux-tu ? De mon destin, contre quoi je ne puis vraiment rien, et qui me traite si injustement, me vient tout ce comportement. Accordez-moi donc quelque excuse et sachez qu'en grande pauvreté — proverbe d'usage courant — ne se trouve pas grande probité. »

Alexandre

Quand l'empereur eut considéré tout le propos de Diomédès : « Ta fortune, je la changerai de mauvaise en bonne », lui dit-il. Ainsi fit-il. Depuis jamais il ne dit de mal à personne, mais fut un homme droit. C'est ce que vous affirme Valère, qui fut nommé le Grand à Rome.

XXI

Se Dieu m'eût donné rencontrer
Un autre piteux Alixandre
Qui m'eût fait en bon cœur entrer,
164 Et lors qui m'eût vu condescendre
À mal, être ars et mis en cendre
Jugé me fusse de ma voix.
Nécessité fait gens méprendre
168 Et faim saillir le loup du bois.

XXII

Je plains le temps de ma jeunesse
Ouquel j'ai plus qu'autre galé
Jusqu'à l'entrée de vieillesse
172 Qui son partement m'a celé.
Il ne s'en est à pied allé
Në à cheval, las ! comment don ?
Soudainement s'en est volé
176 Et ne m'a laissé quelque don.

XXIII

Allé s'en est, et je demeure,
Pauvre de sens et de savoir,
Triste, pâli, plus noir que meure,
180 Qui n'ai n'écus, rente n'avoir.
Des miens le mendre, je dis voir,
De me désavouer s'avance,
Oubliant naturel devoir
184 Par faute d'un peu de chevance.

Si Dieu m'avait donné de rencontrer un autre
Alexandre compatissant, qui m'eût mis sur le chemin
de la bonté, et si alors on m'avait vu retomber dans le
mal, je me serais moi-même condamné à être brûlé et
mis en cendre. La nécessité pousse les gens à mal faire
et la faim fait sortir le loup du bois.

Je regrette le temps de ma jeunesse où j'ai plus qu'un
autre fait la noce jusqu'à l'entrée de la vieillesse qui
m'a caché son départ. Il ne s'en est pas allé à pied ni
à cheval, hélas ! comment donc ? soudainement il s'est
envolé et ne m'a laissé aucun don.

Il s'en est allé, et je demeure, pauvre de sens et de
savoir, triste, pâle, plus noir que mûre, sans écus,
rente ni avoir. Le plus humble des miens, je dis vrai,
va jusqu'à me désavouer, oubliant son devoir naturel,
parce que je manque d'un peu d'argent.

XXIV

Si ne crains avoir dépendu
Par friander ne par lécher ;
Par trop aimer n'ai rien vendu
188 Que nul me puisse reprocher,
Au moins qui leur coûte mout cher :
Je le dis et ne crois médire.
De ce je me puis revencher :
192 Qui n'a méfait ne le doit dire.

XXV

Bien est verté que j'ai aimé
Et aimeroie volontiers ;
Mais triste cœur, ventre affamé
196 Qui n'est rassasié au tiers,
M'ôte des amoureux sentiers.
Au fort, quelqu'un s'en récompense,
Qui est rempli sur les chantiers,
200 Car de la pance vient la dance !

XXVI

Bien sais, se j'eusse étudïé
Ou temps de ma jeunesse folle
Et à bonnes mœurs dédïé,
204 J'eusse maison et couche molle.
Mais quoi ! je fuyoie l'école,
Comme fait le mauvais enfant.
En écrivant cette parole,
208 À peu que le cœur ne me fend.

Pourtant je ne crains pas le reproche d'avoir dépensé
pour me goberger et me pourlécher ; pour avoir trop
aimé, je n'ai rien vendu que l'on puisse me reprocher,
rien du moins qui leur coûte très cher : je le dis et ne
crois pas mentir. De ce reproche je puis me défendre :
quand on n'a pas mal fait, on ne doit pas s'accuser.

Il est bien vrai que j'ai aimé et que j'aimerais volon-
tiers ; mais un cœur triste, un ventre affamé qui n'est
pas rassasié au tiers, m'éloignent des sentiers de
l'amour. Eh bien ! qu'un autre s'en donne à cœur joie,
qui a fait son plein dans les celliers, car de la panse
vient la danse.

Je le sais bien, si j'avais étudié au temps de ma jeu-
nesse folle, et si je m'étais voué aux bonnes mœurs,
j'aurais maison et couche molle. Mais quoi ! je fuyais
l'école, comme fait le mauvais enfant. En écrivant
cette parole, peu s'en faut que mon cœur n'éclate.

XXVII

Le dit du Sage trop lui fis
Favorable (bien en puis mais !)
Qui dit : « Éjouis-toi, mon fils,
212 En ton adolescence. » Mais
Ailleurs sert bien d'un autre mets,
Car « jeunesse et adolescence »,
C'est son parler, ne moins ne mais,
216 « Ne sont qu'abus et ignorance. »

XXVIII

Mes jours s'en sont allés errant
Comme, Job dit, d'une touaille
Font les filets, quand tisserand
220 En son poing tient ardente paille :
Lors, s'il y a un bout qui saille,
Soudainement il est ravi.
Si ne crains rien qui plus m'assaille
224 Car à la mort tout s'assouvit.

XXIX

Où sont les gracïeux galants
Que je suivoie ou temps jadis,
Si bien chantant, si bien parlant,
228 Si plaisants en faits et en dits ?
Les aucuns sont morts et roidis,
D'eux n'est-il plus rien maintenant :
Répit ils aient en paradis,
232 Et Dieu sauve le remenant !

À la parole du Sage je lui fis accorder trop de crédit (je n'en puis mais !). Elle dit : « Réjouis-toi, mon fils, en ton adolescence. » Mais ailleurs il nous sert un tout autre plat, car « jeunesse et adolescence » — c'est ce qu'il dit, ni plus ni moins — « ne sont qu'erreur et illusion ».

Mes jours s'en sont allés bien vite, comme font, dit Job, les bouts de fil d'une toile, quand le tisserand tient dans sa main de la paille enflammée : alors, s'il y a un bout qui dépasse, en un instant il est enlevé. Je n'ai donc plus à craindre aucune attaque, car avec la mort tout s'achève.

Où sont les élégants noceurs que je suivais au temps jadis, si bien chantant, si bien parlant, si plaisants dans leurs actes et leurs propos ? Certains sont morts et raidis, d'eux ne reste rien maintenant : qu'ils aient repos au Paradis, et que Dieu sauve ce qui reste !

XXX

Et les autres sont devenus,
Dieu merci ! grands seigneurs et maîtres ;
Les autres mendient tous nus
236 Et pain ne voient qu'aux fenêtres ;
Les autres sont entrés en cloîtres
De Célestins ou de Chartreux,
Bottés, housés com pêcheurs d'œstres :
240 Voyez l'état divers d'entre eux !

XXXI

Aux grands maîtres doint Dieu bien faire,
Vivant en paix et en requoi :
En eux il n'y a que refaire,
244 Si s'en fait bon taire tout coi.
Mais aux pauvres qui n'ont de quoi,
Comme moi, doint Dieu patïence !
Aux autres ne faut qui ne quoi,
248 Car assez ont vin et pitance.

XXXII

Bons vins ont, souvent embrochés,
Sauces, brouets et gros poissons,
Tartes, flans, œufs frits et pochés,
252 Perdus et en toutes façons.
Pas ne ressemblent les maçons
Que servir faut à si grand peine :
Ils ne veulent nuls échansons,
256 De soi verser chacun se peine.

Et les autres sont devenus, grâce à Dieu, grands sei-
gneurs et maîtres ; d'autres mendient tout nus et ne
voient de pain qu'aux vitrines ; d'autres sont entrés
dans des cloîtres de Célestins ou de Chartreux, bottés,
guêtrés comme des pêcheurs d'huîtres. Voyez les
diverses conditions de chacun d'eux !

Aux grands maîtres, que Dieu donne de faire le bien
et de vivre en paix et en repos : en eux rien n'est à
corriger, et il est bon de n'en rien dire. Mais aux pau-
vres qui n'ont pas de quoi, comme moi, que Dieu
donne la patience ! Quant aux autres, il ne leur
manque quoi que ce soit, car ils ont assez de vin et de
pitance.

Ils ont de bons vins, souvent mis en perce, sauces,
brouets et gros poissons, tartes, flans, œufs frits et
pochés, brouillés et en toutes façons. Ils ne ressem-
blent pas aux maçons qu'il faut servir à si grande
peine : ils ne veulent pas d'échansons, de se servir
chacun prend la peine.

XXXIII

En cet incident me suis mis
Qui de rien ne sert à mon fait ;
Je ne suis juge, ne commis
260 Pour punir n'absoudre méfait :
De tous suis le plus imparfait,
Loué soit le doux Jésus-Christ !
Que par moi leur soit satisfait ;
264 Ce que j'ai écrit est écrit.

XXXIV

Laissons le moutier où il est ;
Parlons de chose plus plaisante :
Cette matière à tous ne plaît,
268 Ennuyeuse est et déplaisante.
Pauvreté, chagrine, dolente,
Toujours, dépiteuse et rebelle,
Dit quelque parole cuisante ;
272 S'elle n'ose, si le pense-elle.

XXXV

Pauvre je suis, de ma jeunesse,
De pauvre et de petite extrace ;
Mon père n'ot onc grand richesse,
276 Ne son aïeul nommé Orace.
Pauvreté tous nous suit et trace ;
Sur les tombeaux de mes ancêtres,
Les âmes desquels Dieu embrasse !
280 On n'y voit couronnes ne sceptres.

Je suis tombé dans cette digression qui ne concerne en
rien mon sujet ; je ne suis pas juge ni délégué pour
punir ni absoudre les fautes : de tous je suis le plus
imparfait, loué soit le doux Jésus-Christ ! Qu'ils aient
de moi réparation, mais ce que j'ai écrit est écrit.

Laissons le moutier où il est ; parlons de choses plus
plaisantes ; ce sujet ne plaît pas à tous, il est importun
et déplaisant. Pauvreté, chagrine et plaintive, toujours,
insolente et révoltée, dit quelque parole cuisante ; si
elle n'ose, du moins elle y pense.

Pauvre je suis, depuis ma jeunesse, de pauvre et petite
extraction ; mon père n'eut jamais de grandes
richesses, ni son aïeul nommé Horace. Pauvreté nous
suit tous à la trace ; sur les tombeaux de mes ancêtres
— que Dieu prenne leurs âmes dans ses bras ! — on
ne voit ni couronnes ni sceptres.

XXXVI

De pauvreté me grementant,
Souventes fois me dit le cœur :
« Homme, ne te doulouse tant
284 Et ne demène tel douleur !
Se tu n'as tant qu'eut Jacques Cœur,
Mieux vaut vivre sous gros bureau,
Pauvre, qu'avoir été seigneur
288 Et pourrir sous riche tombeau ! »

XXXVII

Qu'avoir été seigneur !... Que dis ?
Seigneur, lasse ! ne l'est-il mais ?
Selon ce que David en dit,
292 Son lieu ne connaîtra jamais.
Et du surplus, je m'en démets :
Il n'appartient à moi, pécheur ;
Aux théologiens le remets,
296 Car c'est office de prêcheur.

XXXVIII

Si ne suis, bien le considère,
Fils d'ange portant diadame
D'étoile ne d'autre sidère.
300 Mon père est mort, Dieu en ait l'âme !
Quant est du corps, il gît sous lame...
J'entends que ma mère mourra,
El'le sait bien, la pauvre femme,
304 Et le fils pas ne demourra.

Quand je me plains de ma pauvreté, souventes fois
mon cœur me dit : « Homme, ne t'afflige pas tant ; ne
montre pas tant de douleur ! Si tu n'as pas autant
qu'eut Jacques Cœur, mieux vaut vivre sous bure
grossière, pauvre, qu'avoir été seigneur et pourrir sous
un riche tombeau. »

Qu'avoir été seigneur !... Que dis-tu ? Seigneur, hélas !
ne l'est-il plus ? Selon ce que David en dit, il ne saura
plus jamais d'où il vient. Pour le reste, je me récuse ;
cela n'est pas de mon ressort, à moi pécheur ; je le
remets aux théologiens, car c'est office de frère prê-
cheur.

Je ne suis certes pas, considère-le bien, un fils d'ange
portant un diadème orné d'une étoile ou d'un autre
astre. Mon père est mort, Dieu ait son âme ! Quant à
son corps, il gît sous la pierre tombale... je comprends
que ma mère mourra, elle le sait bien, la pauvre
femme, et le fils ne demeurera pas.

XXXIX

Je congnois que pauvres et riches,
Sages et fous, prêtres et lais,
Nobles, vilains, larges et chiches,
308 Petits et grands, et beaux et laids,
Dames à rebrassés collets,
De quelconque conditïon,
Portant atours et bourrelets,
312 Mort saisit sans exceptïon.

XL

Et meure ou Pâris ou Hélène,
Quiconque meurt, meurt à douleur :
Celui qui perd vent et haleine,
316 Son fiel se crève sur son cœur,
Puis sue, Dieu sait quel sueur !
Et qui de ses maux si l'allège ?
Car enfant n'a, frère ne sœur
320 Qui lors vousît être son pleige.

XLI

La mort le fait frémir, pâlir,
Le nez courber, les veines tendre,
Le corps enfler, lâcher, mollir,
324 Jointes et nerfs croître et étendre...
Corps féminin, qui tant es tendre,
Poli, souëf, si précïeux,
Te faudra-il ces maux attendre ?
328 Oui, ou tout vif aller ès cieux.

Je sais bien que pauvres et riches, sages et fous, prêtres
et laïcs, nobles, vilains, généreux et chiches, petits et
grands, et beaux et laids, dames à cols retroussés,
quelle que soit leur condition, portant atours et bour-
relets, la mort les saisit sans exception.

Et que meure ou Pâris ou Hélène, quiconque meurt,
meurt dans la douleur : celui qui perd son souffle et
son haleine, sa bile s'épand sur son cœur, puis il sue,
Dieu sait quelle sueur ! Et qui de ses maux le soulage ?
Car il n'a enfant, frère ou sœur, qui voudrait alors être
sa caution.

La mort le fait frémir, pâlir, elle fait courber son nez,
gonfler ses veines, enfler, lâcher, mollir son corps,
éclater ses articulations et tendre ses nerfs... Corps
féminin, qui tant es tendre, lisse, doux, si précieux, te
faudra-t-il endurer ces maux ? Oui, ou tout vivant
monter aux cieux.

BALLADE
DES DAMES DU TEMPS JADIS

formerly

Dites-moi où, n'en quel pays
Est Flora la belle Romaine,
Archipïades ne Thaïs
332 Qui fut sa cousine germaine ;
Écho, parlant quand bruit on mène
Dessus rivière ou sur étang,
Qui beauté ot trop plus qu'humaine.
336 Mais où sont les neiges d'antan ?

Où est la très sage Héloïs,
Pour qui fut châtré et puis moine
Pierre Esbaillart à Saint-Denis ?
340 Pour son amour ot cette essoine.
Semblablement, où est la roine
Qui commanda que Buridan
Fût jeté en un sac en Seine ?
344 Mais où sont les neiges d'antan ?

Dites-moi où et en quel pays est Flora la belle
Romaine, Archipiadès et Thaïs qui fut sa cousine ger-
maine ; Écho, parlant quand un bruit s'élève sur une
rivière ou sur un étang et qui eut une beauté surhu-
maine. Mais où sont les neiges d'antan ?

Où est la très sage Héloïse, pour qui fut châtré, puis
fait moine Pierre Abélard à Saint-Denis ? Pour
l'amour d'elle il subit ce malheur. Semblablement, où
est la reine qui commanda que Buridan fût jeté en un
sac en Seine ? Mais où sont les neiges d'antan ?

La roine Blanche comme lis
Qui chantoit à voix de seraine,
Berthe au plat pied, Bietrix, Aliz,
348 Haramburgis qui tint le Maine,
Et Jeanne, la bonne Lorraine
Qu'Anglois brûlèrent à Rouen,
Où sont-ils, où, Vierge souvraine ?
352 Mais où sont les neiges d'antan ?

Prince, n'enquerrez de semaine
Où elles sont, ne de cet an,
Qu'à ce refrain ne vous remaine :
356 Mais où sont les neiges d'antan ?

La reine Blanche comme lis qui chantait à voix de sirène, Berthe au pied plat, Bietris, Alis, Haremburgis qui tint le Maine, et Jeanne, la bonne Lorraine que les Anglais brûlèrent à Rouen, où sont-elles, où, Vierge souveraine ? Mais où sont les neiges d'antan ?

Prince, vous ne sauriez chercher de toute la semaine, ni de toute cette année, où elles sont, sans qu'à ce refrain je vous ramène : mais où sont les neiges d'antan ?

BALLADE
DES SEIGNEURS DU TEMPS JADIS

Qui plus, où est li tiers Calixte,
Dernier décédé de ce nom,
Qui quatre ans tint le papaliste ?
360 Alphonse le roi d'Aragon,
Le gracïeux duc de Bourbon,
Et Artus le duc de Bretagne,
Et Charles septième le bon ?
364 Mais où est le preux Charlemagne ?

Semblablement, le roi scotiste
Qui demi face ot, ce dit-on,
Vermeille comme une émastiste
368 Depuis le front jusqu'au menton ?
Le roi de Chypre de renom,
Hélas ! et le bon roi d'Espagne
Duquel je ne sais pas le nom ?
373 Mais où est le preux Charlemagne ?

Qui plus est, où est Calixte trois, dernier décédé de ce
nom, qui tint quatre ans la papauté ? Alphonse le roi
d'Aragon, le gracieux duc de Bourbon, et Arthur le
duc de Bretagne, et Charles sept le bon ? Mais où est
le preux Charlemagne ?

Semblablement le roi d'Écosse qui eut, dit-on, la
moitié du visage vermeille comme une améthyste
depuis le front jusqu'au menton ? le roi de Chypre
plein de renom, hélas ! et le bon roi d'Espagne duquel
je ne sais pas le nom ? Mais où est le preux Charle-
magne ?

D'en plus parler je me désiste ;
Ce n'est que toute abusïon.
Il n'est qui contre mort résiste
376 Ne qui treuve provisïon.
Encor fais une questïon :
Lancelot le roi de Behaygne,
Où est-il, où est son tayon ?
380 Mais où est le preux Charlemagne ?

Où est Claquin, le bon Breton ?
Où le comte Dauphin d'Auvergne,
Et le bon feu duc d'Alençon ?
384 Mais où est le preux Charlemagne ?

Je renonce à en parler davantage ; ce n'est qu'entière illusion. Il n'est personne qui résiste à la mort ni qui puisse s'en prémunir. Je pose encore une question : Lancelot, le roi de Bohême, où est-il ? où est son aïeul ? Mais où est le preux Charlemagne ?

Où est Claquin, le bon Breton ? Où est le comte dauphin d'Auvergne et le bon feu duc d'Alençon ? Mais où est le preux Charlemagne ?

BALLADE
EN VIEIL LANGAGE FRANÇOIS

Car, ou soit ly sains appostolles
D'aubes vestuz, d'amys coeffez,
Qui ne seint fors saintes estolles
388 Dont par le col prent ly mauffez
De mal talant tous eschauffez,
Aussi bien meurt que filz servans,
De ceste vie cy brassez :
392 Autant en emporte ly vens !

Voire, ou soit de Constantinobles
L'emperieres au poing dorez,
Ou de France le roy tres nobles
396 Sur tous autres roys decorez,
Qui pour luy grant Dieux adorez
Batist esglises et couvens,
S'en son temps il fut honnorez,
400 Autant en emporte ly vens !

De fait, que ce soit le saint apôtre vêtu de l'aube,
couvert de l'amict, ceint seulement d'une sainte étole
dont il saisit par le cou le diable tout échauffé par la
colère, il meurt, aussi bien que les enfants de chœur,
expulsé de cette vie : autant en emporte le vent !

Bien plus, que ce soit l'empereur de Constantinople
au poing doré, ou le très noble roi de France glorieux
entre tous les autres rois, qui pour le puissant Dieu
adoré bâtit églises et couvents, si en son temps il fut
honoré, autant en emporte le vent !

Ou soit de Vienne et Grenobles
Ly Dauphin, le preux, ly senez,
Ou de Digons, Salins et Dolles
404 Ly sires, filz le plus esnez,
Ou autant de leurs gens prenez,
Heraux, trompectes, poursuivans,
Ont ilz bien boutez soubz le nez ?
408 Autant en emporte ly vens.

Prince a mort sont tous destinez,
Et tous autres qui sont vivans :
S'ilz en sont courcez n'atinez,
412 Autant en emporte ly vens.

Que ce soit le dauphin de Vienne et Grenoble, le vail-
lant, le sage, ou bien le prince héritier de Dijon, Salins
et Dole, ou prenez tout aussi bien de leurs gens,
hérauts, trompettes, poursuivants, s'en sont-ils bien
mis sous le nez? Autant en emporte le vent.

Les princes sont tous destinés à mourir, comme tous
les autres vivants : s'ils en sont dépités ou chagrins,
autant en emporte le vent.

XLII

Puisque papes, rois, fils de rois
Et conçus en ventres de roines,
Sont ensevelis morts et froids,
416 En autrui mains passent leurs règnes,
Moi, pauvre mercerot de Rennes,
Mourrai-je pas ? Oui... se Dieu plaît,
Mais que j'aie fait mes étrennes,
420 Honnête mort ne me déplaît.

XLIII

Ce monde n'est perpétuel,
Quoi que pense riche pillard :
Tous sommes sous mortel coutel.
424 Ce confort prend pauvre vieillard,
Lequel d'être plaisant raillard
Ot le bruit, lorsque jeune étoit,
Qu'on tendroit à fol et paillard,
428 Se, vieil, à railler se mettoit.

XLIV

Or lui convient-il mendïer,
Car à ce force le contraint.
Regrette hui sa mort et hier,
432 Tristesse son cœur si éteint !
Si, souvent, n'étoit Dieu qu'il craint,
Il feroit un horrible fait ;
Et advient qu'en ce Dieu enfreint,
436 Et que lui-même se défait.

Puisque papes, rois, fils de rois et conçus en ventres
de reines, sont ensevelis morts et froids, et qu'en d'au-
tres mains passent leurs royaumes, moi, pauvre petit
mercier de Rennes, ne mourrai-je pas ? Oui... s'il plaît
à Dieu, pourvu que j'aie pris ma part de bon temps,
une mort honorable ne me déplaît pas.

Ce monde n'est pas perpétuel, quoi que pense le riche
pillard ; tous nous sommes sous le couteau de la mort.
Ainsi se console le pauvre vieillard qui, lorsqu'il était
jeune, avait la réputation d'être un plaisantin, et que
l'on prendrait pour un fou et un mauvais drôle si,
vieux, il se mettait à plaisanter.

Maintenant il lui faut mendier, car la nécessité l'y
contraint. Il invoque la mort aujourd'hui comme hier,
tant la tristesse accable son cœur ! Souvent, si n'était
Dieu qu'il craint, il commettrait un acte horrible ; et il
arrive qu'en cela il enfreigne la loi de Dieu et que
lui-même se détruise.

XLV

Car s'en jeunesse il fut plaisant,
Ores plus rien ne dit qui plaise.
Toujours vieil singe est déplaisant,
440 Moue ne fait qui ne déplaise ;
S'il se tait, afin qu'il complaise,
Il est tenu pour fol recru,
S'il parle, on lui dit qu'il se taise,
444 Et qu'en son prunier n'a pas crû.

XLVI

Aussi ces pauvres femmelettes
Qui vieilles sont et n'ont de quoi,
Quand ils voient ces pucelettes
448 Emprunter, elles, à recoi
Ils demandent à Dieu pourquoi
Si tôt naquirent, n'à quel droit.
Notre Seigneur se tait tout coi,
452 Car au tancer il le perdroit.

Car si dans sa jeunesse il était plaisant, maintenant il
ne dit plus rien qui plaise. Toujours un vieux singe est
déplaisant, il ne fait moue qui ne déplaise ; s'il se tait,
par complaisance, on le prend pour un fou épuisé, s'il
parle, on lui dit qu'il se taise, et que cela n'a pas
poussé dans son prunier.

Et aussi ces pauvres petites femmes qui sont vieilles et
n'ont pas de quoi, quand elles voient ces gamines
emprunter, tout bas elles demandent à Dieu pourquoi
elles naquirent si tôt, et pour quelle raison. Notre Sei-
gneur se tait et reste coi, car à faire la leçon il perdrait
la partie.

LES REGRETS
DE LA BELLE HËAUMIÈRE

helmet-maker ??

XLVII

Avis m'est que j'oi regretter
La Belle qui fut hëaumière,
Soi jeune fille souhaiter
456 Et parler en telle manière :
« Ha ! Vieillesse félonne et fière,
Pourquoi m'as si tôt abattue ?
Qui me tient, qui, que ne me fière,
460 Et qu'à ce coup je ne me tue ?

XLVIII

« Tolu m'as ma haute franchise
Que Beauté m'avait ordonné
Sur clercs, marchands et gens d'Église,
464 Car lors il n'étoit homme né
Qui tout le sien ne m'eût donné,
Quoiqu'il en fût des repentailles,
Mais que lui eusse abandonné
468 Ce que refusent truandailles.

Voilà que j'entends s'épancher en regrets la Belle qui fut heaumière, souhaiter d'être jeune fille et parler de cette manière : « Ha ! vieillesse félonne et cruelle, pourquoi m'as-tu si tôt abattue ? Qu'est-ce donc qui me retient de me frapper et du même coup de me tuer ?

Tu m'as ravi la toute-puissance que Beauté m'avait conférée sur clercs, marchands et gens d'Église, car alors il n'était personne qui ne m'eût donné tout son bien, quel que dût être son repentir, pourvu que je lui eusse abandonné ce que refuse maintenant la canaille.

XLIX

« À maint homme l'ai refusé,
Qui n'étoit à moi grand sagesse,
Pour l'amour d'un garçon rusé,
472 Auquel j'en fis grande largesse.
À qui que je fisse finesse,
Par m'âme, je l'aimoie bien !
Or ne me faisoit que rudesse,
476 Et ne m'aimoit que pour le mien.

L

« Si ne me sût tant detraîner,
Fouler aux pieds, que ne l'aimasse,
Et m'eût-il fait les reins traîner,
480 S'il m'eût dit que je le baisasse,
Que tous mes maux je n'oubliasse !
Le glouton, de mal enteché,
M'embrassoit... J'en suis bien plus grasse !
484 Que m'en reste-il ? Honte et péché.

LI

« Or est-il mort, passé trente ans,
Et je remains, vieille, chenue.
Quand je pense, lasse ! au bon temps,
488 Que me regarde toute nue,
Quelle fuz, quelle devenue,
Et je me vois si très changée,
Pauvre, sèche, maigre, menue,
492 Je suis presque toute enragée.

À maint homme je l'ai refusé, ce n'était pas de ma
part grande sagesse, pour l'amour d'un garçon rusé à
qui j'en fis grande largesse. Et si j'en cajolais bien
d'autres, par mon âme, lui, je l'aimais ! Or il ne faisait
que me rudoyer et ne m'aimait que pour mon argent.

Pourtant il n'aurait pas pu me traîner, me fouler aux
pieds sans que je l'aime et, m'eût-il traînée sur les
reins, s'il m'avait dit de l'embrasser, j'aurais oublié
tous mes maux. La canaille, habitée par le mal, me
prenait dans ses bras... J'en suis bien avancée ! Que
m'en reste-t-il ? Honte et malheur.

Le voici mort depuis trente ans et je reste, vieille,
chenue. Quand je pense, hélas ! au bon temps, que je
me regarde toute nue, ce que j'étais, ce que je suis
devenue, et que je me vois si changée, pauvre, sèche,
maigre, menue, je suis presque toute enragée.

LII

« Qu'est devenu ce front poli,
Ces cheveux blonds, sourcils voutis,
Grand entrœil, ce regard joli,
496 Dont prenoie les plus subtils ;
Ce beau nez droit, grand ne petiz,
Ces petites jointes oreilles,
Menton fourchu, clair vis traitiz,
500 Et ces belles lèvres vermeilles ?

LIII

« Ces gentes épaules menues,
Ces bras longs et ces mains traitisses,
Petits tétins, hanches charnues,
504 Élevées, propres, faitisses
À tenir amoureuses lices ;
Ces larges reins, ce sadinet
Assis sur grosses fermes cuisses
508 Dedans son petit jardinet ?

LIV

« Le front ridé, les cheveux gris,
Les sourcils chus, les yeux éteints,
Qui faisoient regards et ris
512 Dont maints méchants furent atteints ;
Nez courbes, de beauté lointains,
Oreilles pendants, moussues,
Le vis pâli, mort et déteins,
516 Menton froncé, lèvres peaussues...

Qu'est devenu ce front lisse, ces cheveux blonds, ces sourcils arqués, ce large entrœil, ce regard vif qui séduisait les plus malins, ce beau nez droit, ni trop grand, ni trop petit, ces petites oreilles bien ajustées, ce menton à fossette, ce clair visage bien dessiné, et ces belles lèvres vermeilles ?

Ces jolies petites épaules, ces bras longs et ces mains fines, ces petits tétins, ces hanches charnues, hautes, nettes, bien faites pour les tournois amoureux, ces larges reins, ce trou mignon posé sur de grosses cuisses fermes au milieu de son petit jardin ?

Le front ridé, les cheveux gris, les sourcils tombés, les yeux éteints, qui lançaient des regards et des rires, dont furent atteints maints malheureux, nez courbe, privé de beauté, oreilles pendantes, velues, visage pâli, mort et décoloré, menton froncé, lèvres crevassées...

LV

« C'est d'humaine beauté l'issue !
Les bras courts et les mains contraites,
Des épaules toute bossue ;
520 Mamelles, quoi ? toutes retraites ;
Telles les hanches que les tettes ;
Du sadinet, fi ! Quant des cuisses,
Cuisses ne sont plus, mais cuissettes
524 Grivelées comme saucisses.

LVI

« Ainsi le bon temps regrettons
Entre nous, pauvres vieilles sottes,
Assises bas, à croupetons,
528 Tout en un tas, comme pelotes,
À petit feu de chenevottes
Tôt allumées, tôt éteintes ;
Et jadis fûmes si mignottes !
532 Ainsi en prend à maints et maintes. »

C'est la fin de toute beauté humaine ! Les bras courts
et les mains déformées, toute bossue des épaules ; les
mamelles ? ratatinées ; les hanches comme les tétins ;
pour le trou mignon, fi ! Quant aux cuisses, ce ne sont
plus des cuisses, mais des ombres de cuisses mouche-
tées comme des saucisses.

Ainsi regrettons-nous le bon temps entre nous, pau-
vres vieilles sottes, assises par terre, accroupies, tout
en tas comme pelotes, devant un petit feu de brins de
chanvre, vite allumés, vite éteints ; et jadis nous étions
si mignonnes ! C'est ce qui arrive à maints et maintes.

BALLADE
DE LA BELLE HËAUMIÈRE
AUX FILLES DE JOIE

prostitutes

« Or y pensez, belle Gautière
Qui écolière souliez être,
Et vous, Blanche la Savetière,
536 Or est-il temps de vous connaître :
Prenez à dêtre ou à senêtre ;
N'épargnez homme, je vous prie,
Car vieilles n'ont ne cours ne être,
540 Ne que monnoie qu'on décrie.

« Et vous, la gente Saucissière
Qui de danser êtes adêtre,
Guillemette la Tapissière,
544 Ne méprenez vers votre maître :
Tôt vous faudra clore fenêtre ;
Quand deviendrez vieille, flétrie,
Plus ne servirez qu'un vieil prêtre,
548 Ne que monnoie qu'on décrie.

Pensez-y donc, belle Gautière, qui fréquentiez les étudiants, et vous, Blanche la Savetière, il est temps pour vous de savoir où vous en êtes : prenez à droite comme à gauche, ne ménagez personne, je vous en prie, car les vieilles n'ont ni cours ni valeur, pas plus que monnaie hors d'usage.

Et vous, l'aimable Charcutière qui à la danse êtes habile, Guillemette la Tapissière, ne méprisez pas votre maître : il vous faudra bientôt fermer boutique ; quand vous deviendrez vieille, flétrie, vous ne servirez qu'un vieux prêtre, et ne serez pas plus que monnaie hors d'usage.

Jeanneton la Chaperonnière,
Gardez qu'ami ne vous empêtre ;
Et Catherine la Boursière,
552 N'envoyez pas les hommes paître,
Car qui belle n'est, ne perpètre
Leur male grâce, mais leur rie.
Laide vieillesse amour n'impètre
556 Ne que monnoie qu'on décrie.

Filles, veuillez vous entremettre
D'écouter pourquoi pleure et crie :
Pour ce que je ne me puis mettre
560 Ne que monnoie qu'on décrie. »

Jeanneton la Chaperonnière, prenez garde qu'un ami
ne vous entrave ; et vous, Catherine la Boursière, *hinder*
n'envoyez pas paître les hommes, car celle qui n'est *graze*
pas belle ne doit pas leur faire mauvais accueil, mais ...
leur sourire. La laide vieillesse n'obtient pas l'amour,
pas plus que monnaie hors d'usage.

Filles, appliquez-vous donc à écouter pourquoi je
pleure et crie : c'est que je ne puis me mettre en *(?)*
circulation, pas plus que monnaie hors d'usage.

LVII

Cette leçon ici leur baille
La belle et bonne de jadis ;
Bien dit ou mal, vaille que vaille,
564 Enregistrer j'ai fait ces dits
Par mon clerc Fremin l'étourdis,
Aussi rassis que je pense être.
S'il me dément, je le maudis :
568 Selon le clerc est duit le maître.

LVIII

Si aperçois le grand danger
Ouquel homme amoureux se boute ;
Et qui me voudroit laidanger
572 De ce mot, en disant : « Écoute !
Se d'aimer t'étrange et reboute
Le barrat de celles nommées,
Tu fais une bien folle doute,
576 Car ce sont femmes diffamées.

LIX

« S'ils n'aiment fors que pour l'argent,
On ne les aime que pour l'heure ;
Rondement aiment toute gent,
580 Et rient lors quand bourse pleure.
De celles-ci n'est qui ne queure ;
Mais en femmes d'honneur et nom
Franc homme, si Dieu me sequeure,
584 Se doit employer ; ailleurs, non. »

Voilà la leçon que leur donne celle qui jadis fut belle
et bonne ; bien ou mal dits, vaille que vaille, j'ai fait
enregistrer ces propos par mon clerc Firmin l'étourdi,
si réfléchi que je pense être. S'il me dément, je le
maudis : selon le clerc se conduit le maître.

J'aperçois bien le grand danger auquel un amoureux
s'expose ; et si quelqu'un voulait me blâmer de ces
propos, en disant : « Écoute ! si la fourberie de ces
femmes-là te détourne et te dissuade d'aimer, tu
éprouves une bien folle crainte, car ce sont des
femmes perdues.

« Si elles n'aiment que pour l'argent, on ne les aime
qu'un moment ; elles aiment rondement tout le
monde, et rient lorsque la bourse pleure. De celles-ci
point qui ne soit coureuse ; mais c'est aux femmes
honnêtes et honorables qu'un digne homme — Dieu
me secoure ! — doit faire sa cour ; ailleurs, non. »

LX

Je prends qu'aucun die ceci,
Si ne me contente-il en rien.
En effet, il conclut ainsi,
588 Et je le cuide entendre bien,
Qu'on doit aimer en lieu de bien :
Assavoir mon se ces fillettes
Qu'en paroles toute jour tien,
592 Ne furent-ils femmes honnêtes ?

LXI

Honnêtes si furent vraiment,
Sans avoir reproches ni blâmes.
Si est vrai qu'au commencement
596 Une chacune de ces femmes
Lors prirent, ains qu'eussent diffames,
L'une un clerc, un lai, l'autre un moine,
Pour éteindre d'amours leurs flammes
600 Plus chaudes que feu Saint-Antoine.

LXII

Or firent selon ce Décret
Leurs amis, et bien y apert ;
Ils aimoient en lieu secret,
604 Car autre qu'eux n'y avoit part.
Toutefois, celle amour se part,
Car celle qui n'en avoit qu'un
De celui s'éloigne et départ,
608 Et aime mieux aimer chacun.

Je suppose que quelqu'un me tienne ces propos, pour-
tant il ne me satisfait en rien. En effet, il conclut ainsi,
et je pense bien le comprendre, qu'on doit aimer en
lieu honorable : il reste à savoir si ces filles à qui je
parle chaque jour ne furent pas femmes honnêtes.

Honnêtes, oui, elles le furent vraiment, sans encourir
reproches ni blâmes. Il est bien vrai qu'au commen-
cement, ces femmes, toutes tant qu'elles sont, prirent,
avant d'avoir mauvaise réputation, l'une un clerc, un
laïc, l'autre un moine, pour éteindre les flammes de
leur amour plus chaudes que le feu Saint-Antoine.

Leurs amis ont respecté le Décret, c'est bien clair : ils
aimaient en domaine privé, car nul autre qu'eux n'y
avait part. Toutefois, cet amour se divise, car celle qui
n'en avait qu'un s'éloigne et se sépare de lui, et aime
mieux aimer chacun.

LXIII

Qui les meut à ce ? J'imagine,
Sans l'amour des dames blâmer,
Que c'est nature féminine
612 Qui tout uniement veut aimer.
Autre chose n'y sais rimer
Fors qu'on dit à Reims et à Trois,
Voire à Lille ou à Saint-Omer,
616 Que six ouvriers font plus que trois.

LXIV

Or ont ces fols amants le bond
Et les dames pris la volée ;
C'est le droit loyer qu'amans ont :
620 Toute foi y est vïolée.
Quelque doux baiser n'acolée,
« De chiens, d'oiseaux, d'armes, d'amours »,
C'est pure verté décelée,
624 « Pour une joie cent doulours. »

Qu'est-ce qui les pousse ? J'imagine, sans blâmer
l'amour des dames, que c'est la nature féminine qui
veut aimer tous les hommes sans distinction. Je ne
peux mettre rien d'autre en rime, sauf qu'on dit à
Reims et à Troyes, et même à Lille ou à Saint-Omer,
que six ouvriers font plus que trois.

Voilà donc ces fols amants délaissés et les dames
envolées ; salaire normal des amants : toute loyauté y
est violée. Malgré les doux baisers et les embrassades,
« avec chiens, oiseaux, armes, amours », vérité stricte
et évidente, « pour une joie, cent douleurs ».

DOUBLE BALLADE

Pour ce, aimez tant que voudrez,
Suivez assemblées et fêtes,
En la fin ja mieux n'en vaudrez
628 Et n'y romperez que vos têtes ;
Folles amours font les gens bêtes :
Salmon en idolatria,
Samson en perdit ses lunettes.
632 Bien heureux est qui rien n'y a !

Orpheüs le doux ménétrier,
Jouant de flûtes et musettes,
En fut en danger du meurtrier
636 Chien Cerbérus à quatre têtes ;
Et Narcissus, le bel honnêtes,
En un parfond puits se noya
Pour l'amour de ses amourettes.
640 Bien heureux est qui rien n'y a !

Sardana, le preux chevalier
Qui conquit le règne de Crètes,
En voulut devenir moulier
644 Et filer entre pucelettes ;
David le roi, sage prophètes,
Crainte de Dieu en oublia,
Voyant laver cuisses bien faites.
648 Bien heureux est qui rien n'y a !

Aimez donc tant que vous voudrez, fréquentez assem-
blées et fêtes, à la fin vous n'en vaudrez pas mieux et
ne ferez qu'y rompre vos têtes. Folles amours font les
gens bêtes : Salomon en devint idolâtre, Samson y
perdit ses lunettes. Heureux qui ne s'en mêle pas !

Orphée, paisible ménestrel, joueur de flûte et de
musette, par amour brava le cruel chien Cerbère à
quatre têtes ; Narcisse, le bel élégant, en un profond
puits se noya pour l'amour de ses amourettes. Heu-
reux qui ne s'en mêle pas !

Sardana, le preux chevalier qui conquit le royaume de
Crète, en voulut devenir femme et filer parmi les
jeunes filles ; le roi David, sage prophète, en oublia la
crainte de Dieu, à voir laver cuisses bien faites. Heu-
reux qui ne s'en mêle pas !

Amon en vout déshonourer,
Feignant de manger tartelettes,
Sa sœur Thamar et déflourer,
652 Qui fut chose mout déshonnêtes ;
Hérode, pas ne sont sornettes,
Saint Jean-Baptiste en décola
Pour danses, sauts et chansonnettes.
656 Bien heureux est qui rien n'y a !

De moi, pauvre, je veuil parler :
J'en fus battu comme à ru teles,
Tout nu, ja ne le quiers celer.
660 Qui me fit mâcher ces groselles,
Fors Catherine de Vaucelles ?
Noël, le tiers, ait, qui fut là,
Mitaines à ces noces telles !
664 Bien heureux est qui rien n'y a !

Mais que ce jeune bacheler
Laissât ces jeunes bachelettes ?
Non ! et le dût-on brûler
668 Comme un chevaucheur d'écouvettes.
Plus douces lui sont que civettes ;
Mais toutefois fol s'y fia :
Soient blanches, soient brunettes,
672 Bien heureux est qui rien n'y a !

Amon a voulu par amour, en feignant de manger des
tartelettes, déshonorer et déflorer sa sœur Thamar,
entreprise fort immorale ; Hérode, ce ne sont pas des
sornettes, par amour fit décapiter saint Jean Baptiste
pour des danses, sauts et chansonnettes. Heureux qui
ne s'en mêle pas !

De moi, pauvre homme, je veux parler : par amour je
fus battu comme toiles au ruisseau, tout nu, je ne
cherche pas à le cacher. Qui me fit mâcher ces gro-
seilles, sinon Catherine de Vaucelles ? Que Noël, qui
fut là en tiers, reçoive de telles mitaines à ses noces !
Heureux qui ne s'en mêle pas !

Mais que ce jeune homme renonce à ces jeunes filles ?
Non ! dût-on le brûler vif comme un chevaucheur de
balais. Elles lui sont plus douces que civettes ; toute-
fois, fol qui s'y fia ! qu'elles soient blondes ou bru-
nettes, heureux qui ne s'en mêle pas !

LXV

Se celle que jadis servoie
De si bon cœur et loyaument,
Dont tant de maux et griefs j'avoie
676 Et souffroie tant de tourment,
Se dit m'eût, au commencement,
Sa volonté (mais nenni, las !),
J'eusse mis peine aucunement
680 De moi retraire de ses lacs.

LXVI

Quoi que je lui vousisse dire,
Elle étoit prête d'écouter
Sans m'accorder ne contredire ;
684 Qui plus, me souffroit acouter
Joignant d'elle, près sacouter,
Et ainsi m'alloit amusant,
Et me souffroit tout raconter ;
688 Mais ce n'étoit qu'en m'abusant.

LXVII

Abusé m'a et fait entendre
Toujours d'un que ce fût un autre :
De farine, que ce fût cendre ;
692 D'un mortier, un chapeau de fautre ;
De vieil machefer que fût peautre ;
D'ambesas que c'étoient ternes ;
(Toujours trompoit ou moi ou autre
696 Et rendoit vessies pour lanternes) ;

Si celle que je servais jadis de si bon cœur et loyale-
ment, ce dont j'éprouvais tant de maux et de peines et
souffrais tant de tourments, si elle m'avait dit, dès le
début, ses intentions (mais elle ne le fit pas, hélas !), je
me serais efforcé en quelque manière de me retirer de
ses lacets.

Quoi que je lui voulusse dire, elle était prête à
m'écouter sans m'approuver ni contredire ; et qui plus
est, elle acceptait que je m'approche tout près d'elle et
que je lui parle à l'oreille, et ainsi se moquait de moi,
et acceptait que je lui raconte tout, mais ce n'était
qu'en m'abusant.

Elle m'a abusé et toujours fait croire d'une chose que
c'en était une autre : de farine, que c'était cendre ;
d'un mortier, un chapeau de feutre ; de vieux
mâchefer, que c'était de l'étain ; de deux as, que
c'étaient deux trois (toujours elle me trompait, moi ou
un autre, et rendait vessies pour lanternes) ;

LXVIII

Du ciel, une poêle d'arain ;
Des nues, une peau de veau ;
Du main, que ce soit le serein ;
700 D'un trognon de chou, un naveau ;
D'orde cervoise, vin nouveau ;
D'une truie, un moulin à vent ;
Et d'une hart, un écheveau ;
704 D'un gras abbé, un poursuivant.

LXIX

Ainsi m'ont Amours abusé
Et pourmené de l'huis au pêle.
Je crois qu'homme n'est si rusé,
708 Fût fin comme argent de coupelle,
Qui n'y laissât linge, drapelle,
Mais qu'il fût ainsi manië
Comme moi, qui partout m'appelle
712 L'amant remis et renië.

LXX

Je renie Amours et dépite
Et défie à feu et à sang.
Mort par elles me précipite,
717 Et ne leur en chaut pas d'un blanc.
Ma vïelle ai mis sous le banc ;
Amants je ne suivrai jamais :
Se jadis je fus de leur rang,
720 Je déclare que n'en suis mais.

du ciel, une poêle de cuivre ; des nuages, une peau de
veau ; du matin, que c'était le soir ; d'un trognon de
chou, un navet ; de vile bière, vin nouveau ; d'une
truie, un moulin à vent ; et d'une corde, un écheveau ;
d'un gras abbé, un poursuivant.

Ainsi Amour m'a abusé et promené de la porte au
verrou. Je crois que nul n'est si rusé, fût-il fin comme
argent de coupelle, qu'il n'ait laissé linge et habits à
être malmené comme moi, qui partout me proclame
l'amant rebelle et renégat.

Je renie Amour et le brave et le défie à feu et à sang.
Mort par lui me pousse à la ruine, mais il ne s'en
soucie pas pour un blanc. J'ai mis ma vielle sous le
banc ; je ne suivrai plus les amants : si jadis je fus de
leur troupe, je déclare que je n'en suis plus.

LXXI

Car j'ai mis le plumail au vent,
Or le suive qui a attente !
De ce me tais dorénavant,
724 Poursuivre je veuil mon entente.
Et s'aucun m'interroge ou tente
Comment d'Amour j'ose médire,
Cette parole le contente :
728 Qui meurt, a ses lois de tout dire.

LXXII

Je connois approcher ma seuf ;
Je crache blanc comme coton
Jacopins gros comme un éteuf.
732 Qu'est-ce à dire ? que Jeanneton
Plus ne me tient pour valeton,
Mais pour un vieil usé roquard :
De vieil porte voix et le ton,
736 Et ne suis qu'un jeune coquard.

LXXIII

Dieu merci... et Tacque Thibaut
Qui tant d'eau froide m'a fait boire,
En un bas, non pas en un haut,
740 Manger d'angoisse mainte poire,
Enferré... quand j'en ai mémoire,
Je pri pour lui, *et reliqua*,
Que Dieu lui doint, et voire, voire !
744 Ce que je pense... *et cetera*.

Car j'ai jeté le panache au vent, le suive qui garde
espérance ! Assez là-dessus désormais, je veux pour-
suivre mon projet. Et si quelqu'un m'interroge ou me
sonde pour savoir comment j'ose maudire Amour,
qu'il se contente de cette sentence : « Qui meurt, a le
droit de tout dire. »

Je sens que s'approche ma soif ; je crache blanc *spit*
comme coton des crachats gros comme une balle.
Qu'est-ce à dire ? que Jeanneton ne me tient plus pour
un jeune homme, mais pour un vieil oiseau déplumé :
d'un vieillard j'ai la voix et le ton, et pourtant je ne
suis qu'un béjaune. (?)

Grâces à Dieu... et à Tacque Thibaut qui m'a fait
boire tant d'eau froide, en bas lieu, et non en haut
lieu, manger mainte poire d'angoisse, qui m'a mis aux
fers... Quand je m'en souviens, je prie pour lui, *et
reliqua*, que Dieu lui donne, ah oui vraiment ! ce que
je pense... *et cetera*.

LXXIV

Toutefois, je n'y pense mal
Pour lui, et pour son lieutenant,
Aussi pour son officïal
748 Qui est plaisant et avenant ;
Que faire n'ai du remenant,
Mais du petit maître Robert :
Je les aime tout d'un tenant
752 Ainsi que fait Dieu le Lombard.

LXXV

Si me souvient, à mon avis,
Que je fis à mon partement
Certains lais, l'an cinquante six,
756 Qu'aucuns, sans mon consentement,
Voulurent nommer Testament ;
Leur plaisir fut, non pas le mien.
Mais quoi ! on dit communément :
760 Un chacun n'est maître du sien.

LXXVI

Pour les révoquer ne le dis,
Et y courût toute ma terre ;
De pitié ne suis refroidis
764 Envers le Bâtard de la Barre :
Parmi ses trois gluyons de feurre,
Je lui donne mes vieilles nattes ;
Bonnes seront pour tenir serre
768 Et soi soutenir sur ses pattes.

Toutefois, je ne pense pas à mal pour lui, ni pour son lieutenant, pas plus que pour son official qui est plaisant et agréable ; je n'ai que faire du reste, sauf du petit maître Robert : je les aime tous trois en bloc comme le Lombard aime Dieu.

Certes je me souviens bien et je m'avise que je fis, lors de mon départ, certains legs, en cinquante-six, que quelques-uns, sans mon consentement, ont voulu nommer Testament ; ce fut leur bon plaisir, non le mien. Mais quoi ! on dit communément que nul n'est maître de son bien.

Je ne le dis pas pour remettre ces legs en question, même si devait y passer toute ma terre ; ma pitié n'est pas refroidie envers le Bâtard de la Barre : outre ses trois bottes de paille, je lui donne mes vieilles nattes ; elles lui seront bonnes pour étreindre serré et se soutenir sur ses pattes.

LXXVII

S'ainsi étoit qu'aucun n'eût pas
Reçu le lais que je lui mande,
J'ordonne qu'après mon trépas
772 À mes hoirs en face demande.
Mais qui sont-ils ? S'il le demande,
Moreau, Provins, Robin Turgis :
De moi, dites que je leur mande,
776 Ont eu jusqu'au lit où je gis.

LXXVIII

Somme, plus ne dirai qu'un mot,
Car commencer veuil à tester :
Devant mon clerc Fremin qui m'ot,
780 S'il ne dort, je veuil protester
Que n'entends hommes détester
En cette présente ordonnance,
Et ne la veuil manifester...
784 Sinon ou royaume de France.

LXXIX

Je sens mon cœur qui s'affaiblit
Et plus je ne puis papïer.
Fremin, sieds-toi près de mon lit,
788 Que l'on ne m'y vienne épïer ;
Prends encre tôt, plume et papier ;
Ce que nomme écris vitement,
Puis fais-le partout copïer ;
792 Et veci le commencement.

S'il se trouvait que quelqu'un n'eût pas reçu le legs
que je lui destine, je décide qu'après mon trépas il le
réclame à mes héritiers. Mais qui sont-ils ? S'il le
demande, Moreau, Provins, Robin Turgis : de moi,
dites que je leur en donne avis, ils ont eu jusqu'au lit
où je couche.

Bref, je ne dirai plus qu'un mot, car je veux
commencer à tester. Devant mon clerc Firmin qui
m'entend, s'il ne dort pas, je veux attester que je ne
compte rayer personne du testament dans cette pré-
sente ordonnance, et je ne veux pas la proclamer,
sinon au royaume de France.

Je sens mon cœur qui s'affaiblit et je ne peux plus
remuer les lèvres. Firmin, assieds-toi près de mon lit,
de peur qu'on ne m'y vienne épier ; hâte-toi de
prendre encre, plume et papier ; ce que je dicte,
écris-le vite, puis fais-le répandre partout ; et voici le
commencement.

LXXX

Ou nom de Dieu, Père éternel,
Et du fils que Vierge parit,
Dieu au Père coéternel
796 Ensemble et le Saint Esperit,
Qui sauva ce qu'Adam périt,
Et du péri pare ses cieux...
Qui bien ce croit, peu ne mérit,
800 Gens morts être faits petits dieux.

LXXXI

Morts étoient, et corps et âmes,
En damnée perditïon,
Corps pourris et âmes en flammes,
804 De quelconque conditïon.
Toutefois, fais exceptïon
Des patriarches et prophètes ;
Car, selon ma conceptïon,
808 Onques grand chaud n'eurent aux fesses.

LXXXII

Qui me diroit : « Qui vous fait mettre
Si très avant cette parole,
Qui n'êtes en théologie maître ?
812 A vous est présomptïon folle ! »,
C'est de Jésus la parabole
Touchant le Riche enseveli
En feu, non pas en couche molle,
816 Et du Ladre de dessus li.

Au nom de Dieu, Père éternel, et du fils que la Vierge
enfanta, Dieu coéternel au Père tout comme le Saint-
Esprit, Dieu qui sauva ce qu'Adam fit périr et qui pare
ses cieux de ceux qui étaient perdus... Il n'y a pas petit
mérite à bien croire que les morts sont devenus de
petits dieux.

Ils étaient morts, et corps et âmes, damnés et en per-
dition, les corps pourris, les âmes dans les flammes,
quelle que fût leur condition. Toutefois, je fais excep-
tion pour les patriarches et les prophètes ; car, selon
ma conception, ils n'eurent jamais bien chaud aux
fesses.

Si on me disait : « Qu'est-ce qui vous fait avancer si
hardiment cette parole, à vous qui n'êtes pas maître en
théologie ? Il y a là de votre part présomption folle ! »,
c'est la parabole de Jésus touchant le Riche enseveli
dans les flammes, et non dans une couche molle, et du
Lépreux au-dessus de lui.

LXXXIII

Se du Ladre eût vu le doigt ardre,
Ja n'en eût requis refrigere,
N'au bout d'icelui doigt aerdre,
820 Pour rafraîchir sa mâchoüere.
Pïons y feront mate chère,
Qui boivent pourpoint et chemise.
Puisque boiture y est si chère,
824 Dieu nous garde de la main mise !

LXXXIV

Ou nom de Dieu, comme j'ai dit,
Et de sa glorïeuse Mère,
Sans péché soit parfait ce dit
828 Par moi, plus maigre que chimère ;
Se je n'ai eu fièvre éphémère,
Ce m'a fait divine clémence,
Mais d'autre deuil et perte amère
832 Je me tais, et ainsi commence.

LXXXV

Premier, doue de ma pauvre âme
La glorïeuse Trinité,
Et la commande à Notre Dame,
836 Chambre de la divinité,
Priant toute la charité
Des dignes neuf Ordres des Cieux
Que par eux soit ce don porté
840 Devant le Trône précïeux.

S'il avait vu le doigt du Lépreux brûler, jamais il ne lui aurait demandé de le refroidir, ni de toucher le bout de ce doigt pour rafraîchir sa mâchoire. Les buveurs y feront grise mine, eux qui boivent pourpoint et chemise. Puisque la boisson y est si chère, Dieu nous garde de la main mise !

Au nom de Dieu, comme j'ai dit, et de sa glorieuse Mère, que sans péché soit achevé ce Testament par moi, plus maigre que chimère. Si je n'ai pas eu la fièvre éphémère, c'est par la divine clémence ; mais d'un autre deuil et d'une perte amère je me tais, et commence ainsi.

En premier lieu, je fais don de ma pauvre âme à la glorieuse Trinité, et la recommande à Notre-Dame, demeure de la divinité, en invoquant toute la charité des neuf véritables ordres des Cieux, afin que par eux ce don soit porté devant le Trône précieux.

LXXXVI

Item, mon corps j'ordonne et laisse
À notre grand mère la terre ;
Les vers n'y trouveront grand graisse,
844 Trop lui a fait faim dure guerre.
Or lui soit délivré grand erre :
De terre vint, en terre tourne ;
Toute chose, se par trop n'erre,
848 Volontiers en son lieu retourne.

LXXXVII

Item, et à mon plus que père,
Maître Guillaume de Villon,
Qui été m'a plus doux que mère,
852 Enfant eslevé de maillon :
— Dejeté m'a de maint bouillon
Et de cetui pas ne s'éjoie ;
Si lui requiers à genouillon
856 Qu'il m'en laisse toute la joie —,

LXXXVIII

Je lui donne ma librairie
Et le Roman du Pet au Diable
Lequel maître Guy Tabarie
860 Grossa, qui est hom véritable.
Par cayeux est sous une table ;
Combien qu'il soit rudement fait,
La matière est si très notable
864 Qu'elle amende tout le méfait.

Item, je lègue et laisse mon corps à notre noble mère la Terre : les vers n'y trouveront pas beaucoup de graisse, la faim lui a fait une guerre trop dure. Qu'il lui soit bien vite livré : de terre il vint, qu'en terre il retourne ; toute chose, sauf erreur grossière, retourne volontiers à son origine.

Item, et à mon plus que père, maître Guillaume de Villon, qui m'a été plus doux que mère, dès l'enfance, une fois sorti du maillot — il m'a tiré de mainte mauvaise affaire, et de celle-ci ne se réjouit pas ; aussi je lui demande à genoux de m'en laisser toute la joie —,

je lui donne ma bibliothèque et le Roman du *Pet au Diable*, qu'a grossoyé maître Guy Tabarie, qui est un homme véridique. En cahiers, il est sous une table ; quoique d'exécution grossière, le sujet est si important qu'il rachète tous les défauts.

LXXXIX

Item, donne à ma pauvre mère
Pour saluer notre Maîtresse,
Qui pour moi ot douleur amère,
868 Dieu le sait, et mainte tristesse :
Autre châtel n'ai ne fortresse
Où me retraye corps et âme,
Quand sur moi court male détresse,
872 Ne ma mère, la pauvre femme !

item, question, test

<u>Item</u>, je fais un don à ma pauvre mère pour saluer
notre Maîtresse, qui, à cause de moi, connut la dou-
leur amère, Dieu le sait, et mainte tristesse : je n'ai pas
d'autre château ni de forteresse où me retirer corps et
âme, quand fond sur moi une cruelle détresse, ni ma
mère, la pauvre femme !

BALLADE
POUR PRIER NOTRE DAME

A   Dame du ciel, régente terrïenne,
b   Emperière des infernaux palus,
A   Recevez-moi, votre humble chrétïenne,
B   Que comprise soie entre vos élus,
b 877 Ce nonobstant qu'onques rien ne valus.
C   Les biens de vous, ma Dame, ma Maîtresse,
C   Sont trop plus grands que ne suis pécheresse,
D   Sans lesquels biens âme ne peut mérir
C   N'avoir les cieux. Je n'en suis jangleresse :
D 882 En cette foi je veuil vivre et mourir.

A   À votre Fils dites que je suis sienne ;
B   De lui soient mes péchés absolus ;
A   Pardonne moi comme à l'Égyptïenne
B   Ou comme il fit au clerc Theophilus,
B 887 Lequel par vous fut quitte et absolus,
C   Combien qu'il eût au diable fait promesse.
C   Préservez-moi que fasse jamais ce,
D   Vierge portant, sans rompure encourir,
C   Le sacrement qu'on célèbre à la messe :
D 892 En cette foi je veuil vivre et mourir.

Dame du ciel, régente de la terre, impératrice des marais de l'Enfer, accueillez-moi, votre humble chrétienne, que je sois admise entre vos élus, quoique je n'aie jamais rien valu. Les biens qui viennent de vous, ma Dame, ma Maîtresse, sont beaucoup plus grands que mes péchés, biens sans lesquels nul ne peut mériter ni obtenir les cieux. Je le dis sans mentir : en cette foi je veux vivre et mourir.

À votre Fils dites que je suis sienne, que par lui soient effacés mes péchés, qu'il me pardonne comme à l'Égyptienne ou comme il fit au clerc Théophile, qui fut grâce à vous tenu quitte et absous, quoiqu'il se fût engagé à servir le diable. Gardez-moi de commettre jamais ce crime, Vierge, qui portez, sans encourir de déchirure, le sacrement qu'on célèbre à la messe : en cette foi je veux vivre et mourir.

Femme je suis pauvrette et ancïenne,
Qui rien ne sais ; oncques lettre ne lus.
Au moutier vois, dont suis paroissïenne,
Paradis peint où sont harpes et luths,
897   Et un enfer où damnés sont boullus :
L'un me fait peur, l'autre joie et lïesse.
La joie avoir me fais, haute déesse,
A qui pécheurs doivent tous recourir,
Comblés de foi, sans feinte ne paresse :
902   En cette foi je veuil vivre et mourir.

Vous portâtes, digne Vierge, princesse,
Iésus régnant qui n'a ne fin ne cesse.
905   Le Tout-Puissant, prenant notre faiblesse,
Laissa les cieux et nous vint secourir,
Offrit à mort sa très clère jeunesse ;
Notre Seigneur tel est, tel le confesse :
909   En cette foi je veuil vivre et mourir.

Femme je suis, pauvre et vieille, qui ne sais rien ;
jamais je n'ai pu lire une seule lettre. Je vois dans
l'église dont je suis paroissienne un paradis peint ou
sont harpes et luths, et un enfer où les damnés sont
bouillis : l'un me donne peur, l'autre joie et allégresse.
Obtiens-moi la joie, puissante déesse, à qui les
pécheurs doivent tous recourir, emplis de foi, sans
défaillance ni paresse : en cette foi je veux vivre et
mourir.

Vous avez porté, vénérable Vierge, princesse, Jésus qui
règne à tout jamais. Le Tout-Puissant, prenant sur lui
notre faiblesse, laissa les cieux et vint nous secourir, il
offrit à la mort sa resplendissante jeunesse ; tel est
Notre-Seigneur, tel je le reconnais : en cette foi je
veux vivre et mourir.

XC

Item, m'amour, ma chère rose,
Ne lui laisse ne cœur ne foie :
Elle aimeroit mieux autre chose,
913 Combien qu'elle ait assez monnoie...
Quoi ? une grand bourse de soie,
Pleine d'écus, parfonde et large ;
Mais pendu soit-il, que je soie,
917 Qui lui laira écu ne targe ;

XCI

Car elle en a, sans moi, assez.
Mais de cela il ne m'en chaut ;
Mes plus grands deuils en sont passés,
921 Plus n'en ai le croupïon chaud.
Si m'en démets aux hoirs Michaut
Qui fut nommé le bon Fouterre ;
Priez pour lui, faites un saut :
925 À Saint-Satur gît, sous Sancerre.

XCII

Ce nonobstant, pour m'acquitter
Envers Amour, plus qu'envers elle,
Car oncques n'y pus aquêter
929 D'amours une seule étincelle
(Je ne sais s'à tous si rebelle
A été, ce m'est grand émoi :
Mais, par sainte Marie la belle !
933 Je n'y vois que rire pour moi),

item question
item le test

Item, à mon amour, à ma chère rose, je ne laisse ni
mon cœur ni mon foie : elle aimerait mieux autre
chose, quoiqu'elle ait assez d'argent... Quoi donc ?
une grande bourse de soie, pleine d'écus, profonde et
large ; mais pendu soit, moi le premier, qui lui laissera
écu ou targe.

Car elle en a, sans moi, assez. Mais de cela il ne me
chaut ; mes plus grandes douleurs en sont passées, je
n'en ai plus le feu au croupion. Je m'en remets donc
aux héritiers de Michaut qui fut nommé le bon Fou-
teur ; priez pour lui, faites un saut : il gît à Saint-
Satur, sous Sancerre.

Ce nonobstant, pour m'acquitter envers Amour, plus
qu'envers elle, car jamais je ne pus obtenir une seule
étincelle d'amour (je ne sais si elle fut aussi rebelle
envers tous, j'en suis tourmenté... mais, par sainte
Marie la belle ! je n'y vois pas de quoi rire pour moi),

XCIII

Cette ballade lui envoie
Qui se termine tout par R.
Qui lui portera ? Que je voie...
937 Ce sera Pernet de la Barre,
Pourvu, s'il rencontre en son erre
Ma demoiselle au nez tortu,
Il lui dira, sans plus enquerre :
941 « Triste paillarde, dont viens tu ? »

je lui envoie cette ballade qui se termine toute par R.
Qui la lui portera ? Voyons... Ce sera Perrenet de la
Barre, pourvu, s'il rencontre en sa ronde ma demoi-
selle au nez tordu, qu'il lui dise, sans plus chercher :
« Triste paillarde, d'où viens-tu ? » *bawdy ?*

*à analyser
p. 153
159 – 171*

BALLADE À S'AMIE

Fausse beauté qui tant me coûte cher,
Rude en effet, hypocrite douleur,
Amour dure plus que fer à mâcher,
945 Nommer que puis, de ma défaçon seur,
Cherme félon, la mort d'un pauvre cœur,
Orgueil mussé qui gens met au mourir,
Yeux sans pitié, ne veut Droit de Rigueur,
949 Sans empirer, un pauvre secourir ?

Mieux m'eût valu avoir été sercher
Ailleurs secours, ç'eût été mon honneur ;
Rien ne m'eût su hors de ce fait hâcher :
953 Trotter m'en faut en fuite et déshonneur.
Haro, haro, le grand et le mineur !
Et qu'est-ce ci ? Mourrai sans coup férir ?
Ou Pitié veut, selon cette teneur,
957 Sans empirer, un pauvre secourir ?

Fausse beauté qui me coûte si cher, rude en fait, hypocrite douleur, amour plus dur à mâcher que le fer, que je puis nommer, certain de ma ruine, charme félon, mortel pour un pauvre cœur, orgueil caché qui mène les gens à mourir, yeux sans pitié, une justice rigoureuse ne veut-elle donc pas, au lieu de l'accabler, secourir un pauvre homme ?

Il eût mieux valu pour moi chercher ailleurs secours, c'eût été mon honneur. Rien n'aurait pu m'appâter pour un autre objet et je dois décamper honteusement. Au secours, au secours, le grand et le petit ! Eh quoi ? je mourrai sans coup férir ? Ou la Pitié veut-elle, selon notre refrain, au lieu de l'accabler, secourir un pauvre homme ?

Un temps viendra qui fera dessécher,
Jaunir, flétrir votre épanie fleur ;
Je m'en risse, se tant pusse mâcher,
961 Las ! mais nenni, ce seroit donc foleur :
Vieil je serai, vous laide, sans couleur ;
Or buvez fort, tant que ru peut courir ;
Ne donnez pas à tous cette douleur,
965 Sans empirer, un pauvre secourir.

Prince amoureux, des amants le graigneur,
Votre mal gré ne voudroie encourir,
Mais tout franc cœur doit, par Notre Seigneur,
969 Sans empirer, un pauvre secourir.

La Rose

Un temps viendra qui fera dessécher, jaunir, flétrir
votre fleur épanouie. J'en rirais, si je pouvais seule-
ment remuer la mâchoire, hélas ! mais non, ce serait
donc folie. Je serai vieux, vous laide, sans couleur.
Buvez donc bien, tant que coule le ruisseau. Ne laissez
pas aux autres cette peine : au lieu de l'accabler,
secourir un pauvre homme.

Prince amoureux, des amants le plus grand, je ne vou-
drais pas vous indisposer, mais tout noble cœur doit,
par Notre-Seigneur, au lieu de l'accabler, secourir un
pauvre homme.

XCIV

Item, à maître Ythier Marchant,
Auquel mon brant laissai jadis,
Donne, mais qu'il le mette en chant,
973 Ce lai contenant des vers dix,
Et, au luth, un *De profundis*
Pour ses ancïennes amours
Desquelles le nom je ne dis,
977 Car il me hairoit à tous jours.

Item, à maître Ythier Marchant, auquel je laissai jadis mon épée, je donne, à condition qu'il le mette en musique, le lai suivant, qui contient dix vers, et, au luth, un *De profundis* pour ses anciennes amours, dont je ne dis pas le nom, car il me haïrait pour toujours.

RONDEAU

Mort, j'appelle de ta rigueur,
Qui m'as ma maîtresse ravie,
980 Et n'es pas encore assouvie
Se tu ne me tiens en langueur.

Oncques puis n'eus force, vigueur ;
Mais que te nuisoit-elle en vie ?
Mort (j'appelle de ta rigueur,
Qui m'as ma maîtresse ravie).

Deux étions et n'avions qu'un cœur ;
S'il est mort, force est que dévie,
Voire, ou que je vive sans vie,
Comme les images, par cœur.

Mort (j'appelle de ta rigueur,
Qui m'as ma maîtresse ravie,
Et n'es pas encore assouvie
989 Se tu ne me tiens en langueur).

Mort, j'appelle de ta rigueur, tu m'as ravi ma maî-
tresse, et tu n'es pas encore assouvie, si tu ne me tiens
en langueur.

Jamais depuis je n'eus force ni vigueur ; mais, vivante,
en quoi te nuisait-elle ? Mort, j'appelle de ta rigueur,
tu m'as ravi ma maîtresse.

Nous étions deux et n'avions qu'un cœur ; s'il est
mort, il faut que je quitte la vie, oui, ou que je vive
sans vie, comme les images, en apparence.

Mort, j'appelle de ta rigueur, tu m'as ravi ma maî-
tresse, et tu n'es pas encore assouvie, si tu ne me tiens
en langueur.

XCV

Item, à maître Jean Cornu
Autre nouveau lais lui veuil faire,
Car il m'a toujours secouru
993 À mon grand besoin et affaire :
Pour ce, le jardin lui transfère
Que maître Pierre Baubignon
M'arenta en faisant refaire
997 L'huis et redresser le pignon.

XCVI

Par faute d'un huis, j'y perdis
Un grès et un manche de houe.
Alors, huit faucons, non pas dix
1001 N'y eussent pas pris une aloue.
L'hôtel est sûr, mais qu'on le cloue.
Pour enseigne y mis un havet ;
Et qui l'ait pris, point ne m'en loue :
1005 Sanglante nuit et bas chevet !

XCVII

Item, et pour ce que la femme
De maître Pierre Saint-Amant
(Combien, se coulpe y a à l'âme,
1009 Dieu lui pardonne doucement !)
Me mit ou rang de caïmant,
Pour *Le Cheval blanc* qui ne bouge
Lui changeai à une jument,
1013 Et *La Mule* à un âne rouge.

Item, à maître Jean Cornu je veux faire un nouveau legs, car il m'a toujours secouru dans le grand besoin et le souci : c'est pourquoi je lui transfère l'enclos que maître Baubignon me loua... à charge de refaire la porte et redresser le pignon.

Faute d'une porte, j'y perdis un grès et un manche de houe. Alors, huit faucons, et pas même dix, n'y auraient pris une alouette. La maison est sûre, pourvu qu'on la ferme. Pour enseigne, j'y ai mis un crochet, et quel qu'en soit le voleur, qu'il ne m'en loue pas : il aura une cruelle nuit et un bas traversin !

Item, et parce que la femme de maître Pierre Saint-Amant me traita comme un mendiant (cependant, si son âme est coupable, que Dieu lui pardonne avec douceur !), je lui échangeai *Le Cheval blanc* qui ne bouge contre une jument et *La Mule* contre un âne rouge.

XCVIII

Item, donne à sire Denis
Hesselin, élu de Paris,
Quatorze muids de vin d'Aunis
1017 Pris sur Turgis à mes périls.
S'il en buvoit tant que péris
En fût son sens et sa raison,
Qu'on mette de l'eau ès barils :
1021 Vin perd mainte bonne maison.

XCIX

Item, donne à mon avocat,
Maître Guillaume Charrüau,
Quoi ? Que Marchant ot pour état,
1025 Mon brant ; je me tais du fourreau.
Il aura, avec ce, un reau...
En change, afin que sa bourse enfle,
Pris sur la chaussée et carreau
1029 De la grand clôture du Temple.

C

Item, mon procureur Fournier
Aura pour toutes ses corvées
(Simple sera de l'épargner)
1033 En ma bourse quatre havées,
Car maintes causes m'a sauvées,
Justes, ainsi Jésus-Christ m'aide !
Comme telles se sont trouvées ;
1037 Mais bon droit a bon métier d'aide.

Item, je donne à sire Denis Hesselin, élu de Paris,
quatorze muids de vin d'Aunis pris chez Turgis à mes
frais. S'il en buvait jusqu'à en perdre le sens et la
raison, qu'on mette de l'eau dans les barils : le vin
ruine mainte bonne maison.

Item, je donne à mon avocat, maître Guillaume Char-
ruau, quoi donc ? ce qu'eut Marchant pour s'établir,
mon épée, je ne dis rien du fourreau. Il aura, de plus,
un reau... en monnaie, pour que sa bourse s'enfle, pris
sur la chaussée et le carreau de la grande enceinte du
Temple.

Item, mon procureur Fournier aura pour toutes ses
corvées — il sera facile d'en faire l'économie — dans
ma bourse quatre poignées, car il m'a sauvé maintes
causes... et justes, foi de Jésus-Christ ! Elles se sont
trouvées telles, mais le bon droit a bien besoin d'aide.

CI

Item, je donne à maître Jacques
Raguier *Le Grand Godet* de Grève,
Pourvu qu'il paiera quatre plaques
1041 (Dût-il vendre, quoi qu'il lui grève,
Ce dont on couvre mol et grève,
Aller nues jambes en chapin),
Se sans moi boit, assied ne lève,
1045 Au trou de *La Pomme de pin.*

CII

Item, quant est de Merebeuf
Et de Nicolas de Louviers,
Vache ne leur donne ne bœuf,
1049 Car vachers ne sont ne bouviers,
Mais chiens à porter éperviers,
(Ne cuidez pas que je me joue)
Et pour prendre perdrix, plouviers,
1053 Sans faillir... sur la Machecoue.

CIII

Item, vienne Robin Turgis
À moi, je lui paierai son vin ;
Combien, s'il trouve mon logis,
1057 Plus fort fera que le devin.
Le droit lui donne d'échevin,
Que j'ai comme enfant de Paris :
Se je parle un peu poitevin,
1061 Ice m'ont deux dames appris.

Item, je donne à maître Jacques Raguier *Le Grand Godet* de la place de Grève, pourvu qu'il paie quatre plaques (dût-il vendre, quoi qu'il lui en coûte, ce dont on couvre mollet et devant de jambe, et aller jambes nues, en chaussures basses), s'il boit sans moi, assis ou debout, à la taverne de *La Pomme de pin.*

Item, pour ce qui est de Merebeuf, et de Nicolas de Louviers, je ne leur donne ni vache ni bœuf, car ils ne sont ni vachers ni bouviers, mais des chiens pour la chasse à l'épervier (ne croyez pas que je plaisante) et pour prendre des perdrix, des plouviers, sans rater leur coup... chez la Machecoue.

Item, que vienne Robin Turgis jusqu'à moi, et je lui paierai son vin ; cependant, s'il trouve mon logis, il fera plus fort que le devin. Je lui donne le droit d'être échevin, que j'ai comme enfant de Paris. Si je parle un peu poitevin, cela deux dames me l'ont appris.

CIV

Elles sont très belles et gentes,
Demeurant à Saint-Génerou,
Près Saint-Julien-de-Voventes,
1065 Marche de Bretagne à Poitou.
Mais i ne di proprement où
Iquelles passent tous les jours ;
M'arme ! i ne seu mie si fou,
1069 Car i veuil celer mes amours.

CV

Item, à Jean Raguier je donne,
Qui est sergent, voire des Douze,
Tant qu'il vivra, ainsi l'ordonne,
1073 Tous les jours une tallemouse,
Pour bouter et fourrer sa mouse,
Prise à la table de Bailly ;
À Maubué sa gorge arrouse,
1077 Car au manger n'a pas failli.

CVI

Item, et au Prince des Sots
Pour un bon sot Michaut du Four,
Qui à la fois dit de bons mots
1081 Et chante bien « Ma douce amour ! »
Je lui donne avec le bonjour ;
Bref, mais qu'il fût un peu en point,
Il est un droit sot de sejour,
1085 Et est plaisant ou il n'est point.

Elles sont très belles et gracieuses, elles demeurent à
Saint-Généroux, près de Saint-Julien-de-Vouvantes,
juste entre Bretagne et Poitou. Mais je ne dis pas
exactement où celles-ci passent toutes leurs journées ;
par mon âme, je ne suis pas si fou, car je veux cacher
mes amours.

Item, je donne à Jean Raguier, qui est sergent, c'est
même l'un des Douze, tant qu'il vivra, je le décide,
tous les jours une tarte, pour y pousser et y fourrer son
museau, prise à la table de Bailly ; qu'il arrose sa
gorge à la fontaine Maubué, car il ne s'est pas fait
faute de manger.

Item, au Prince des Sots, je donne comme un sot de
qualité Michaut du Four, qui, à la fois, dit de bons
mots et chante bien « Ma douce amour ! » Je lui donne
aussi le bonjour. Bref, pourvu qu'il soit un peu en
forme, c'est un vrai sot bien authentique, et drôle là
où il n'est point.

CVII

Item, aux Onze-Vingts Sergents
Donne, car leur fait est honnête
Et sont bonnes et douces gens,
1089 Denis Richer et Jean Vallette,
À chacun une grand cornette...
Pour pendre... à leurs chapeaux de fautres ;
J'entends à ceux à pied, hohette !
1093 Car je n'ai que faire des autres.

CVIII

Derechef, donne à Perrenet...
J'entends le Bâtard de la Barre,
Pour ce qu'il est beau fils et net,
1097 En son écu, en lieu de barre,
Trois dés plombés, de bonne carre,
Et un beau joli jeu de cartes.
Mais quoi ? s'on l'ot vessir ne poirre,
1101 En outre aura les fièvres quartes.

CIX

Item, ne veuil plus que Cholet
Dole, tranche douve ne boise,
Relie broc ne tonnelet,
1105 Mais tous ses outils changer voise
À une épée lÿonnoise,
Et retienne le hutinet :
Combien qu'il n'aime bruit ne noise,
1109 Si lui plaît-il un tantinet.

Item, aux Onze-Vingt Sergents, je donne, puisque leur
cause est honnête et qu'ils sont braves et douces gens,
Denis Richier et Jean Valette, à chacun une longue
bride... à pendre... à leurs chapeaux de feutre ; je veux
parler des sergents à pied, holà ! car je n'ai que faire
des autres.

Derechef, je donne à Perrenet... je veux dire au bâtard
de la Barre, parce que c'est un beau garçon bien
propre, dans ses armoiries, au lieu de barre, trois dés
plombés, bien taillés, et un très joli jeu de cartes. Mais
si on l'entend vesser ou péter, il aura en plus les
fièvres quartes.

Item, je ne veux plus que Cholet manie la hache, taille
des douves et des pièces de bois, cercle brocs et ton-
nelets, mais qu'il aille échanger tous ses outils contre
une épée lyonnaise, tout en gardant le maillet : bien
qu'il n'aime pas le bruit ni le tapage, cela lui plaît un
tantinet.

CX

Item, je donne à Jean le Loup,
Homme de bien et bon marchand,
Pour ce qu'il est linget et flou,
1113 Et que Cholet est mal serchant
Par les ruës plutôt qu'au champ,
Qu'il ne laira poulaille en voie,
Le long tabart et bien cachant
1117 Pour les musser, qu'on ne les voie.

CXI

Item, à l'Orfèvre de bois
Donne cent clous, queues et têtes,
De gingembre sarrasinois,
1121 Non pas pour accoupler ses boetes,
Mais pour joindre culs et quoëttes,
Et coudre jambons et andouilles,
Tant que le lait en monte aux tettes
1125 Et le sang en dévale aux couilles.

CXII

Au capitaine Jean Riou,
Tant pour lui que pour ses archers,
Je donne six hures de loup
1129 Qui n'est pas vïande à porchers,
Pris à gros mâtins de bouchers,
Et cuites en vin de buffet.
Pour manger de ces morceaux chers,
1133 On en feroit bien un malfait.

Item, je donne à Jean le Loup, homme de bien et bon marchand, parce qu'il est maigre et fluet et que Cholet est mauvais chercheur par les rues plutôt que par les champs, afin de ne pas laisser des volailles sur son chemin..., le long manteau bien enveloppant qui les dissimule, en sorte qu'on ne les voie pas.

Item, à l'Orfèvre de bois je donne cent clous, queues et têtes, de gingembre sarrasin, non pas pour ajuster ses boîtes, mais pour conjoindre culs et queues, et lier jambons et andouilles, pour que le lait en monte aux tétins et que le sang en descende aux couilles.

Au capitaine Jean Riou, tant pour lui que pour ses archers, je donne six hures de loup — ce n'est pas viande pour porchers — prises à de gros mâtins de bouchers et cuites dans de la piquette. Pour manger de ces morceaux chers, on en commettrait bien un crime.

CXIII

C'est vïande un peu plus pesante
Que duvet n'est, plume ne liège ;
Elle est bonne à porter en tente,
1137 Ou pour user en quelque siège.
S'ils étaient pris en un piège,
Que ces mâtins ne sussent courre,
J'ordonne, moi qui suis son miège,
1141 Que des peaux, sur l'hiver, se fourre.

CXIV

Item, à Robinet Trouscaille,
Qui en service (c'est bien fait)
À pied ne va comme une caille,
1145 Mais sur roncin gros et refait,
Je lui donne, de mon buffet,
Une jatte qu'emprunter n'ose ;
Si aura ménage parfait :
1149 Plus ne lui failloit autre chose.

CXV

Item, donne à Perrot Girart,
Barbier juré du Bourg-la-Reine,
Deux bassins et un coquemart,
1153 Puisqu'à gagner met telle peine.
Des ans y a demi-douzaine
Qu'en son hôtel de cochons gras
M'apâtela une semaine,
1157 Témoin l'abbesse de Pourras.

C'est viande un peu plus consistante que duvet,
plume ou liège, bonne à emporter sous la tente ou à
consommer lors d'un siège. Si ces loups étaient pris au
piège, à supposer que ces mâtins ne chassent pas à
courre, j'ordonne, moi son médecin, qu'à l'hiver il
porte fourrure.

Item, à Robinet Trouscaille, qui dans ses fonctions
(comme il sied) ne va pas à pied comme une caille,
mais sur un roussin gros et gras, je donne, de ma
vaisselle, une jatte qu'il n'ose emprunter ; il aura ainsi
ménage complet, car il ne lui manquait rien d'autre.

Item, je donne à Perrot Girard, barbier juré de Bourg-
la-Reine, deux bassines et une bouilloire, puisqu'il
gagne sa vie par ce travail. Voilà une demi-douzaine
d'années qu'en sa maison il m'a repu de cochons gras
toute une semaine, témoin l'abbesse de Port-Royal.

CXVI

Item, aux Frères mendïants,
Aux Dévotes et aux Béguines,
Tant de Paris que d'Orléans,
1161 Tant Turlupins que Turlupines,
De grasses soupes jacopines
Et flans leur fais oblatïon ;
Et puis après, sous les courtines,
1165 Parler de contemplatïon.

CXVII

Ce ne suis-je pas qui leur donne,
Mais de tous enfants sont les mères,
Et Dieu, qui ainsi les guerdonne,
1169 Pour qui souffrent peines amères.
Il faut qu'ils vivent, les beaux pères,
Et mêmement ceux de Paris.
S'ils font plaisir à nos commères,
1173 Ils aiment ainsi leurs maris.

CXVIII

Quoi que maître Jean de Poullieu
En vousît dire *et reliqua,*
Contraint et en publique lieu,
1177 Honteusement s'en révoqua.
Maître Jean de Meun s'en moqua
De leur façon ; si fit Mathieu ;
Mais on doit honorer ce qu'a
1181 Honoré l'Église de Dieu.

Item, aux Frères mendiants, aux Dévotes et aux
Béguines, tant de Paris que d'Orléans, tant Turlupins
que Turlupines, je fais offrande de grasses soupes
jacobines et de flans ; et qu'ensuite, sous les rideaux,
ils parlent de contemplation !

Ce n'est pas moi qui leur fais ce legs, mais ce sont les
mères de tous les enfants, et Dieu, qui les récompense
ainsi, car pour lui ils souffrent d'amères douleurs. Il
faut bien qu'ils vivent, les bons pères, et surtout ceux
de Paris. S'ils font plaisir à nos commères, c'est ainsi
qu'ils aiment leurs maris.

Quoi que maître Jean de Poullieu voulût dire d'eux *et
reliqua,* il fut contraint, en public, de se rétracter hon-
teusement. Maître Jean de Meun se moqua de leur
façon, Mathieu aussi ; mais on doit honorer ce qu'a
honoré l'Église de Dieu.

CXIX

Si me soumets, leur serviteur
En tout ce que puis faire et dire,
À les honorer de bon cœur
1185 Et obéir sans contredire ;
L'homme bien fol est d'en médire,
Car, soit à part ou en prêcher
Ou ailleurs, il ne faut pas dire,
1189 Ces gens sont pour eux revancher.

CXX

Item, je donne à frère Baude,
Demeurant en l'hôtel des Carmes,
Portant chère hardie et baude,
1193 Une salade et deux guisarmes,
Que Detusca et ses gendarmes
Ne lui riblent sa *Cage vert.*
Vieil est : s'il ne se rend aux armes,
1197 C'est bien le diable de Vauvert.

CXXI

Item, pour ce que le Scelleur
Maint étron de mouche a mâché,
Donne, car homme est de valeur,
1201 Son sceau d'avantage craché,
Et qu'il ait le pouce écaché
Pour tout empreindre à une voie ;
J'entends celui de l'Évêché,
1205 Car les autres, Dieu les pourvoie !

Aussi je m'engage, moi leur serviteur, dans tous mes actes et propos, à les honorer de bon cœur et à leur obéir sans rechigner. Il faut être fou pour dire du mal d'eux, car en privé ou dans leurs prêches ou ailleurs, pas besoin de le dire, ces gens sont capables de se venger.

Item, je donne à frère Baude, demeurant en l'hôtel des Carmes, au visage fier et allègre, un casque et deux hallebardes, afin que Detusca et ses gendarmes ne lui dérobent pas sa *Cage verte*. Il est vieux : s'il ne s'avoue vaincu, c'est le Diable Vauvert en personne.

Item, parce que le Scelleur a mâché maint étron de mouche à miel, je donne, car c'est un homme valeureux, son sceau d'avance enduit de salive, et qu'on lui aplatisse le pouce pour faire toute l'empreinte d'un seul coup ; je veux parler du scelleur de l'Évêché, car les autres, à Dieu de les pourvoir !

CXXII

Quant des Auditeurs messeigneurs,
Leur granche ils auront lambroissée,
Et ceux qui ont les culs rogneux,
1209 Chacun une chaize percée,
Mais qu'à la petite Macée
D'Orléans, qui ot ma ceinture,
L'amende soit bien haut tauxée :
1213 Elle est une mauvaise ordure.

CXXIII

Item, donne à maître François,
Promoteur, de la Vacquerie
Un haut gorgerin d'Écossois,
1217 Toutefois sans orfaverie ;
Car, quand reçut chevalerie,
Il maugréa Dieu et saint George,
Parler n'en oit qui ne s'en rie,
1221 Comme enragé, à pleine gorge.

CXXIV

Item, à maître Jean Laurens,
Qui a les pauvres yeux si rouges
Pour le péché de ses parents
1225 Qui boivent en barils et courges,
Je donne l'envers de mes bouges
Pour tous les matins les torcher :
S'il fût archevêque de Bourges,
1229 De cendal eût, mais il est cher.

Quant à messeigneurs les Auditeurs, leur grange sera lambrissée, et pour ceux qui ont le cul galeux, chacun aura une chaise percée, à condition que la petite Macée d'Orléans, qui me prit ma ceinture, soit taxée d'une très forte amende : c'est une vilaine ordure.

Item, je donne à maître François, procureur, celui de la Vacquerie, un haut gorgerin d'Écossais, toutefois sans orfèvrerie ; car, quand il fut fait chevalier, il blasphéma Dieu et saint Georges, nul n'en entend parler sans en rire, comme un enragé, à pleine gorge.

Item, à maître Jean Laurens, qui a de pauvres yeux si rouges par la faute de ses parents qui boivent à pleins tonneaux, à pleines gourdes, je donne la doublure de mes sacs, pour qu'il les essuie tous les matins ; s'il avait été archevêque de Bourges, il aurait eu de la soie, mais elle est chère.

CXXV

Item, à maître Jean Cotart,
Mon procureur en cour d'Église,
Devoie environ un patart
1233 (Car à présent bien m'en avise)
Quand chicaner me fit Denise,
Disant que l'avoie maudite ;
Pour son âme, qu'ès cieux soit mise,
1237 Cette oraison j'ai ci écrite.

Item, à maître Jean Cotart, mon avoué en cour
d'Église, je devais environ un patart (c'est maintenant
que je m'en avise), puisque Denise me fit poursuivre
en justice en disant que je l'avais insultée ; pour son
âme, afin qu'elle soit admise aux cieux, voici l'oraison
que j'ai écrite.

BALLADE ET ORAISON

Père Noé, qui plantâtes la vigne,
Vous aussi, Loth, qui bûtes ou rocher,
Par tel parti qu'Amour qui gens engigne
1241 De vos filles si vous fit approcher
(Pas ne le dis pour le vous reprocher),
Archetriclin, qui bien sûtes cet art,
Tous trois vous pri que vous veuillez prêcher
1245 L'âme du bon feu maître Jean Cotart !

Jadis extrait il fut de votre ligne,
Lui qui buvoit du meilleur et plus cher,
Et ne dût-il avoir vaillant un pigne ;
1249 Certes, sur tous, c'étoit un bon archer :
On ne lui sut pot des mains arracher ;
De bien boire oncques ne fut fêtart.
Nobles seigneurs, ne souffrez empêcher
1253 L'âme du bon feu maître Jean Cotart !

Père Noé, qui plantâtes la vigne, vous aussi, Loth, qui bûtes à la grotte, si bien qu'Amour qui attrape les gens vous amena à connaître vos filles (je ne le dis pas pour vous le reprocher), Archetriclin, qui fûtes un expert, je vous prie tous trois de bien vouloir annoncer l'âme du bon feu maître Jean Cotart !

Il naquit jadis de votre lignée, lui qui buvait du meilleur et plus cher, et dût-il ne plus avoir un peigne vaillant ; certes, entre tous, c'était un grand buveur ; on ne put jamais lui arracher un pot des mains ; pour bien boire, jamais il ne fut en retard. Nobles seigneurs, ne souffrez pas qu'on retienne l'âme du bon feu maître Jean Cotart !

Comme homme vieil qui chancelle et trépigne,
L'ai vu souvent, quand il s'alloit coucher,
Et une fois il se fit une bigne,
1257 Bien m'en souvient, pour la pie juchier ;
Bref, on n'eût su en ce monde cercher
Meilleur pïon, pour boire tôt ou tard.
Faites entrer, quand vous orrez hucher,
1261 L'âme du bon feu maître Jean Cotart !

Prince, il n'eût su jusqu'à terre cracher ;
Toujours crioit : « Haro ! la gorge m'ard. »
Et si ne sut onc sa seuf étancher
1265 L'âme du bon feu maître Jean Cotart.

Comme un vieillard qui chancelle et titube, je l'ai vu
souvent, quand il allait se coucher, et une fois il se fit
une bigne, je m'en souviens bien, pour avoir trop
pinté. Bref, on n'aurait su en ce monde chercher meil-
leur buveur, pour boire tôt et tard. Faites entrer,
quand vous entendrez appeler, l'âme du bon feu
maître Jean Cotart!

Prince, il n'aurait pu cracher jusqu'à terre ; toujours il
criait : « Au secours ! la gorge me brûle » ; aussi ne
put-elle jamais étancher sa soif, l'âme du bon feu
maître Jean Cotart.

CXXVI

Item, veuil que le jeune Marle
Désormais gouverne mon change,
Car de changer envis me mêle,
1269 Pourvu que toujours baille en change,
Soit à privé, ou à étrange,
Pour trois écus six brettes targes,
Pour deux angelots un grand ange,
1273 Car amants doivent être larges.

CXXVII

Item, et j'ai su, ce voyage,
Que mes trois pauvres orphelins
Sont crûs et deviennent en âge,
1277 Et n'ont pas têtes de belins,
Et qu'enfants d'ici à Salins
N'a mieux sachant leur tour d'école ;
Or, par l'ordre des Mathelins,
1281 Telle jeunesse n'est pas fole.

CXXVIII

Si veuil qu'ils voisent à l'étude ;
Où ? sur maître Pierre Richer.
Le *Donat* est pour eux trop rude :
1285 Je ne les y veuil empêcher.
Ils sauront, je l'aime plus cher,
Ave salus, tibi decus,
Sans plus grands lettres enfercher :
1289 Toujours n'ont pas clercs l'audessus.

Item, je veux que le jeune Merle gouverne désormais mon office de change, car c'est à contrecœur que je me mêle de changer, pourvu qu'il donne toujours en échange, à un familier comme un étranger, pour trois écus six targes bretonnes, pour deux angelots un grand ange, car les amants doivent être larges.

Item, j'ai su, durant ce voyage, que mes trois pauvres orphelins ont grandi et deviennent majeurs, et qu'ils n'ont pas des têtes de moutons, et que d'ici jusqu'à Salins nul enfant ne sait mieux sa leçon. Or, par l'ordre des Mathelins, telle jeunesse n'est pas folle.

Je veux donc qu'ils aillent à l'école. Où ? chez maître Pierre Richer. Le Donat est pour eux trop rude : je ne veux pas qu'ils s'y empêtrent. Ils sauront, j'y tiens davantage, *Ave salus, tibi decus,* sans chercher à avoir plus de lettres : les clercs n'ont pas toujours le dernier mot.

CXXIX

Ceci étudient, et ho !
Plus procéder je leur défends.
Quant d'entendre la grand *Credo*,
1293 Trop forte elle est pour tels enfants.
Mon grand tabart en long je fends ;
Si veuil que la moitié s'en vende
Pour eux en acheter des flans,
1297 Car jeunesse est un peu friande.

CXXX

Si veuil qu'ils soient informés
En mœurs, quoi que coûte bature ;
Chaperons auront enformés
1301 Et les pouces sur la ceinture,
Humbles à toute créature,
Disant : « Han ? Quoi ? Il n'en est rien ! »
Si diront gens, par aventure :
1305 « Veci enfants de lieu de bien ! »

CXXXI

Item, à mes pauvres clergeons
Auxquels mes titres résignai,
— Beaux enfants et droits comme joncs
1309 Les voyant, m'en dessaisinai —
Cens recevoir leur assignai,
Sûr comme qui l'auroit en paume,
À un certain jour consigné,
1313 Sur l'hôtel de Gueuldry Guillaume.

Qu'ils étudient cela, et halte ! Je leur défends d'aller
plus loin. Quant à comprendre le grand *Credo*, il est
trop difficile pour de tels enfants. Je fends en long
mon grand manteau et veux qu'on en vende la moitié
pour qu'ils en achètent des flans, car la jeunesse est un
peu gourmande.

Pourtant je veux qu'ils soient formés aux bonnes
mœurs, quoi qu'il en coûte de les battre. Ils auront
leurs chapeaux bien enfoncés et les pouces sur la cein-
ture, humbles devant toute créature, disant : « Hein ?
Quoi ? Il n'en est rien ! » Ainsi les gens diront peut-
être : « Voici des enfants de bonne famille. »

Item, à mes pauvres jeunes clercs auxquels j'ai
concédé mes titres — c'est à les voir beaux enfants et
droits comme des joncs que je m'en suis dessaisi —,
j'ai attribué une redevance, assurée comme si on
l'avait en mains, fixée à une date déterminée sur la
maison de Gueuldry Guillaume.

CXXXII

Quoique jeunes et ébattant
Soient, en rien ne me déplaît :
Dedans trente ans ou quarante ans
1317 Bien autres seront, se Dieu plaît !
Il fait mal qui ne leur complaît ;
Ils sont très beaux enfants et gents ;
Et qui les bat ne fiert, fol est,
1321 Car enfants si deviennent gens.

CXXXIII

Les bourses des Dix et Huit Clercs
Auront ; je m'y veuil travailler :
Pas ils ne dorment comme loirs
1325 Qui trois mois sont sans réveiller.
Au fort, triste est le sommeiller
Qui fait aise jeune en jeunesse,
Tant qu'en fin lui faille veiller
1329 Quand reposer dût en vieillesse.

CXXXIV

Si en récris au collateur
Lettres semblables et pareilles :
Or prient pour leur bienfaiteur
1333 Ou qu'on leur tire les oreilles !
Aucunes gens ont grands merveilles
Que tant m'encline vers ces deux ;
Mais, foi que dois fêtes et veilles,
1337 Onques ne vis les mères d'eux !

Quoiqu'ils soient jeunes et vifs à s'ébattre, je n'en
éprouve aucun déplaisir : dans trente ans ou dans qua-
rante ans, ils seront bien différents, s'il plaît à Dieu !
On a tort de ne pas leur complaire : ce sont des
enfants très beaux et aimables ; qui les bat ou les
frappe est fou, car les enfants deviennent hommes.

Ils auront les bourses des Dix-Huit Clercs ; à cela je
veux m'employer : ils ne dorment pas comme des loirs
qui sont trois mois sans s'éveiller. Au fait, triste est le
sommeil qui rend aise le jeune en sa jeunesse, tant et
si bien qu'il doit finir par veiller, quand il devrait se
reposer dans la vieillesse.

Aussi j'écris au collateur une lettre semblable pour
chacun : qu'ils prient donc pour leur bienfaiteur ou
qu'on leur tire les oreilles ! Certaines gens s'étonnent
fort que j'ai un tel penchant pour ces deux-là ; mais
par le respect que je dois aux fêtes et aux vigiles,
jamais je n'ai vu leurs mères.

CXXXV

Item, donne à Michaut Cul d'Oue
Et à sire Charlot Taranne
Cent sous (s'ils demandent : « Pris où ? »
1341 Ne leur chaille : ils vendront de manne)
Et unes house de basane,
Autant empeigne que semelle,
Pourvu qu'ils me salueront Jeanne,
1345 Et autant une autre comme elle.

CXXXVI

Item, au seigneur de Grigny
Auquel jadis laissai Vicêtre,
Je donne la tour de Billy,
1349 Pourvu, s'huis y a ne fenêtre
Qui soit ne debout ne en être,
Qu'il mette très bien tout à point.
Fasse argent à dêtre et senêtre :
1353 Il m'en faut, et il n'en a point.

CXXXVII

Item, à Thibaud de la Garde...
Thibaud ? Je mens, il a nom Jean.
Que lui donrai-je que ne perde ?
1357 (Assez j'ai perdu tout cet an ;
Dieu y veuille pourvoir, *amen !*)
Le Barillet ? par m'âme, voire,
Genevois est plus ancïen
1361 Et plus beau nez a pour y boire.

Item, je donne à Michaut Cul d'Oie et à messire
Charlot Taranne cent sous (s'ils demandent : « Pris
où ? », qu'ils n'en aient pas souci : ils viendront de la
manne) et une paire de bottes en basane, empeigne
aussi bien que semelle, pourvu qu'ils saluent pour moi
Jeanne et mêmement telle de ses pareilles.

Item, au seigneur de Grigny auquel jadis j'ai laissé
Bicêtre, je donne la tour de Billy, pourvu, s'il y a porte
ou fenêtre qui soit debout ou existe encore, qu'il
remette tout en parfait état. Qu'il trouve de l'argent à
droite et à gauche : il m'en manque, et il n'en a point.

Item, à Thibaud de la Garde... Thibaud ? Je mens ; il
s'appelle Jean. Que lui donnerai-je sans perte ? (J'ai
assez perdu toute cette année ; que Dieu veuille y
pourvoir, *amen !*) Le Barillet ? Par mon âme, certes,
Genevois est plus ancien et a un plus beau nez pour y
boire.

CXXXVIII

Item, je donne à Basanier,
Notaire et greffier criminel,
De girofle plein un panier
1365 Pris sur maître Jean de Rüel,
Tant à Mautaint, tant à Rosnel,
Et, avec ce don de girofle,
Servir de cœur gent et isnel
1369 Le seigneur qui sert saint Christofle,

CXXXIX

Auquel cette ballade donne
Pour sa dame qui tous bien a.
S'Amour ainsi tous ne guerdonne,
1373 Je ne m'ébahis de cela,
Car au Pas conquêter l'alla
Que tint Regnier, roi de Secile,
Où si bien fit et peu parla
1377 Qu'oncques Hector fit ne Troïle.

Item, je donne à Basanier, notaire et greffier criminel, un plein panier de girofle pris chez maître Jean de Ruel, autant à Mautaint et à Rosnel, et, outre ce don de girofle, celui de servir avec bonne grâce et diligence le seigneur qui sert saint Christophe,

à qui je donne cette ballade pour sa dame qui a toutes les vertus. Si Amour ne récompense pas ainsi tous les hommes, je ne m'en étonne pas, car il alla la conquérir au pas d'armes que tint René, roi de Sicile, où il fit aussi bien et parla aussi peu qu'autrefois Hector et Troïle.

BALLADE
POUR ROBERT D'ESTOUTEVILLE

Au point du jour, que l'éprevier s'ébat,
Mû de plaisir et par noble coutume,
Bruit la mauvis et de joie s'ébat,
1381 Reçoit son pair et se joint à sa plume,
Offrir vous veuil, à ce Désir m'allume,
Ioyeusement ce qu'aux amants bon semble.
Sachez qu'Amour l'écrit en sa volume,
1385 Et c'est la fin pour quoi sommes ensemble.

Dame serez de mon cœur sans débat,
Entièrement, jusques mort me consume,
Laurier soüef qui pour mon droit combat,
1389 Olivier franc m'ôtant toute amertume,
Raison ne veut que je désaccoutume,
(Et en ce veuil avec elle m'assemble),
De vous servir, mais que m'y accoutume ;
1393 Et c'est la fin pour quoi sommes ensemble.

Au point du jour, quand l'épervier agite ses ailes, dans l'élan du plaisir et par noble coutume, quand la grive chante et s'ébat avec joie, accueille son compagnon et se blottit contre lui, je veux vous offrir, car Désir m'y entraîne, joyeusement ce qui plaît aux amants. Sachez qu'Amour l'écrit en son livre, et c'est là pourquoi nous sommes ensemble.

Vous serez la dame de mon cœur, sans conteste, entièrement, jusqu'à ce que mort me consume, doux laurier qui combat pour mon droit, généreux olivier qui m'ôte tout chagrin. Raison ne veut pas que je rompe l'habitude (et en cela je m'accorde avec elle) de vous servir, mais que j'en prenne l'habitude, et c'est là pourquoi nous sommes ensemble.

Et qui plus est, quand deuil sur moi s'embat
Par Fortune qui souvent si se fume,
Votre doux œil sa malice rabat,
1397 Ne mais ne mains que le vent fait la fume.
Si ne perds pas la graine que je sume
En votre champ, quand le fruit me ressemble.
Dieu m'ordonne que le fouïsse et fume ;
1401 Et c'est la fin pour quoi sommes ensemble.

Princesse, oyez ce que ci vous résume :
Que le mien cœur du vôtre désassemble
Ja ne sera : tant de vous en présume ;
1405 Et c'est la fin pour quoi sommes ensemble.

Bien plus, quand la douleur s'abat sur moi à cause de
Fortune qui souvent ainsi se fâche, votre doux regard
rabat sa malice, ni plus ni moins que le vent la fumée.
Et je ne perds pas la graine que je sème dans votre
champ, quand le fruit me ressemble. Dieu m'ordonne
que je le laboure et que je le fume ; et c'est là pour-
quoi nous sommes ensemble.

Princesse, écoutez ce que je répète ici pour vous : que
mon cœur se sépare du vôtre, jamais cela ne sera ; j'en
présume autant de vous ; et c'est là pourquoi nous
sommes ensemble.

CXL

Item, à sire Jean Perdrier
Rien, n'à François, son second frère ;
Si m'ont voulu toujours aidier
1409 Et de leurs biens faire confrère,
Combien que François mon compère
Langues cuisants, flambants et rouges,
Mi-commandement, mi-prière,
1413 Me recommanda fort à Bourges.

CXLI

Si allai voir en Taillevent,
Ou chapitre de fricassure,
Tout au long, derrière et devant,
1417 Lequel n'en parle jus ne sure.
Mais Macquaire, je vous assure,
À tout le poil cuisant un diable,
Afin qu'il sentît bon l'arsure,
1421 Ce recipe m'écrit, sans fable.

Item, à messire Jean Perdrier rien, ni à François, son
puîné ; pourtant, ils ont toujours voulu m'aider et me
faire partager leurs biens, encore que François, mon
ami, m'ait recommandé fort à Bourges, mi-comman-
dement, mi-prière, des langues cuisantes, flambantes
et rouges.

Aussi suis-je allé chercher dans Taillevent, au chapitre
de la fricassée, tout au long, verso et recto ; il n'en est
question ni en bas ni en haut. Mais Macaire, je vous
l'assure, qui cuit un diable avec tout son poil afin qu'il
y ait une bonne odeur de brûlé, me prescrivit cette
recette, sans commentaire.

BALLADE

En riagal, en arsenic rocher,
En orpiment, en salpêtre et chaux vive,
En plomb bouillant pour mieux les émorcher,
En suie et poix détrempée de lessive
1426 Faite d'étrons et de pissat de Juive,
En lavailles de jambes à meseaux,
En raclure de pieds et vieux houseaux,
En sang d'aspic et drogues venimeuses,
En fiel de loups, de renards et blaireaux,
1431 Soient frites ces langues ennuyeuses !

En cervelle de chat qui hait pêcher,
Noir et si vieil qu'il n'ait dent en gencive,
D'un vieil mâtin qui vaut bien aussi cher,
Tout enragé, en sa bave et salive,
1436 En l'écume d'une mule poussive
Détranchée menue à bons ciseaux,
En eau où rats plongent groins et museaux,
Raines, crapauds et bêtes dangereuses,
Serpents, lézards et tels nobles oiseaux,
1441 Soient frites ces langues ennuyeuses !

Qu'en réalgar, en arsenic de roche, en orpiment, en salpêtre et chaux vive, en plomb bouillant pour mieux les étouffer, en suie et poix imprégnées de lessive faite d'étrons et de pissat de juive, en lavures de jambes de lépreux, en raclure de pieds et vieilles bottines, en sang d'aspic et drogues venimeuses, en fiel de loup, de renard et de blaireau, soient frites ces langues malfaisantes !

Qu'en cervelle d'un chat qui hait la pêche, noir et si vieux qu'il n'a plus de dent sur sa gencive, ou d'un vieux mâtin qui vaut bien aussi cher, tout enragé, en sa bave et salive, qu'en l'écume d'une mule poussive, tailladée menu avec de bons ciseaux, en l'eau où plongent groins et museaux rats, grenouilles, crapauds et bêtes dangereuses, serpents, lézards et autres nobles animaux, soient frites ces langues malfaisantes !

Fred??...

En sublimé dangereux à toucher,
Et ou nombril d'une couleuvre vive,
En sang qu'on voit ès palettes sécher
Sur ces barbiers quand pleine lune arrive,
1446 Dont l'un est noir, l'autre plus vert que cive,
En chancre et fix, et en ces claires eaues
Où nourrices essangent leurs drapeaux,
En petits bains de filles amoureuses
(Qui ne m'entend n'a suivi les bordeaux)
1451 Soient frites ces langues ennuyeuses !

Prince, passez tous ces friands morceaux,
S'étamine, sac n'avez ne bluteaux,
Parmi le fond d'une braies breneuses ;
Mais paravant en étronc de pourceaux
1456 Soient frites ces langues ennuyeuses !

Qu'en sublimé dangereux à toucher, et dans le nom-
bril d'un couleuvre vivante, en sang qu'on voit sécher
en écuelles chez les barbiers, quand la pleine lune
arrive, l'un noir, l'autre plus vert que ciboule, en
chancre et tumeur, et en ces eaux claires où les nour-
rices décrassent leurs couches, en bidets de filles
d'amour (qui ne m'entend n'a pas fréquenté les bor-
dels), soient frites ces langues malfaisantes !

Prince, passez tous ces friands morceaux, si vous
n'avez pas d'étamine, de tamis ou de filtre, par le fond
d'une culotte embrenée, mais auparavant qu'en étrons
de pourceaux soient frites ces langues malfaisantes !

CXLII

Item, à maître Andry Couraud
Les Contredits Franc Gontier mande ;
Quant du tyran séant en haut,
1460 À celui-là rien ne demande :
Le Saige ne veut que contende
Contre puissant pauvre homme las,
Afin que ses filés ne tende
1464 Et qu'il ne trébuche en ses lacs.

CXLIII

Gontier ne crains : il n'a nuls hommes
Et mieux que moi n'est hérité,
Mais en ce débat-ci nous sommes,
1468 Car il loue sa pauvreté,
Être pauvre hiver et été,
Et à félicité répute
Ce que tiens à malheureté.
1472 Lequel a tort ? Or en discute.

Item, à maître Andry Courant j'envoie *Les Contredits de Franc Gontier*; quant au tyran qui siège en haut, à celui-là je ne reproche rien : le Sage ne veut pas qu'avec un puissant entre en lutte un pauvre malheureux, afin que l'un ne tende pas ses filets et que l'autre ne tombe pas dans ses pièges.

Gontier, je ne le crains pas : il n'a pas de vassaux, il n'est pas mieux pourvu que moi, mais nous avons ici un débat, car il loue sa pauvreté, être pauvre hiver comme été, et il considère comme une félicité ce que je tiens pour un malheur. Qui a tort ? Je vais en discuter.

LES CONTREDITS
DE FRANC GONTIER

BALLADE

Sur mol duvet assis, un gras chanoine,
Lez un brasier, en chambre bien nattée,
À son côté gisant dame Sidoine
Blanche, tendre, polie et attintée,
1477 Boire hypocras à jour et à nuitée,
Rire, jouer, mignonner et baiser,
Et nu à nu pour mieux des corps s'aiser,
Les vis tous deux par un trou de mortaise :
Lors je connus que, pour deuil apaiser,
1482 Il n'est trésor que de vivre à son aise.

Se Franc Gontier et sa compagne Hélène
Eussent cette douce vie hantée,
D'oignons, civots, qui causent forte haleine
N'acontassent une bise tostée.
1487 Tout leur maton ne toute leur potée
Ne prise un ail, je le dis sans noiser.
S'ils se vantent coucher sous le rosier,
Lequel vaut mieux ? Lit côtoyé de chaise ?
Qu'en dites-vous ? Faut-il à ce muser ?
1492 Il n'est trésor que de vivre à son aise.

Assis sur un duvet moelleux, un gras chanoine, près d'un brasier, dans une chambre bien nattée, dame Sidoine étendue à côté de lui, blanche, tendre, lisse, bichonnée, boire de l'hypocras jour et nuit, rire, badiner, se câliner, se baiser, nus l'un et l'autre pour prendre plus de plaisir, je les ai vus tous deux par un trou de mortaise. Alors je compris que, pour apaiser la douleur, il n'est trésor que de vivre à son aise.

Si Franc Gontier et sa compagne Hélène avaient connu cette douce vie, aux oignons et aux ciboules qui donnent forte haleine ils n'auraient pas accordé le prix d'une rôtie. Tout leur lait caillé, toute leur potée, je n'en donne pas un ail, je le dis sans chicane. S'ils se vantent de coucher sous le rosier, que vaut-il mieux ? Un lit avec une chaise ? Qu'en dites-vous ? Faut-il perdre son temps à répondre ? Il n'est trésor que de vivre à son aise.

De gros pain bis vivent d'orge et d'avoine,
Et boivent eaue tout au long de l'année.
Tous les oiseaux d'ici en Babyloine
À tel école une seule journée
1497 Ne me tendroient, non une matinée.
Or s'ébatte, de par Dieu, Franc Gontier,
Hélène o lui, sous le bel églantier :
Se bien leur est, cause n'ai qu'il me pèse ;
Mais quoi que soit du laboureux métier,
1502 Il n'est trésor que de vivre à son aise.

Prince, juge, pour tôt nous accorder.
Quant est de moi, mais qu'à nulz ne déplaise,
Petit enfant, j'ai oï recorder :
1506 Il n'est trésor que de vivre à son aise.

Ils vivent de gros pain bis d'orge et d'avoine et boivent de l'eau tout au long de l'année. Tous les oiseaux d'ici à Babylone ne me retiendraient pas une seule journée à pareil régime, pas même une matinée. Que Franc Gontier, par Dieu, s'ébatte avec Hélène sous le bel églantier : s'ils en ont du plaisir, cela ne me gêne pas ; mais quoi qu'il en soit de l'état du paysan, il n'est trésor que de vivre à son aise.

Prince, juge, pour nous mettre d'accord bien vite. Quant à moi, qu'à nul n'en déplaise, petit enfant, j'ai entendu rappeler : il n'est trésor que de vivre à son aise.

CXLIV

Item, pour ce que sait sa Bible
Ma damoiselle de Bruyères,
Donne prêcher hors l'Évangile
1510 À elle et à ses bachelières,
Pour retraire ces villotières
Qui ont le bec si affilé,
Mais que ce soit hors cimetières,
1514 Trop bien au Marché au filé.

Item, puisque mademoiselle de Bruyères sait sa Bible,
je lui donne de prêcher au-dehors l'Évangile, à elle et
à ses disciples, pour retirer du péché ces coureuses qui
ont le bec si affilé, mais non pas dans les cimetières,
bien plutôt au marché au fil.

BALLADE
DES FEMMES DE PARIS

Quoiqu'on tient belles langagères
Florentines, Vénitïennes,
Assez pour être messagères,
1518 Et mêmement les ancïennes ;
Mais soient Lombardes, Romaines,
Genevoises, à mes périls,
Pimontoises, Savoisïennes,
1522 Il n'est bon bec que de Paris.

De beau parler tiennent chaières,
Ce dit-on, les Napolitaines,
Et sont très bonnes caquetières
1526 Allemandes et Prussïennes ;
Soient Grecques, Égyptïennes,
De Hongrie ou d'autres pays,
Espagnoles ou Catelennes,
1530 Il n'est bon bec que de Paris.

Quoiqu'on tienne pour belles discoureuses Florentines
et Vénitiennes, assez pour être messagères, et en par-
ticulier les vieilles, qu'elles soient Lombardes,
Romaines, Génoises, j'en réponds sur ma vie, Pié-
montaises, Savoyardes, il n'est bon bec que de Paris.

Les Napolitaines, dit-on, tiennent chaires de beau lan-
gage, Allemandes et Prussiennes sont de très bonnes
caquetières ; qu'elles soient Grecques, Égyptiennes,
Hongroises ou femmes d'autres pays, Espagnoles ou
Catalanes, il n'est bon bec que de Paris.

Brettes, Suisses ne savent guères,
Gasconnes, ne Toulousïennes :
De Petit Pont deux harengères
1534 Les concluront, et les Lorraines,
Angleches et Calaisïennes,
(Ai-je beaucoup de lieux compris ?)
Picardes de Valencïennes ;
1538 Il n'est bon bec que de Paris.

Prince, aux dames parisïennes
De beau parler donnez le prix ;
Quoi qu'on die d'Italïennes,
1542 Il n'est bon bec que de Paris.

Bretonnes, Suisses ne s'y connaissent guère, ni Gas-
connes, ni Toulousaines : deux harengères du Petit
Pont leur fermeront la bouche, comme aux Lorraines,
aux Anglaises et aux Calaisiennes (ai-je inclus beau-
coup de lieux ?), aux Picardes de Valenciennes ; il
n'est bon bec que de Paris.

Prince, aux dames de Paris donnez le prix du beau
langage : quoi qu'on dise des Italiennes, il n'est bon
bec que de Paris.

CXLV

Regarde m'en deux, trois, assises
Sur le bas du pli de leurs robes,
En ces moutiers, en ces églises ;
1546 Tire-t'en près, et ne te hobes ;
Tu trouveras là que Macrobes
Oncques ne fit tels jugements.
Entends ; quelque chose en dérobes :
1550 Ce sont tous beaux enseignements.

CXLVI

Item, et au mont de Montmartre,
Qui est un lieu mout ancïen,
Je lui donne et adjoins le tertre
1554 Qu'on dit de mont Valérïen ;
Et, outre, plus d'un quartier d'an
Du pardon qu'apportai de Rome :
Si ira maint bon chrétien
1558 En l'abbaye où il n'entre homme.

CXLVII

Item, valets et chamberières
De bons hôtels (rien ne me nuit)
Faisant tartes, flans et goyères,
1562 Et grands rallïas à minuit
(Rien n'y font sept pintes ne huit),
Tant que gisent seigneur et dame,
Puis après, sans mener grand bruit,
1566 Je leur ramentois le jeu d'âne.

Regarde m'en deux, trois, assises sur le bas du pli de leur robe, dans ces couvents, dans ces églises ; approche-toi, et ne bouge plus : tu trouveras là que Macrobe ne tint jamais propos aussi sensés. Écoute, retiens-en quelques bribes : ce sont tous beaux enseignements.

Item, au mont de Montmartre qui est un lieu fort ancien, je donne et adjoins la colline qu'on appelle mont Valérien, et, en outre, plus d'un trimestre des indulgences que j'ai apportées de Rome : maint bon chrétien ira ainsi dans l'abbaye où n'entre pas d'homme.

Item, aux valets et aux femmes de chambre des bonnes maisons qui font, sans me gêner en rien, des tartes, des flans, des gougères, et de grands festins à minuit — sept ou huit pintes ne leur font pas peur — pendant que leur maître et leur maîtresse sont au lit, je leur rappelle le jeu de l'âne à jouer ensuite sans faire grand bruit.

amour

CXLVIII

Item, et à filles de bien,
Qui ont pères, mères et antes,
Par m'âme ! je ne donne rien,
1570 Car tout ont eu valets, servantes.
Si fussent-ils de peu contentes :
Grand bien leur fissent mains lopins,
Aux pauvres filles, entrementes
1574 Qu'ils se perdent aux Jacopins,

CXLIX

Aux Célestins et aux Chartreux ;
Quoique vie mènent étroite,
Si ont-ils largement entre eux
1578 Dont pauvres filles ont soufraite ;
Témoin Jacqueline et Perrette
Et Isabeau qui dit : « Enné ! »
Puisqu'ils en ont telle disette,
1582 À peine seroit-on damné.

CL

Item, à la grosse Margot
Très douce face et pourtraiture,
Foi que dois *brulare bigot,*
1586 Assez dévote créature,
    — Je l'aime de propre nature,
Et elle moi, la douce sade —
Qui la trouvera d'aventure,
1590 Qu'on lui lise cette ballade.

Item, aux filles honnêtes qui ont pères, mères et
tantes, par mon âme, je ne donne rien, car valets et
servantes ont tout eu. Pourtant, elles se contenteraient
de peu, maints bons morceaux leur feraient grand
bien, aux pauvres filles, alors qu'ils se perdent chez les
Jacobins,

les Célestins et les Chartreux : bien qu'ils mènent une
vie serrée, ils sont pourtant largement pourvus de ce
qui manque aux pauvres filles, témoin Jacqueline et
Perrette et Isabeau qui dit : « Pour sûr ! » Du moment
qu'elles en sont si privées, on ne risque guère de se
damner.

Item, à la grosse Margot, face et image très douces, foi
que je dois à Notre-Seigneur Dieu, à cette créature si
dévouée, — je l'aime à ma manière, et elle m'aime
aussi, l'avenante fille — si on la trouve par hasard,
qu'on lui lise cette ballade.

BALLADE
DE LA GROSSE MARGOT

Se j'aime et sers la belle de bon hait,
M'en devez-vous tenir ne vil ne sot ?
Elle a en soi des biens à fin souhait :
Pour son amour ceins bouclier et passot.
1595 Quand viennent gens, je cours et happe un pot,
Au vin m'en vois, sans démener grand bruit ;
Je leur tends eau, fromage, pain et fruit.
S'ils payent bien, je leur dis que « *bien stat ;*
Retournez ci, quand vous serez en ruit,
1600 En ce bordeau où tenons notre état ».

Mais adoncques il y a grand déhait
Quand sans argent s'en vient coucher Margot ;
Voir ne la puis, mon cœur à mort la hait.
Sa robe prends, demi-ceint et surcot,
1605 Si lui jure qu'il tendra pour l'écot.
Par les côtés se prend cet Antéchrist,
Crie et jure par la mort Jésus-Christ
Que non fera. Lors empoigne un éclat ;
Dessus son nez lui en fais un écrit,
1610 En ce bordeau où tenons notre état.

Si j'aime et sers la belle de bon cœur, m'en devez-vous tenir pour vil et sot ? Elle a de quoi satisfaire tout le monde : pour l'amour d'elle, je prends bouclier et dague ; quand viennent des gens, je cours happer un pot, je vais au vin sans faire grand bruit, je leur offre eau, fromage, pain et fruit. S'ils paient bien, je leur dis : « C'est bon ! Revenez ici, quand vous serez en rut, dans ce bordel où nous tenons notre état. »

Mais il y a grand déplaisir quand Margot vient se coucher sans argent : je ne peux plus la voir, mon cœur la hait à mort. Je prends ses habits, sa ceinture, sa jaquette, et je lui jure que cela tiendra lieu d'écot. Cet Antéchrist se prend par les côtés, crie et jure par la mort de Jésus-Christ qu'il n'en sera rien. Alors j'empoigne un éclat de bois dont sur le nez je lui fais une marque, dans ce bordel où nous tenons notre état.

Puis paix se fait et me fait un gros pet,
Plus enflé qu'un velimeux escarbot.
Riant m'assied son poing sur mon sommet,
« Go ! go ! » me dit, et me fiert le jambot.
1615 Tous deux ivres, dormons comme un sabot.
Et au réveil, quand le ventre lui bruit,
Monte sur moi que ne gâte son fruit.
Sous elle geins, plus qu'un ais me fait plat,
De paillarder tout elle me détruit,
1620 En ce bordeau où tenons notre état.

Vente, grêle, gèle, j'ai mon pain cuit.
Ie suis paillard, la paillarde me suit.
1623 Lequel vaut mieux ? Chacun bien s'entresuit,
L'un l'autre vaut ; c'est à mau rat mau chat.
Ordure aimons, ordure nous affuit ;
Nous défuyons honneur, il nous défuit,
1627 En ce bordeau où tenons notre état.

Puis la paix se fait, elle me fait un gros pet, plus gonflé
qu'un immonde escarbot. En riant, elle m'assène son
poing sur la tête ; « Allons, allons ! » me dit-elle, et
elle frappe ma cuisse. Ivres tous deux, nous ronflons
comme toupie. Puis au réveil, quand son ventre bruit,
elle monte sur moi pour que je n'abîme pas son
enfant ; sous elle je geins, elle m'aplatit plus qu'une
planche, elle me démolit à force de paillarder, dans ce
bordel où nous tenons notre état.

Qu'il vente, grêle, gèle, j'ai mon pain cuit. Je suis
paillard, la paillarde me suit. Lequel vaut mieux ?
Chacun ressemble à l'autre, l'un vaut l'autre : à mau-
vais rat mauvais chat. Nous aimons l'ordure, l'ordure
nous poursuit, nous fuyons l'honneur, il nous fuit,
dans ce bordel où nous tenons notre état.

CLI

Item, à Marïon l'Idole
Et la grand Jeanne de Bretaigne
Donne tenir publique école
1631 Où l'écolier le maître enseigne,
Lieu n'est où ce marché se tiengne
Sinon à la grille de Meun ;
De quoi je dis : « Fi de l'enseigne,
1635 Puisque l'ouvrage est si commun ! »

CLII

Item, et à Noël Jolis
Autre chose je ne lui donne
Fors plein poing d'osier frais cueilli
1639 En mon jardin ; je l'abandonne.
Châtoy est une belle aumône,
Âme n'en doit être marri :
Onze-vingts coups lui en ordonne,
1643 Livrés par la main de Henri.

CLIII

Item, ne sais qu'à l'Hôtel Dieu
Donner, n'à pauvres hôpitaux ;
Bourdes n'ont ici temps ne lieu,
1647 Car pauvres gens ont assez maux :
Chacun leur envoie leurs os.
Les Mendïants ont eu mon oie ;
Au fort, et ils auront les aulx :
1651 À menue gent, menue monnoie.

Item, à Marion l'Idole et à la grande Jeanne de Bre-
tagne je donne de tenir une école publique où l'écolier
enseigne le maître. Il n'est pas d'endroit où ce
commerce ait lieu, sinon à la grille de Meun. C'est
pourquoi je dis : « Fi de l'enseigne, puisque l'ouvrage
est si commun ! »

Item, à Noël Jolis je ne donne rien d'autre qu'une
pleine poignée d'osier frais cueilli dans mon jardin ; je
l'abandonne. Une correction est une belle aumône
dont nul ne doit être fâché : je lui lègue deux cent
vingt coups, administrés de la main d'Henri.

Item, je ne sais que donner à l'Hôtel-Dieu ni aux
pauvres hôpitaux. Il n'est ni temps ni lieu d'en plai-
santer, car les pauvres gens ont assez de maux.
Chacun leur envoie leurs restes ; les frères mendiants
ont eu mon oie ; bref, ils auront aussi la sauce à l'ail :
à gens menues menue monnaie.

CLIV

Item, je donne à mon barbier
Qui se nomme Colin Galerne,
Près voisin d'Angelot l'herbier,
1655 Un gros glaçon (pris où ? en Marne),
Afin qu'à son aise s'hiverne.
De l'estomac le tienne près :
Se l'hiver ainsi se gouverne,
1659 Il aura chaud l'été d'après.

CLV

Item, rien aux Enfants trouvés ;
Mais les perdus faut que console.
Si doivent être retrouvés,
1663 Par droit, sur Marïon l'Idole.
Une leçon de mon école
Leur lairai, qui ne dure guère.
Tête n'aient dure ne folle ;
1667 Écoute, et vecy la dernière.

Item, je donne à mon barbier qui se nomme Colin Galerne, proche voisin d'Angelot l'herboriste, un gros glaçon (pris où ? dans la Marne), afin qu'il passe l'hiver à son aise. Qu'il le garde près de son ventre : s'il se conduit ainsi l'hiver, il aura chaud l'été d'après.

Item, rien aux Enfants trouvés, mais les enfants perdus, je dois les consoler. Aussi les retrouvera-t-on, comme de juste, chez Marion l'Idole. Je leur laisserai une leçon de mon école, qui ne dure pas longtemps. Qu'ils n'aient pas la tête dure ni folle ; écoute, voici la dernière.

BELLE LEÇON
AUX ENFANTS PERDUS

CLVI

« Beaux enfants, vous perdez la plus
Belle rose de vo chapeau ;
Mes clercs près prenant comme glus,
1671 Se vous allez à Montpipeau
Ou à Rüel, gardez la peau :
Car, pour s'ébattre en ces deux lieux,
Cuidant que vausît le rappeau,
1675 Le perdit Colin de Cayeux.

CLVII

« Ce n'est pas un jeu de trois mailles,
Où va corps, et peut-être l'âme.
Qui perd, rien n'y font repentailles
1679 Qu'on n'en meure à honte et diffame ;
Et qui gagne n'a pas à femme
Dido, la reine de Carthage.
L'homme est donc bien fol et infâme
1683 Qui, pour si peu, couche tel gage.

Chers enfants, vous perdez la plus belle rose de votre
couronne ; mes clercs qui agrippez comme glu, si vous
allez à Montpipeau ou à Rueil, gardez votre peau, car,
pour s'être ébattu en ces deux lieux, croyant qu'il
pourrait faire appel, Colin de Cayeux perdit la partie.

Ce n'est pas un jeu de trois mailles, quand est engagé
le corps, et peut-être l'âme. Si l'on perd, le repentir ne
peut empêcher d'en mourir dans la honte et l'ignomi-
nie ; et si l'on gagne, on n'obtient pas pour femme
Didon, la reine de Carthage. L'on est donc bien
insensé et infâme de miser pour si peu un tel gage.

CLVIII

« Qu'un chacun encore m'écoute !
On dit, et il est vérité,
Que charterie se boit toute,
1687   Au feu l'hiver, au bois l'été.
S'argent avez, il n'est quitté,
Mais le dépendez tôt et vite.
Qui en voyez-vous hérité ?
1691   Jamais mal acquêt ne profite.

Qu'un chacun m'écoute encore ! On dit, et c'est la
vérité, que le gain d'une charretée se boit tout entier
l'hiver au coin du feu, l'été au bois. Si vous avez de
l'argent, il n'est pas assuré, dépensez-le donc sans
attendre. Quel héritier en voyez-vous ? Bien mal
acquis ne profite jamais.

BALLADE
DE BONNE DOCTRINE
À CEUX
DE MAUVAISE VIE

« Car ou soies porteur de bulles,
Pipeur ou hasardeur de dés,
Tailleur de faux coins et te brûles
1695 Comme ceux qui sont échaudés,
Traîtres parjurs, de foi vidés ;
Soies larron, ravis ou pilles,
Où en va l'acquêt, que cuidez ?
1699 Tout aux tavernes et aux filles.

« Rime, raille, cymbale, fluctes,
Comme fol feintif, éhontés ;
Farce, brouille, joue des flûtes ;
1703 Fais, ès villes et ès cités,
Farces, jeux et moralités,
Gagne au berlan, au glic, aux quilles,
Aussi bien va, or écoutez !
1707 Tout aux tavernes et aux filles.

Car que tu sois porteur de bulles, tricheur ou hasar-
deur de dés, faux-monnayeur, et que tu te brûles
comme ceux que l'on fait bouillir, traître parjure, dés-
honoré, que tu sois larron, chapardeur ou pillard, où
en va le bénéfice, que croyez-vous ? Tout aux tavernes
et aux filles.

Rime, raille, joue des cymbales ou de la flûte, comme
un fou trompeur et effronté ; bouffonne, bonimente,
fais des tours, monte, dans les villes et les cités, des
farces, des jeux et des moralités, gagne au brelan, aux
cartes, aux quilles, le profit va, écoutez donc, tout aux
tavernes et aux filles.

« De tels ordures te recules,
Laboure, fauche champs et prés,
Sers et panse chevaux et mules,
1711 S'aucunement tu n'es lettrés ;
Assez auras, se prends en grés ;
Mais, se chanvre broyes ou tilles,
Ne tends ton labour qu'as ouvrés
1715 Tout aux tavernes et aux filles ?

« Chausses, pourpoints aiguilletés,
Robes et toutes vos drapilles,
Ains que vous fassiez pis, portez
1719 Tout aux tavernes et aux filles !

Éloigne-toi de ces infamies, laboure, fauche champs et prés, soigne et panse chevaux et mules, si tu n'as aucune instruction ; tu gagneras assez, si tu sais te contenter ; mais, si tu broies et teilles le chanvre, n'offres-tu pas le produit de ton travail tout aux tavernes et aux filles ?

Chausses, pourpoints à aiguillettes, robes et tous vos vêtements, avant que vous ne fassiez pis, portez tout aux tavernes et aux filles !

CLIX

« À vous parle, compains de galle,
Qui êtes de tous bons accords :
Gardez-vous tous de ce mau hâle
1723 Qui noircit les gens quand sont morts ;
Eschevez-le, c'est un mal mors ;
Passez-vous au mieux que pourrez ;
Et pour Dieu, soyez tous records :
1727 Une fois viendra que mourrez. »

CLX

Item, je donne aux Quinze-Vingts
(Qu'autant vaudroit nommer Trois Cents)
De Paris, non pas de Provins,
1731 Car à ceux tenu je me sens ;
Ils auront, et je m'y consens,
Sans les étuis, mes grands lunettes,
Pour mettre à part, aux Innocents,
1735 Les gens de bien des déshonnêtes.

CLXI

Ici n'y a ne ris ne jeu.
Que leur valut avoir chevances,
N'en grands lits de parement jeu,
1739 Engloutir vins, engrossir panses,
Mener joies, fêtes et danses,
De ce faire prêt à toute heure ?
Toutes faillent telles plaisances,
1743 Et la coulpe si en demeure.

C'est à vous que je parle, compagnons de plaisir, qui
êtes de toutes les bonnes parties : gardez-vous tous de
ce mauvais hâle qui noircit les gens quand ils sont
morts ; évitez-le, c'est une mauvaise morsure : tirez-
vous d'affaire le mieux que vous pourrez, et, par Dieu,
rappelez-vous tous : un jour viendra où vous mourrez.

Item, je fais un legs aux Quinze-Vingts (qu'il vaudrait
autant appeler Trois Cents), ceux de Paris, non de
Provins, car de ceux-là je me sens l'obligé : ils auront,
j'en suis bien d'accord, sans les étuis, mes grandes
lunettes, pour séparer, aux Innocents, les gens de bien
des malhonnêtes.

Ici il n'y a ni ris ni jeu. Que leur a valu d'avoir eu des
richesses, d'avoir joué dans de grands lits d'apparat,
englouti du vin, engraissé leurs panses, d'avoir mené
joies, fêtes et danses, toujours prêts à s'y consacrer ?
Tous ces plaisirs ont une fin, et pourtant la faute en
demeure.

CLXII

Quand je considère ces têtes
Entassées en ces charniers,
Tous furent maîtres des requêtes,
1747 Au moins de la Chambre aux Deniers,
Ou tous furent portepaniers :
Autant puis l'un que l'autre dire ;
Car d'évêques ou lanterniers,
1751 Je n'y connois rien à redire.

CLXIII

Et icelles qui s'enclinoient
Unes contre autres en leurs vies,
Desquelles les unes régnoient,
1755 Des autres craintes et servies,
Là les vois toutes assouvies,
Ensemble en un tas, pêle-mêle.
Seigneuries leur sont ravies ;
1759 Clerc ne maître ne s'y appelle.

CLXIV

Or sont-ils morts, Dieu ait leurs âmes !
Quant est des corps, ils sont pourris,
Aient été seigneurs ou dames,
1763 Souëf et tendrement nourris
De crème, fromentée ou riz ;
Et les os déclinent en poudre,
Auxquels ne chaut d'ébats ne ris.
1767 Plaise au doux Jésus les absoudre !

Quand je considère ces têtes entassées dans ces char-
niers, tous furent maîtres des requêtes, au moins de la
Chambre aux Deniers, ou tous furent portefaix : je
peux dire l'un aussi bien que l'autre, car, entre évê-
ques et allumeurs de lanternes, je ne vois nulle diffé-
rence.

Et ces têtes qui s'inclinaient l'une devant l'autre
durant leur vie, têtes dont les unes régnaient, craintes
et servies par les autres, je les vois là, parvenues à leur
terme, ensemble, entassées, pêle-mêle. Leurs seigneu-
ries leur sont ravies, on ne s'y appelle plus clerc ni
maître.

Les voici morts, Dieu ait leurs âmes ! Quant à leurs
corps, ils sont pourris, qu'ils aient été seigneurs ou
dames, très délicatement nourris de crème, fromentée
ou riz, et leurs os tombent en poussière, pour eux plus
d'ébats ni de ris. Plaise au doux Jésus les absoudre !

CLXV

Aux trépassés je fais ce lais
Et icelui le communique
À régents cours, sièges, palais,
1771 Haineurs d'avarice l'inique,
Lesquels pour la chose publique
Se sèchent les os et les corps :
De Dieu et de saint Dominique
1775 Soient absous quand seront morts !

CLXVI

Item, rien à Jacquet Cardon,
Car je n'ai rien pour lui d'honnête,
Non pas que le jette à bandon,
1779 Sinon cette bergeronnette ;
S'elle eût le chant *Marionnette*
Fait pour Marïon la Peautarde,
Ou d'*Ouvrez votre huis, Guillemette,*
1783 Elle allât bien à la moutarde :

Aux trépassés je fais ce legs, et je veux encore
l'étendre à ceux qui dirigent cours, tribunaux, palais
de justice, haïssant l'injuste cupidité, qui pour l'intérêt
public se dessèchent les os et les corps : que Dieu et
que saint Dominique les absolvent quand ils seront
morts !

Item, rien à Jacquet Cardon, car je n'ai rien pour lui
de convenable (ce n'est pas que je l'abandonne), sinon
cette bergeronnette : si elle était chantée sur l'air de
Marionnette composé pour Marion la Peautarde, ou
d'*Ouvrez votre porte, Guillemette,* elle conviendrait pour
aller à la moutarde.

CHANSON

Au retour de dure prison
Où j'ai laissé presque la vie,
1786 Se Fortune a sur moi envie,
Jugez s'elle fait méprison !

Il me semble que, par raison,
Elle dût bien être assouvie
Au retour (de dure prison
Où j'ai laissé presque la vie).

Se si pleine est de déraison
Que veuille que du tout dévie,
Plaise à Dieu que l'âme ravie
En soit lassus, en sa maison.

Au retour (de dure prison
Où j'ai laissé presque la vie,
Se Fortune a sur moi envie,
1795 Jugez s'elle fait méprison) !

Au retour de dure prison où j'ai laissé presque la vie,
si Fortune s'acharne sur moi, jugez si elle se méprend.

Il me semble que, par raison, elle devrait bien être
assouvie au retour de dure prison où j'ai laissé presque
la vie.

Si elle est si pleine de déraison qu'elle veuille que je
quitte pour de bon la vie, plaise à Dieu que mon âme
soit emportée la-haut, dans sa maison !

Au retour de dure prison où j'ai laissé presque la vie,
si Fortune s'acharne sur moi, jugez si elle se méprend.

CLXVII

Item, donne à maître Lomer,
Comme extrait que je suis de fée,
Qu'il soit bien aimé, mais d'aimer
1799 Fille en chef ou femme coeffée,
Ja n'en ait la tête échauffée,
Ce qui ne lui coûte une noix,
Faire un soir cent fois la faffée,
1803 En dépit d'Ogier le Danois.

CLXVIII

Item, donne aux amants enfermes,
Outre le lais Alain Chartier,
À leurs chevets, de pleurs et larmes
1807 Trétout fin plein un bénoitier,
Et un petit brin d'églantier,
En tous temps vert, pour guepillon,
Pourvu qu'ils diront le psautier
1811 Pour l'âme du pauvre Villon.

CLXIX

Item, à maître Jacques James,
Qui se tue d'amasser biens,
Donne fiancer tant de femmes
1815 Qu'il voudra ; mais d'épouser, riens !
Pour qui amasse-il ? Pour les siens ;
Il ne plaint fors que ses morceaux ;
Et qui fut aux truies, je tiens
1819 Qu'il doit de droit être aux pourceaux.

Item, je donne à maître Lomer, puisque je descends
d'une fée, d'être bien aimé (mais d'aimer fille en che-
veux ou femme coiffée, qu'il n'en ait pas la tête
échauffée, il ne s'en soucie d'ailleurs pas pour une
noix) et, en un soir, de faire cent fois la bagatelle, pour
faire la nique à Ogier le Danois.

Item, je donne aux amants impuissants, outre le legs
d'Alain Chartier, pour leur chevet, un bénitier tout
plein de pleurs et de larmes, et un petit brin d'églan-
tier, vert en tout temps, comme goupillon, pourvu
qu'ils disent le psautier pour l'âme du pauvre Villon.

Item, à maître Jacques James, qui se tue à amasser des
biens, je donne de se fiancer à autant de femmes qu'il
voudra, mais quant à les épouser, point ! Pour qui
amasse-t-il ? Pour les siens ; il ne regrette que ce qu'il
mange ; et ce qui appartient aux truies, je pense, doit
revenir de droit aux pourceaux.

CLXX

Item, le camus Sénéchal,
Qui une fois paya mes dettes,
En récompense maréchal
1823 Sera pour ferrer oies, canettes,
En lui envoyant ces sornettes
Pour soi désennuyer ; combien,
S'il veut, fasse en des allumettes :
1827 De beau chanter s'ennuie on bien.

CLXXI

Item, au Chevalier du Guet
Je donne deux beaux petits pages,
Philibert et le gros Marquet,
1831 Lesquels servi, dont sont plus sages,
La plus partie de leurs âges,
Ont le prévôt des maréchaux,
Hélas ! s'ils sont cassés de gages,
1835 Aller les faudra tous déchaux.

CLXXII

Item, à Chappelain je laisse
Ma chapelle à simple tonsure,
Chargée d'une sèche messe
1839 Où il ne faut pas grand lecture.
Résigné lui eusse ma cure,
Mais point ne veut de charge d'âmes ;
De confesser, ce dit, n'a cure
1843 Sinon chamberières et dames.

Item, le Sénéchal camus, qui une fois paya mes dettes, en récompense, sera maréchal... pour ferrer les oies, les canettes, je lui envoie aussi ces sornettes pour se désennuyer ; pourtant, s'il le veut, qu'il en fasse des allumettes : on finit par se lasser d'un beau chant.

Item, au Chevalier du Guet je donne deux beaux petits pages, Philibert et le gros Marquet, qui, la plus grande partie de leur vie, ont servi, ce qui les a rendus plus sages, le prévôt des maréchaux. Hélas ! s'ils sont cassés aux gages, il leur faudra aller pieds nus.

Item, à Chapelain je lègue ma chapelle à simple tonsure, chargée d'une messe sèche où il n'est pas besoin d'une grande lecture. Je lui aurais cédé ma cure, mais il ne veut point avoir charge d'âme ; il n'a cure, dit-il, de confesser, sinon des femmes de chambre et des dames.

CLXXIII

Pour ce que sait bien mon entente
Jean de Calais, honorable homme,
Qui ne me vit des ans a trente
1847 Et ne sait comment on me nomme,
De tout ce testament, en somme,
S'aucun y a difficulté,
L'ôter jusqu'au res d'une pomme
1851 Je lui en donne faculté.

CLXXIV

De le gloser et commenter,
De le définir et décrire,
Diminuer ou augmenter,
1855 De le canceller et prescrire
De sa main, et ne sût écrire,
Interpréter et donner sens,
À son plaisir, meilleur ou pire,
À tout ceci je m'y consens.

CLXXV

Et s'aucun, dont n'ai connaissance,
Étoit allé de mort à vie,
Je veuil et lui donne puissance,
1863 Afin que l'ordre soit finie
Pour être mieux parassouvie,
Que cette aumône ailleurs transporte,
Car, s'il l'appliquoit par envie,
1867 À son âme je m'en rapporte.

Puisque mes intentions sont bien connues de Jean de
Calais, homme honorable, qui ne m'a pas vu depuis
trente ans et ne sait comment on me nomme, dans
tout ce testament, en bloc, si quelqu'un trouve une
difficulté, je lui donne la faculté de l'aplanir jusqu'au
ras d'une pomme.

Pour le gloser et le commenter, pour en préciser et
expliquer les termes, pour l'abréger ou l'allonger, pour
le biffer et l'annuler de sa main, ne sût-il pas écrire,
pour l'interpréter et lui donner un sens, à son gré,
meilleur ou pire, pour tout cela je donne mon accord.

Et si quelqu'un, à mon insu, était allé de la mort à la
vie éternelle, je veux, et en donne pouvoir à mon man-
dataire, afin que l'ordre de succession soit suivi et
assuré jusqu'à son terme, qu'il fasse un transfert de ce
legs, car, s'il en disposait par convoitise, je m'en rap-
porte à sa conscience.

CLXXVI

Item, j'ordonne à Sainte-Avoie,
Et non ailleurs, ma sépulture ;
Et, afin qu'un chacun me voie,
1871 Non pas en char, mais en peinture,
Que l'on tire mon estature
D'encre, s'il ne coûtoit trop cher.
De tombel ? rien : je n'en ai cure,
1875 Car il grèveroit le plancher.

CLXXVII

Item, veuil qu'autour de ma fosse
Ce qui s'ensuit, sans autre histoire,
Soit écrit en lettre assez grosse,
1879 Et qui n'auroit point d'écritoire,
De charbon ou de pierre noire,
Sans en rien entamer le plâtre ;
— Au moins sera de moi mémoire,
1883 Telle qu'elle est, d'un bon folâtre — :

Item, j'ordonne qu'on m'ensevelisse à Sainte-Avoie et
non ailleurs ; et, afin que chacun me voie, non pas en
chair, mais en peinture, que l'on trace mon portrait à
l'encre, si ce n'est pas trop cher. De tombeau ? pas
question : je n'en veux pas, car il surchargerait le plan-
cher.

Item, je veux qu'autour de ma fosse ce qui suit, sans
autre ornement, soit écrit en lettres assez grosses, et si
on n'avait pas de quoi écrire, avec du charbon ou une
pierre noire, sans en rien entamer le plâtre, — au
moins gardera-t-on de moi la mémoire, telle qu'elle
est, d'un joyeux compagnon :

ÉPITAPHE ET RONDEAU

CI GÎT ET DORT EN CE SOLIER,
QU'AMOUR OCCIT DE SON RAILLON,
UN PAUVRE PETIT ÉCOLIER
1887 QUI FUT NOMMÉ FRANÇOIS VILLON.
ONCQUES DE TERRE N'EUT SILLON.
IL DONNA TOUT, CHACUN LE SAIT :
TABLE, TRÉTEAUX, PAIN, CORBILLON.
1891 POUR DIEU, DITES-EN CE VERSET :

REPOS ÉTERNEL DONNE À CIL,
SIRE, ET CLARTÉ PERPÉTUELLE,
QUI VAILLANT PLAT NI ÉCUËLLE
1895 N'OT ONCQUES, N'UN BRIN DE PERSIL.

IL FUT RÉS, CHEF, BARBE ET SOURCIL,
COMME UN NAVET QU'ON RET OU PÈLE.
1898 (REPOS ÉTERNEL DONNE À CIL,
SIRE, ET CLARTÉ PERPÉTUELLE).

Ci-gît et dort en ce grenier un homme qu'Amour tua de son trait, un pauvre petit écolier qui fut nommé François Villon. Jamais il n'eut le moindre sillon de terre. Il donna tout, chacun le sait : table, tréteaux, pain, corbillon. Pour Dieu, dites à son intention ce verset :

Donne le repos éternel, Seigneur, et la lumière perpétuelle à cet homme qui n'eut jamais vaillant plat ni écuelle, ni même brin de persil.

On le rasa, tête, barbe et sourcils, comme un navet qu'on rase ou pèle. Donne-lui le repos éternel, Seigneur, et la lumière perpétuelle.

RIGUEUR LE TRANSMIT EN EXIL
ET LUI FRAPPA AU CUL LA PELLE,
NONOBSTANT QU'IL DÎT : « J'EN APPELLE ! »
QUI N'EST PAS TERME TROP SUBTIL.

(REPOS ÉTERNEL DONNE À CIL,
SIRE, ET CLARTÉ PERPÉTUELLE,
QUI VAILLANT PLAT NI ÉCUËLLE
1903 N'OT ONCQUES, N'UN BRIN DE PERSIL.

Rigueur l'envoya en exil et lui donna au cul un coup
de pelle, encore qu'il eût dit : « J'en appelle ! », ce qui
n'est pas une formule bien maligne.

Donne le repos éternel, Seigneur, et la lumière perpé-
tuelle à cet homme qui n'eut jamais vaillant plat ni
écuelle, ni même un brin de persil.

CLXXVIII

Item, je veux qu'on sonne à branle
Le gros beffroi qui est de verre,
Combien qu'il n'est cœur qui ne tremble
1907 Quand de sonner est à son erre.
Sauvé a mainte belle terre,
Le temps passé, chacun le sait :
Fussent gens d'armes ou tonnerre,
1911 Au son de lui tout mal cessoit.

CLXXIX

Les sonneurs auront quatre miches,
Et se c'est peu, demi-douzaine ;
Autant n'en donnent les plus riches,
1915 Mais ils seront de saint Étienne.
Volant est homme de grand peine :
L'un en sera ; quand j'y regarde,
Il en vivra une semaine.
1919 Et l'autre ? Au fort, Jean de la Garde.

CLXXX

Pour tout ce fournir et parfaire,
J'ordonne mes exécuteurs,
Auxquels fait bon avoir affaire
1923 Et contentent bien leurs detteurs.
Ils ne sont pas mout grands vanteurs,
Et ont bien de quoi, Dieu merci !
De ce fait seront directeurs.
1927 Écris : je t'en nommerai six.

Item, je veux qu'on sonne à la volée le gros bourdon
qui est de verre, bien qu'il ne soit cœur qui ne tremble
quand il est en train de sonner. Il a sauvé beaucoup de
belles terres au temps passé, chacun le sait : qu'il
s'agît de soudards ou de tonnerre, dès qu'il sonnait,
tout mal cessait.

Les sonneurs auront quatre miches et, si c'est peu,
une demi-douzaine : les plus riches n'en donnent pas
autant ; mais ce seront des pains de saint Étienne.
Volant est très dur à la tâche : il sera l'un d'eux ; à
bien y réfléchir, il en vivra toute une semaine. Et l'au-
tre ? Eh bien, Jean de la Garde.

Pour accomplir et parfaire ce testament, je désigne
mes exécuteurs, gens à qui il fait bon avoir affaire et
qui satisfont leurs créanciers. Ce ne sont pas très
grands vantards et ils ont bien de quoi, Dieu merci !
Ils dirigeront cette affaire. Écris : je t'en nommerai six.

CLXXXI

C'est maître Martin Bellefaye,
Lieutenant du cas criminel.
Qui sera l'autre ? J'y pensoie :
1931 Ce sera sire Colombel ;
S'il lui plaît et il lui est bel,
Il entreprendra cette charge.
Et l'autre ? Michel Jouvenel.
1935 Ces trois seuls, et pour tout, j'en charge.

CLXXXII

Mais, ou cas qu'ils s'en excusassent,
En redoutant les premiers frais,
Ou totalement refusassent,
1939 Ceux qui s'ensuivent ci-après
Institue, gens de bien très :
Philippe Brunel, noble écuyer,
Et l'autre ? Son voisin d'emprès,
1943 Si est maître Jacques Raguier.

CLXXXIII

Et l'autre ? Maître Jacques James :
Trois hommes de bien et d'honneur,
Désirant de sauver leurs âmes
1947 Et doutant Dieu Notre Seigneur.
Plus tôt y meteront du leur
Que cette ordinaire ne baillent ;
Point n'auront de contreroleur,
1951 Mais à leur seul plaisir en taillent.

C'est maître Martin Bellefaye, lieutenant de la juridiction criminelle. Qui sera le deuxième ? J'y réfléchissais : ce sera messire Colombel ; si cela lui plaît et lui convient, il assumera cette charge. Et l'autre ? Michel Jouvenel. Ces trois-là seulement, je les charge de tout.

Mais, s'ils s'en excusaient dans la crainte des premiers frais, ou qu'ils refusent totalement, je choisis ceux dont les noms suivent, qui sont des gens très honorables : Philippe Brunel, noble écuyer, et le second ? son proche voisin, à savoir maître Jacques Raguier.

Et l'autre ? Maître Jacques James. Trois hommes de bien et d'honneur, qui désirent sauver leurs âmes et redoutent Dieu Notre-Seigneur. Ils y mettront plutôt du leur que de ne pas donner cet ordinaire. Il n'auront point de contrôleur, mais qu'ils décident selon leur seul plaisir.

CLXXXIV

Des testaments qu'on dit le Maître
De mon fait n'aura *quy* ne *quot*,
Mais ce fera un jeune prêtre
1955 Qui est nommé Thomas Tricot.
Volontiers busse à son écot,
Et qu'il me coûtât ma cornette ;
S'il sût jouer en un tripot,
1959 Il eût de moi Le Trou Perrette.

CLXXXV

Quant au regard du luminaire,
Guillaume du Ru j'y commets.
Pour porter les coins du suaire,
1963 Aux exécuteurs le remets.
Trop plus me font mal qu'oncques mais
Barbe, cheveux, pénil, sourcils.
Mal me presse, temps désormais
1967 Que crie à toutes gens mercis.

Celui qu'on appelle le Maître des testaments n'aura,
de ma succession, quoi que ce soit, mais un jeune
prêtre s'en occupera, qui est nommé Thomas Tricot.
Je boirais volontiers à son compte, dussé-je y laisser
ma cornette ; s'il savait jouer dans un jeu de paume, il
aurait eu de moi *Le Trou Perrette*.

En ce qui concerne l'éclairage, j'y prépose Guillaume
du Ru. Pour porter les coins du suaire, je m'en remets
aux exécuteurs. Bien plus que jamais me font mal
barbe, cheveux, pénis, sourcils. La douleur me presse,
il est temps désormais que je crie à toutes gens merci.

BALLADE DE MERCI

À Chartreux et à Célestins,
À Mendïants et à Dévotes,
À musards et claquepatins,
1971 À servants et filles mignottes
Portants surcots et justes cottes,
À cuidereaux d'amour transis,
Chaussant sans méhaing fauves bottes,
1975 Je crie à toutes gens mercis.

À fillettes montrant tétins
Pour avoir plus largement hôtes,
À ribleurs, meuveurs de hutins,
1979 À bateleurs trayant marmottes,
À fous, folles, à sots, à sottes,
Qui s'en vont sifflant six à six
À vessies et marïottes,
1983 Je crie à toutes gens mercis,

À Chartreux et à Célestins, à Mendiants et à Dévotes,
à flâneurs et claqueurs de patins, à valets et filles de
joie portant tuniques et cottes moulantes, à blancs-
becs se mourant d'amour, qui chaussent sans gémir
des bottes fauves, je crie à toutes gens merci.

À filles montrant leurs tétons pour avoir plus de
clients, à voleurs, à fauteurs de tapage, à bateleurs
montrant des guenons, à fous et folles, à sots et sottes,
qui s'en vont sifflant six par six avec des vessies et des
marottes, je crie à toutes gens merci,

Sinon aux traîtres chiens mâtins
Qui m'ont fait ronger dures crôtes,
Mâcher maints soirs et maints matins,
1987 Que ores je ne crains trois crottes.
Je fisse pour eux pets et rottes ;
Je ne puis, car je suis assis.
Au fort, pour éviter rïottes,
1991 Je crie à toutes gens mercis.

Qu'on leur froisse les quinze côtes
De gros maillets forts et massis,
De plombées et tels pelotes !
1995 Je crie à toutes gens mercis.

hehe

sauf aux traîtres chiens mâtins qui m'ont fait ronger
de dures croûtes, mâcher maints soirs et maints
matins, aujourd'hui je les crains moins que trois
crottes. Je ferais bien pour eux des pets et des rots ; je
ne puis, car je suis assis. Bref, pour éviter des que-
relles, je crie à toutes gens merci.

Qu'on leur brise leurs quinze côtes avec de gros mail-
lets robustes et massifs, avec des massues plombées et
des boules de même sorte ! Je crie à toutes gens merci.

BALLADE FINALE

Ici se clôt le testament
Et finit du pauvre Villon.
Venez à son enterrement,
1999 Quand vous orrez le carillon,
Vêtus rouge com vermillon,
Car en amour mourut martyr :
Ce jura-il sur son couillon
2003 Quand de ce monde vout partir.

Et je crois bien que pas n'en ment,
Car chassé fut comme un souillon
De ses amours haineusement,
2007 Tant que, d'ici à Roussillon,
Brosses n'y a ne brossillon
Qui n'eût, ce dit-il sans mentir,
Un lambeau de son cotillon,
2011 Quand de ce monde vout partir.

Ici se clôt et s'achève le testament du pauvre Villon.
Venez à son enterrement, quand vous entendrez le
carillon, vêtus de rouge vermillon, car il mourut
martyr d'amour : c'est ce qu'il jura sur ses couilles
quand il voulut quitter ce monde.

Et je crois bien qu'il ne ment pas, car il fut chassé
comme un laquais par son amour, haineusement, tant
que d'ici jusqu'à Roussillon, il n'y a broussailles ni
buisson qui n'aient eu, il le dit sans mentir, un lam-
beau de son cotillon, quand il voulut quitter ce
monde.

Il est ainsi et tellement :
Quand mourut, n'avoit qu'un haillon ;
Qui plus, en mourant, malement
2015 L'époignoit d'Amour l'aiguillon ;
Plus aigu que le ranguillon
D'un baudrier lui faisoit sentir
(C'est de quoi nous émerveillon)
2019 Quand de ce monde vout partir.

Prince, gent comme émerillon,
Sachez qu'il fit au départir :
Un trait but de vin morillon,
2023 Quand de ce monde vout partir.

Il en est ainsi exactement : quand il mourut, il n'avait
plus qu'un haillon ; qui plus est, au moment de
mourir, cruellement le poignait l'aiguillon d'Amour,
qui lui faisait sentir une douleur plus vive que l'ar-
dillon d'un baudrier (c'est de quoi nous nous émer-
veillons) quand il voulut quitter ce monde.

Prince, élégant comme émerillon, sachez ce qu'il fit en
s'en allant : il but un coup de gros vin rouge, quand il
voulut quitter ce monde.

POÉSIES DIVERSES

I

BALLADE
DE BON CONSEIL

Hommes faillis, bertaudés de raison,
Dénaturés et hors de connoissance,
Démis du sens, comblés de déraison,
Fous abusés, pleins de déconnoissance,
5 Qui procurez contre votre naissance,
Vous soumettant à détestable mort
Par lâcheté, las ! que ne vous remord
L'horribleté qui à honte vous mène ?
Voyez comment maint jeunes homs est mort
10 Par offenser et prendre autrui demaine.

Hommes faillis, dépourvus de raison, dénaturés, privés de connaissance, démunis de bon sens, comblés de déraison, fous égarés, tout remplis d'ignorance, qui agissez contre votre naissance, vous soumettant à une détestable mort par lâcheté, hélas ! n'avez-vous pas remords de l'horrible conduite qui vous mène à la honte ? Voyez comment est mort plus d'un jeune homme pour avoir attaqué et pris le bien d'autrui.

Chacun en soi voie sa méprison !
Ne nous vengeons, prenons en patïence ;
Nous connoissons que ce monde est prison
Aux vertueux franchis d'impatïence.
15 Battre, rouiller pour ce n'est pas scïence,
Tollir, ravir, piller, meurtrir à tort :
De Dieu ne chaut, trop de verté se tort
Qui en tels faits sa jeunesse démène,
Dont à la fin ses poings doloreux tord,
20 Par offenser et prendre autrui demaine.

Que vaut piper, flatter, rire en traison,
Quêter, mentir, affirmer sans fiance,
Farcer, tromper, artifier poison,
Vivre en péché, dormir en défiance
25 De son prouchain sans avoir confiance ?
Pour ce conclus : de biens faisons effort,
Reprenons cœur, ayons en Dieu confort ;
Nous n'avons jour certain en la semaine ;
De nos maux ont nos parents le ressort
30 Par offenser et prendre autrui demaine.

Vivons en paix, exterminons discord ;
I eunes et vieux, soyons tous d'un accord :
La loi le veut, l'apôtre le ramène
Licitement en l'épître romaine ;
35 Ordre nous faut, état ou aucun port.
Notons ces points ; ne laissons le vrai port
Par offenser et prendre autrui demaine.

Que chacun en soi voie son erreur ! Ne nous vengeons pas, supportons avec patience : nous savons que ce monde est prison pour les hommes vertueux affranchis d'impatience. Donc, pas de sagesse à frapper, rosser, prendre, ravir, piller, tuer à tort : il méconnaît Dieu, manque à la vérité, celui qui agit ainsi en sa jeunesse, et finit par se tordre les poings de douleur, pour avoir attaqué et pris le bien d'autrui.

Que vaut tricher, flatter, rire en trahissant, quêter, mentir, affirmer sans bonne foi, bouffonner, tromper, préparer du poison, vivre dans le péché, dormir sans se fier à son prochain, sans avoir confiance ? Je conclus donc : efforçons-nous au bien, reprenons courage, confortons-nous en Dieu ; nous n'avons pas jour assuré dans la semaine. De nos méfaits, nos parents se ressentent, pour avoir attaqué et pris le bien d'autrui.

Vivons en paix, détruisons la discorde ; jeunes et vieux, soyons tous d'accord : la loi de Dieu le veut, l'Apôtre le rappelle à juste titre dans l'Épître aux Romains ; il nous faut une règle, un état, un refuge. Notons ces points, ne renonçons pas au vrai port pour avoir attaqué et pris le bien d'autrui.

II

BALLADE DES PROVERBES

Tant gratte chèvre que mal gît,
Tant va le pot à l'eau qu'il brise,
Tant chauffe-on le fer qu'il rougit,
4 Tant le maille-on qu'il se débrise,
Tant vaut l'homme comme on le prise,
Tant s'élogne-il qu'il n'en souvient,
Tant mauvais est qu'on le déprise,
8 Tant crie-l'on Noël qu'il vient.

Tant parle-on qu'on se contredit,
Tant vaut bon bruit que grâce acquise,
Tant promet-on qu'on se dédit,
12 Tant prie-on que chose est acquise,
Tant plus est chère et plus est quise,
Tant la quiert-on qu'on y parvient,
Tant plus commune et moins requise,
16 Tant crie-l'on Noël qu'il vient.

Tant gratte la chèvre qu'elle est mal couchée, tant va
le pot à l'eau qu'il se brise, tant chauffe-t-on le fer
qu'il rougit, tant le martèle-t-on qu'il éclate, tant vaut
l'homme comme on le prise, tant s'éloigne-t-il qu'on
l'oublie, tant est-il mauvais qu'on le méprise, tant
crie-t-on Noël qu'il vient.

Tant parle-t-on qu'on se contredit, tant vaut bon
renom que faveur acquise, tant promet-on qu'on se
dédit, tant prie-t-on qu'on obtient la chose, tant est-
elle plus chère et tant plus recherchée, tant la recher-
che-t-on qu'on y parvient, tant est-elle plus commune
et tant moins désirée, tant crie-t-on Noël qu'il vient.

Tant aime-on chien qu'on le nourrit,
Tant court chanson qu'elle est apprise,
Tant garde-on fruit qu'il se pourrit,
20 Tant bat-on place qu'elle est prise,
Tant tarde-on que faut l'entreprise,
Tant se hâte-on que mal advient,
Tant embrasse-on que chet la prise,
24 Tant crie-l'on Noël qu'il vient.

Tant raille-on que plus on n'en rit,
Tant dépent-on qu'on n'a chemise,
Tant est-on franc que tout s'y frit,
28 Tant vaut « Tiens ! » que chose promise,
Tant aime-on Dieu qu'on fuit l'Église,
Tant donne-on qu'emprunter convient,
Tant tourne vent qu'il chet en bise,
32 Tant crie-l'on Noël qu'il vient.

Prince, tant vit fol qu'il s'avise,
Tant va-il qu'après il revient,
Tant le mate-on qu'il se ravise,
36 Tant crie-l'on Noël qu'il vient.

Tant aime-t-on un chien qu'on le nourrit, tant court
une chanson qu'elle est apprise, tant garde-t-on un
fruit qu'il pourrit, tant bombarde-t-on une place
qu'elle est prise, tant tarde-t-on que l'entreprise
échoue, tant se hâte-t-on que les choses tournent mal,
tant prend-on dans ses bras que tombe la prise, tant
crie-t-on Noël qu'il vient.

Tant raille-t-on qu'on ne rit plus, tant dépense-t-on
qu'on n'a plus de chemise, tant est-on généreux que
tout y passe, tant vaut un « Tiens » qu'une promesse,
tant aime-t-on Dieu qu'on fuit l'Église, tant donne-
t-on qu'on doit emprunter, tant tourne le vent qu'il
change en bise, tant crie-t-on Noël qu'il vient.

Prince, tant vit le fou qu'il devient sage, tant va-t-il
qu'ensuite il revient, tant le corrige-t-on qu'il s'assagit,
tant crie-t-on Noël qu'il vient.

III

BALLADE
DES MENUS PROPOS

Je connois bien mouches en lait,
Je connois à la robe l'homme,
Je connois le beau temps du laid,
4 Je connois au pommier la pomme,
Je connois l'arbre à voir la gomme,
Je connois quand tout est de mêmes,
Je connois qui besogne ou chomme,
8 Je connois tout, fors que moi-mêmes.

Je connois pourpoint au collet,
Je connois le moine à la gonne,
Je connois le maître au valet,
12 Je connois au voile la nonne,
Je connois quand pipeur jargonne,
Je connois fous nourris de crèmes,
Je connois le vin à la tonne,
16 Je connois tout, fors que moi-mêmes.

Je reconnais les mouches dans le lait, je reconnais à
ses vêtements l'homme, je reconnais le beau temps et
le mauvais, je reconnais au pommier la pomme, je
reconnais l'arbre à voir sa gomme, je reconnais quand
tout se ressemble, je reconnais qui travaille ou qui
chôme, je reconnais tout, sauf moi-même.

Je reconnais le pourpoint d'après le collet, je reconnais
le moine à sa robe, je reconnais le maître à son valet,
je reconnais à son voile la nonne, je reconnais quand
un trompeur jargonne, je reconnais les fous nourris de
fromage, je reconnais le vin au tonneau, je reconnais
tout, sauf moi-même.

Je connois cheval et mulet,
Je connois leur charge et leur somme,
Je connois Biatris et Belet,
20 Je connois jet qui nombre et somme,
Je connois visïon et somme,
Je connois la faute des Boemes,
Je connois le pouvoir de Rome,
24 Je connois tout, fors que moi-mêmes.

Prince, je connois tout en somme,
Je connois coulourés et blêmes,
Je connois mort qui tout consomme,
28 Je connois tout, fors que moi-mêmes.

Je reconnais un cheval et un mulet, je reconnais leur charge et leur fardeau, je reconnais Béatrice et Isabelle, je reconnais le jeton qui additionne et totalise, je reconnais la vision et le sommeil, je reconnais l'hérésie des Bohémiens, je reconnais l'autorité de Rome, je reconnais tout, sauf moi-même.

Prince, je reconnais donc tout, je reconnais les gens qui ont des couleurs et les blêmes, je reconnais la Mort qui met un terme à tout, je reconnais tout, sauf moi-même.

IV

BALLADE
DES CONTRE-VÉRITÉS

Il n'est soin que quand on a faim,
Ne service que d'ennemi,
Ne mâcher qu'un botel de fain,
4 Ne fort guet que d'homme endormi,
Ne clémence que félonie,
N'assurance que de peureux,
Ne foi que d'homme qui renie,
8 Ne bien conseillé qu'amoureux.

Il n'est engendrement qu'en boin,
Ne bon bruit que d'homme banni,
Ne ris qu'après un coup de poing,
12 Ne lotz que dettes mettre en ni,
Ne vraie amour qu'en flatterie,
N'encontre que de malheureux,
Ne vrai rapport que menterie,
16 Ne bien conseillé qu'amoureux.

Il n'est de zèle que quand on a faim, de service que d'ennemi, de repas que d'une botte de foin, de guet sérieux que d'homme endormi, de clémence que cruelle, de courage que de poltrons, de loyauté que de renégat, et d'homme de bon sens qu'amoureux.

Il n'est d'engendrement qu'au bain, de bon renom que de proscrit, de rire qu'après un coup de poing, de crédit qu'en niant ses dettes, de vraie affection que dans la flatterie, de bonne rencontre que d'un malheureux, d'avis vrai que dans le mensonge, et d'homme de bon sens qu'amoureux.

Ne tel repos que vivre en soin,
N'honneur porter que dire : « Fi ! »,
Ne soi vanter que de faux coin,
20 Ne santé que d'homme bouffi,
Ne haut vouloir que couardie,
Ne conseil que de furïeux,
Ne douceur qu'en femme étourdie,
24 Ne bien conseillé qu'amoureux.

Voulez-vous que verté vous die ?
Il n'est jouer qu'en maladie,
Lettre vraie qu'en tragédie,
28 Lâche homme que chevalereux,
Orrible son que mélodie,
Ne bien conseillé qu'amoureux.

Il n'est si bon repos que dans le souci, de marque d'honneur qu'en disant : « Fi ! », de vantardise que pour la fausse monnaie, de santé que chez un bouffi, de haute volonté que dans la couardise, de sagesse qu'en un fou furieux, de douceur qu'en femme violente, et d'homme de bon sens qu'amoureux.

Voulez-vous que je vous dise la vérité ? Il n'est de jeu qu'en maladie, de récit vrai qu'en tragédie, d'homme lâche que chevaleresque, d'horrible son qu'en mélodie, et d'homme de bon sens qu'amoureux.

V

BALLADE
CONTRE LES ENNEMIS
DE LA FRANCE

Rencontré soit des bêtes feu jetant
Que Jason vit, quérant la Toison d'or ;
Ou transmué d'homme en bête sept ans
Ainsi que fut Nabugodonosor ;
Ou il ait guerre et perte aussi vilaine
6 Que Troies ot pour la prise d'Hélène ;
Ou mis de fait soit avec Tantalus
Et Proserpine aux infernaux palus ;
Ou plus que Job soit en grieve souffrance,
Tenant prison en la tour Dedalus,
11 Qui mal voudroit au royaume de France !

Quatre mois soit en un vivier chantant,
La tête au fond, ainsi que le butor ;
Ou au grand Turc vendu deniers comptants,
Pour être mis au harnais comme un tor ;
Ou trente ans soit, comme la Magdelaine,
17 Sans drap vêtir de linge ne de laine ;
Ou soit noyé comme fut Narcissus,
Ou aux cheveux, comme Absalon, pendus,
Ou, comme fut Judas, par Despérance ;
Ou puist périr comme Simon Magus,
22 Qui mal voudroit au royaume de France !

Qu'il rencontre les bêtes crachant le feu que vit Jason lorsqu'il conquit la Toison d'or, ou soit changé en bête pour sept ans comme le fut Nabuchodonosor, ou qu'il subisse guerre et perte aussi affreuses que Troie pour le rapt d'Hélène, ou qu'il soit plongé avec Tantale et Proserpine dans les marais infernaux, ou qu'il souffre plus durement que Job, prisonnier dans la tour de Dédale, celui qui voudrait du mal au royaume de France !

Qu'il chante quatre mois dans un vivier la tête sous l'eau, tel le butor, ou soit vendu au grand Turc au comptant, pour être mis sous le joug comme un taureau, ou qu'il reste trente ans, comme la Madeleine, sans vêtir habit de lin ou de laine, ou soit noyé comme Narcisse, ou pendu par les cheveux comme Absalon, ou comme Judas, poussé par le désespoir, ou qu'il périsse comme Simon le Mage, celui qui voudrait du mal au royaume de France !

D'Octovïen puist revenir le temps :
C'est qu'on lui coule au ventre son trésor ;
Ou qu'il soit mis entre meules flottant
En un moulin, comme fut saint Victor ;
Ou transglouti en la mer, sans haleine,
28 Pis que Jonas ou corps de la baleine ;
Ou soit banni de la clarté Phébus,
Des biens Juno et du soulas Vénus,
Et du dieu Mars soit pugni à outrance,
Ainsi que fut roi Sardanapalus,
33 Qui mal voudroit au royaume de France !

Prince, porté soit des serfs Eolus
En la forêt où domine Glaucus,
Ou privé soit de paix et d'espérance,
Car digne n'est de posséder vertus
38 Qui mal voudroit au royaume de France !

Que puisse revenir le temps d'Octovien ; qu'on lui fasse couler son trésor dans le ventre, ou qu'il soit mis entre des meules à tourner, dans un moulin, comme saint Victor, ou englouti en mer, sans pouvoir respirer, plus mal que Jonas dans le corps de la baleine, ou banni de la lumière de Phœbus, des biens de Junon et des plaisirs de Vénus, et subisse du dieu Mars les dernières rigueurs, ainsi qu'il advint au roi Sardanapale, celui qui voudrait du mal au royaume de France !

Prince, qu'il soit porté par les serviteurs d'Éole dans la forêt que gouverne Glaucus, ou soit privé de paix et d'espérance, car il n'est pas digne de faveurs, celui qui voudrait du mal au royaume de France !

VI

RONDEAU

Jenin l'Avenu,
Va-t'en aux étuves,
Et toi là venu,
4 Jenin l'Avenu,

Si te lave nu
Et te baigne ès cuves.
Jenin l'Avenu,
8 Va-t'en aux étuves.

Jenin l'Avenu, va-t'en aux étuves, et toi là venu, Jenin l'Avenu,

alors lave-toi nu et baigne-toi dans les cuves. Jenin l'Avenu, va-t'en aux étuves.

VII

BALLADE
DU CONCOURS DE BLOIS

Je meurs de seuf auprès de la fontaine,
Chaud comme feu, et tremble dent à dent ;
En mon pays suis en terre lointaine ;
Lez un brasier frissonne tout ardent ;
5 Nu comme un ver, vêtu en président,
Je ris en pleurs et attends sans espoir ;
Confort reprends en triste désespoir ;
Je m'éjouis et n'ai plaisir aucun ;
Puissant je suis sans force et sans pouvoir,
10 Bien recueilli, débouté de chacun.

Rien ne m'est sûr que la chose incertaine ;
Obscur fors ce qui est tout évident ;
Doute ne fais fors en chose certaine ;
Scïence tiens à soudain accident ;
15 Je gagne tout et demeure perdant ;
Au point du jour dis : « Dieu vous doint bon soir ! »
Gisant envers, j'ai grand paour de choir ;
J'ai bien de quoi et si n'en ai pas un ;
Échoite attends et d'homme ne suis hoir,
20 Bien recueilli, débouté de chacun.

Je meurs de soif auprès de la fontaine, chaud comme le feu, je claque des dents ; dans mon pays je suis en terre étrangère ; près d'un brasier, je frissonne brûlant ; nu comme un ver, vêtu en président, je ris en pleurs et attends sans espoir ; je me réconforte au fond du désespoir ; je me réjouis et n'ai aucun plaisir ; puissant, je n'ai ni force ni pouvoir, bien accueilli, repoussé par chacun.

Rien ne m'est sûr que la chose incertaine, obscur que ce qui est tout à fait évident ; je ne doute que de chose certaine ; je tiens la science pour accident fortuit ; je gagne tout et demeure perdant ; au point du jour, je dis : « Bonsoir ! » étendu sur le dos, j'ai grand-peur de tomber ; j'ai bien de quoi sans posséder un sou ; j'attends un legs sans être héritier, bien accueilli, repoussé par chacun.

De rien n'ai soin, si mets toute m'ataine
D'acquérir biens et n'y suis prétendant ;
Qui mieux me dit, c'est cil qui plus m'ataine,
Et qui plus vrai, lors plus me va bourdant ;
25 Mon ami est qui me fait entendant
D'un cygne blanc que c'est un corbeau noir ;
Et qui me nuit, crois qu'il m'aide à pourvoir ;
Bourde, verté, aujourd'hui m'est tout un ;
Je retiens tout, rien ne sais concevoir,
30 Bien recueilli, débouté de chacun.

Prince clément, or vous plaise savoir
Que j'entends mout et n'ai sens ne savoir :
Partïal suis, à toutes lois commun.
Que sais-je plus ? Quoi ! Les gages ravoir,
35 Bien recueilli, débouté de chacun.

Je n'ai souci de rien, malgré tous mes efforts pour
acquérir des biens sans y prétendre ; qui parle le
mieux m'offense le plus, et le plus véridique est pour
moi le plus menteur ; mon ami est celui qui me fait
croire qu'un cygne blanc est un corbeau noir ; et celui
qui me nuit, je crois qu'il m'assiste ; mensonge, vérité,
aujourd'hui c'est pour moi tout un ; je retiens tout,
sans rien concevoir, bien accueilli, repoussé par
chacun.

Prince clément, plaise à vous de savoir que je
comprends tout et n'ai sens ni savoir : je suis d'un
parti, et de l'avis de tous. Que sais-je le mieux ? Quoi !
Reprendre mes gages, bien accueilli, repoussé par
chacun.

VIII

ÉPÎTRE
À MARIE D'ORLÉANS
OU
LE DIT DE LA NAISSANCE DE MARIE D'ORLÉANS

Jam nova progenies celo demittitur alto.

   Ô louée conceptïon,
   Envoyée ça jus des cieux,
   Du noble lys digne scïon,
4 Don de Jésus très précïeux,
   MARIE, nom très gracïeux,
   Font de pitié, source de grâce,
   La joie, confort de mes yeux,
8 Qui notre paix bâtit et brasse !

Ô glorieux fruit de la conception, envoyé des cieux
ici-bas, du noble lis digne rejeton, don de Jésus très
précieux, MARIE, nom plein de grâce, fontaine de
pitié, source de grâce, joie et réconfort de mes yeux,
qui bâtit et prépare notre paix !

La paix, c'est assavoir des riches,
Des pauvres le sustentement,
Le rebours des félons et chiches,
12 Très nécessaire enfantement,
Conçu, porté honnêtement
— Hors le péché originel, —
Que dire je puis saintement
16 Souvrain bien de Dieu éternel !

Nom recouvré, joie de peuple,
Confort des bons, des maux retraite ;
Du doux seigneur première et seule
20 Fille de son clair sang extraite,
Du dêtre côté Clovis traite ;
Glorïeuse image en tous faits,
Ou haut ciel créée et pourtraite
24 Pour éjouïr et donner paix !

En l'amour et crainte de Dieu
Ès nobles flancs César conçue,
Des petits et grands en tout lieu
28 À très grande joie reçue,
De l'amour Dieu traite, tissue
Pour les discordés rallïer
Et aux enclos donner issue,
32 Leurs lïens et fers délïer.

À savoir la paix des puissants, la subsistance pour les pauvres, le contraire pour les cruels et les avares, très nécessaire enfant, conçu, porté honnêtement hors du péché originel, que je puis dignement nommer le souverain bien du Dieu éternel !

Nom retrouvé, joie du peuple, réconfort des bons, refuge contre les méchants, du doux seigneur première et seule fille extraite de son illustre sang, sortie du côté droit de Clovis, glorieuse figure en tout, créée et façonnée au plus haut des cieux pour remplir de joie et donner la paix !

Conçue en l'amour et en la crainte de Dieu dans les nobles flancs de César, des petits et des grands partout accueillie avec une très grande joie, tirée et formée de l'amour de Dieu pour réconcilier les gens en discorde et libérer les prisonniers, les délivrer de leurs liens et de leurs fers.

Aucunes gens, qui bien peu sentent,
Nourris en simplesse et confits,
Contre le vouloir Dieu attentent,
36 Par ignorance déconfits,
Désirant que fussiez un fils ;
Mais qu'ainsi soit, ainsi m'aist Dieux,
Je crois que ce soit grands proufits.
40 Raison : Dieu fait tout pour le mieux.

Du Psalmiste je prends les dits :
Delectasti me, Domine,
In factura tua, si dis :
44 Noble enfant, de bonne heure né,
À toute douceur destiné,
Manne du ciel, céleste don,
De tous bienfaits le guerdonné
48 Et de nos maux le vrai pardon !

Certaines gens de peu de sens, élevés et confits dans la simplesse, mettent en cause la volonté de Dieu lorsque, égarés par l'ignorance, ils voudraient que vous ayez été un fils ; mais que la réalité soit telle, par Dieu, je crois que c'est une grande chance. Pourquoi ? Dieu fait tout pour le mieux.

Du Psalmiste je reprends les propos : *Tu m'as réjoui, Seigneur, par ce que tu as fait,* et je dis : noble enfant, né sous bonne étoile, voué à n'être que douceur, manne du ciel, céleste don, la récompense de toutes les bonnes actions et le vrai pardon de nos fautes !

DOUBLE BALLADE

Combien que j'ai lu en un dit :
Inimicum putes, y a,
Qui te presentem laudabit,
52 Toutefois, nonobstant cela,
Oncques vrai homme ne cela
En son courage aucun grand bien,
Qui ne le montrât çà et là :
56 On doit dire du bien le bien.

Saint Jean Baptiste ainsi le fit,
Quand l'Agnel de Dieu décela ;
En ce faisant, pas ne méfit,
60 Dont sa voix ès tourbes vola ;
De quoi saint Andry Dieu loua,
Qui de lui si ne savoit rien,
Et au Fils de Dieu s'aloua :
64 On doit dire du bien le bien.

Bien que j'aie lu quelque part : *Considère comme ton ennemi*, est-il dit, *qui te louera en ta présence*, toutefois, malgré ce conseil, jamais homme véridique ne cacha en son cœur aucun grand bien sans le manifester çà et là : on doit dire du bien le bien.

C'est ce que fit saint Jean Baptiste en révélant l'Agneau de Dieu ; ce faisant, il ne commit pas de faute ; alors sa parole vola parmi les foules, amenant saint André à louer Dieu dont il ne savait rien et à se mettre au service du Fils : on doit dire du bien le bien.

Envoiée de Jésus Christ
Rappeler ça jus par deçà
Les pauvres que Rigueur proscrit
68 Et que Fortune bétourna,
Si sais bien comment il m'en va :
De Dieu, de vous, vie je tien.
Benoîte celle qui vous porta !
72 On doit dire du bien le bien.

Ci, devant Dieu, fais connoissance
Que créature fusse morte,
Ne fût votre douce naissance,
76 En charité puissant et forte,
Qui ressuscite et réconforte
Ce que Mort avoit pris pour sien ;
Votre présence me conforte :
80 On doit dire du bien le bien.

Ci vous rends toute obéïssance,
À ce faire Raison m'exhorte,
De toute ma pauvre puissance ;
84 Plus n'est deuil qui me déconforte,
N'autre ennui de quelconque sorte.
Vôtre je suis et non plus mien ;
À ce Droit et Devoir m'enhorte :
88 On doit dire du bien le bien.

Envoyée par Jésus-Christ pour rappeler ici-bas les
pauvres proscrits par la Rigueur et renversés par la
Fortune, je sais bien ce qu'il en est pour moi : de
Dieu, de vous, je tiens la vie. Bénie celle qui vous
porta ! on doit dire du bien le bien.

Ici, devant Dieu, je reconnais que j'aurais été perdu
sans votre douce naissance, riche et forte de charité,
qui ressuscite et ranime ce dont la Mort s'était
emparée. Votre présence me réconforte : on doit dire
du bien le bien.

Ici, je vous assure une parfaite obéissance — Raison
m'exhorte à le faire — de toute ma pauvre puissance.
Il n'est plus de douleur qui me décourage, ni d'autre
tourment d'aucune sorte. Je suis à vous, non plus à
moi. Justice et Devoir m'engagent à le dire : on doit
dire du bien le bien.

Ô grâce et pitié très immense,
L'entrée de paix et la porte,
Somme de bénigne clémence
92 Qui nos fautes tout et supporte,
Se de vous louer me déporte,
Ingrat suis, et je le maintien,
Dont en ce refrain me transporte :
96 On doit dire du bien le bien.

Princesse, ce los je vous porte,
Que sans vous je ne fusse rien.
À vous et à tous m'en rapporte :
100 On doit dire du bien le bien.

Œuvre de Dieu, digne, louée
Autant que nulle créature,
De tous biens et vertus douée,
104 Tant d'esperit, que de nature,
Que de ceux qu'on dit d'aventure,
Plus que rubis noble ou balais ;
Selon de Caton l'écriture,
108 *Patrem insequitur proles.*

Ô grâce et pitié sans limites, entrée et porte de la paix,
trésor de douce clémence, qui efface et supprime nos
fautes, si je renonce à vous louer, je suis un ingrat, et
le maintiens ; j'en reviens donc à ce refrain : on doit
dire du bien le bien.

Princesse, je vous adresse cette louange : sans vous, je
ne serais rien. Je m'en rapporte à vous et à tous : on
doit dire du bien le bien.

Œuvre digne de Dieu, louée autant qu'aucune créa-
ture, douée de toutes qualités et vertus, tant spiri-
tuelles, tant innées que de hasard, comme on les
appelle, plus noble que rubis ou balais ; selon la
maxime de Caton, *l'enfant suit les traces du père.*

Port assuré, maintien rassis
Plus que ne peut nature humaine,
Et eussiez des ans trente six ;
112 Enfance en rien ne vous démène.
Que jour ne le die et semaine,
Je ne sais qui le me défend.
À ce propos un dit ramène :
116 De sage mère sage enfant.

Dont résume ce que j'ai dit :
Nova progenies celo,
Car c'est du poète le dit,
120 *Jamjam demittitur alto.*
Sage Cassandre, belle Écho,
Digne Judith, caste Lucrèce,
Je vous connois, noble Dido,
124 À ma seule dame et maîtresse.

En priant Dieu, digne pucelle,
Qu'il vous doint longue et bonne vie ;
(Qui vous aime, ma damoiselle,
128 Ja ne coure sur lui envie !)
Entière dame et assouvie,
J'espoir de vous servir ainçois,
Certes, se Dieu plaît, que dévie
132 Votre pauvre écolier François.

Port assuré, air réfléchi plus que ne peut la nature
humaine, même si vous aviez trente-six ans ; l'enfance
en rien ne vous conduit. De le dire jour et semaine je
ne sais qui me le défendrait. À ce propos j'allègue un
dicton : à sage mère sage enfant.

Je reprends donc ce que j'ai dit : *Voici qu'une nouvelle
race,* affirme le poète, *nous est envoyée du haut des cieux.*
Sage Cassandre, belle Écho, digne Judith, chaste
Lucrèce, je vous reconnais, noble Didon, comme ma
seule dame et maîtresse.

En priant Dieu, digne jeune fille, qu'il vous donne
longue et bonne vie (sur qui vous aime, ma demoi-
selle, que jamais ne coure l'envie !), dame parfaite et
accomplie, j'espère vous servir, oui, vraiment, s'il plaît
à Dieu, avant que ne quitte la vie votre pauvre écolier
François.

IX

ÉPÎTRE À MES AMIS

Ayez pitié, ayez pitié de moi,
À tout le moins, s'il vous plaît, mes amis !
En fosse gis, non pas sous houx ne mai,
En cet exil ouquel je suis transmis
5 Par Fortune, comme Dieu l'a permis.
Filles aimant jeunes gens et nouveaux,
Danseurs, sauteurs, faisant les pieds de veaux,
Vifs comme dards, aigus comme aiguillon,
Gousiers tintant clair comme gastaveaux,
10 Le laisserez là, le pauvre Villon ?

Chantres chantant à plaisance, sans loi,
Galant, riant, plaisants en faits et dits,
Coureux allant francs de faux or, d'aloi,
Gens d'esperit, un petit étourdis,
15 Trop demourez, car il meurt entandis.
Faiseurs de lais, de motets et rondeaux,
Quand mort sera, vous lui ferez chaudeaux !
Où gît, il n'entre éclair ne tourbillon :
De murs épais on lui a fait bandeaux.
20 Le laisserez là, le pauvre Villon ?

Ayez pitié, ayez pitié de moi, à tout le moins, s'il vous plaît, mes amis ! Je couche en basse-fosse, non sous le houx ni l'arbre de mai, en cet exil où j'ai été transféré par Fortune, avec la permission de Dieu. Filles qui aimez les jeunes gens fringants, danseurs, sauteurs, faisant des cabrioles, vifs comme dards, subtils comme aiguillons, gosiers sonnant clair comme des grelots, le laisserez-vous là, le pauvre Villon ?

Chanteurs chantant pour le plaisir, sans règle, noceurs, rieurs, plaisants en faits et dits, qui courez et allez, sans or ni faux ni vrai, gens d'esprit, un peu légers, vous attendez trop, car il meurt entre-temps. Faiseurs de lais, de motets et de rondeaux, quand il sera mort, vous lui ferez des bouillons chauds ! Là où il couche, il n'entre éclair ni tourbillon : de murs épais on lui a fait des bandeaux. Le laisserez-vous là, le pauvre Villon ?

Venez le voir en ce piteux arroi,
Nobles hommes, francs de quart et de dix,
Qui ne tenez d'empereur ne de roi,
Mais seulement de Dieu de paradis ;
25 Jeûner lui faut dimanches et merdis,
Dont les dents a plus longues que râteaux ;
Après pain sec, non pas après gâteaux,
En ses boyaux verse eau à gros bouillon ;
Bas en terre, table n'a ne tréteaux.
30 Le laisserez là, le pauvre Villon ?

Princes nommés, ancïens, jouvenceaux,
Impétrez-moi grâces et royaux sceaux,
Et me montez en quelque corbillon.
Ainsi le font, l'un à l'autre, pourceaux,
35 Car, où l'un brait, ils fuient à monceaux.
Le laisserez là, le pauvre Villon ?

Venez le voir en ce piteux état, nobles hommes, exempts de quart comme de dîme, ne dépendant ni d'empereur ni de roi, mais seulement du Dieu de Paradis. Il lui faut jeûner les dimanches et les mardis ; ses dents en sont plus longues que râteaux ; sur du pain sec et non sur des gâteaux, en ses boyaux il verse eau à gros bouillon, à même le sol, sans table ni tréteaux. Le laisserez-vous là, le pauvre Villon ?

Princes nommés, vieux ou tout jeunes, obtenez-moi grâces et sceaux royaux et hissez-moi en quelque corbillon. Ainsi font l'un pour l'autre les pourceaux, car, où l'un crie, ils accourent en masse. Le laisserez-vous là, le pauvre Villon ?

X

REQUÊTE
À MONSEIGNEUR DE BOURBON

Le mien seigneur et prince redouté
Fleuron de lys, royale géniture,
François Villon, que Travail a dompté
À coups orbes, par force de bature,
5 Vous supplie par cette humble écriture
Que lui fassiez quelque graciëux prêt.
De s'obliger en toutes cours est prêt,
Si ne doutez que bien ne vous contente :
Sans y avoir dommage n'intérêt,
10 Vous n'y perdrez seulement que l'attente.

À prince n'a un denier emprunté,
Fors à vous seul, votre humble créature.
De six écus que lui avez prêté,
— Cela piéça il mit en nourriture, —
15 Tout se paiera ensemble, c'est droiture,
Mais ce sera légièrement et prêt ;
Car se de gland rencontre la forêt
D'entour Patay et châtaignes ont vente,
Payé vous tient sans délai ni arrêt :
20 Vous n'y perdrez seulement que l'attente.

Mon seigneur et prince redouté, fleur de lys, royal
rejeton, François Villon, que l'épreuve a dompté avec
des contusions, à force de le battre, vous supplie par
cet humble écrit de lui faire quelque généreux prêt. Il
est prêt à s'engager devant tous tribunaux, ne doutez
donc pas qu'il ne vous rembourse : sans y avoir dom-
mage ni préjudice, vous n'y perdrez seulement que
l'attente.

À prince il n'a jamais emprunté un denier sauf à vous
seul, votre humble créature. Des six écus que vous lui
avez prêtés — depuis longtemps dépensés en nourri-
ture — tout sera payé d'un coup, c'est justice, ce sera
même aisément et sous peu ; car, s'il rencontre la forêt
aux glands près de Patay et si les châtaignes se ven-
dent, il vous tient pour payé sans délai ni sursis : vous
n'y perdrez seulement que l'attente.

Si je pusse vendre de ma santé
À un Lombard, usurier par nature,
Faute d'argent m'a si fort enchanté
Qu'en prendroie, ce cuide, l'aventure.
25 Argent ne pends à gipon n'à ceinture.
Beau sire Dieu, je m'ébahis que c'est
Que devant moi croix ne se comparaît,
Sinon de bois ou pierre, que ne mente ;
Mais s'une fois la vraie s'apparaît,
30 Vous n'y perdrez seulement que l'attente.

Prince du lys, qui à tout bien complaît,
Que cuidez-vous comment il me déplaît,
Quand je ne puis venir à mon entente !
Bien m'entendez, aidez-moi, s'il vous plaît,
35 Vous n'y perdrez seulement que l'attente.

AU DOS DE LA LETTRE

Allez, lettres, faites un saut ;
Combien que n'ayez pied ni langue,
Remontrez en votre harangue
39 Que faute d'argent si m'assaut.

Si je pouvais vendre de ma santé à un Lombard, par
nature usurier, le manque d'argent m'a si fort ensor-
celé que j'en prendrais, je crois, le risque. Je ne porte
pas d'argent dans mon pourpoint ni ma ceinture.
Dieu, cher Seigneur, je me demande pourquoi n'ap-
paraît devant moi nulle croix, sinon de bois ou pierre,
sans mentir ; mais si une fois la vraie se manifeste,
vous n'y perdrez seulement que l'attente.

Prince du lis, qui à tout bien complaît, combien
croyez-vous qu'il me déplaise de ne pouvoir satisfaire
à mon désir ! Comprenez-moi, aidez-moi, s'il vous
plaît, vous n'y perdrez seulement que l'attente.

Allez, lettre, faites un saut : bien que vous n'ayez ni
pied ni langue, exposez en votre harangue combien le
manque d'argent m'accable.

XI

LE DÉBAT
DU CŒUR ET DU CORPS
DE VILLON

Qu'est ce que j'oi ? *Ce suis-je !* Qui ? *Ton cœur*
Qui ne tient mais qu'à un petit filet :
Force n'ai plus, substance ne liqueur,
Quand je te vois retrait ainsi seulet,
5 *Com pauvre chien tapi en reculet.*
Pour quoi est-ce ? *Pour ta folle plaisance.*
Que t'en chaut-il ? *J'en ai la déplaisance.*
Laisse-m'en paix. *Pour quoi ?* J'y penserai.
Quand sera-ce ? Quand serai hors d'enfance.
10 *Plus ne t'en dis.* Et je m'en passerai.

Que penses-tu ? Être homme de valeur.
Tu as trente ans ! C'est l'âge d'un mulet.
Est-ce enfance ? Nenni. *C'est donc foleur*
Qui te saisit ? Par où ? Par le collet.
15 *Rien ne connois.* Si fais. *Quoi ?* Mouche en lait :
L'un est blanc, l'autre noire, c'est la distance.
Est-ce donc tout ? Que veux-tu que je tance ?
Se n'est assez, je recommencerai.
Tu es perdu ! J'y mettrai résistance.
20 *Plus ne t'en dis.* Et je m'en passerai.

Qu'est-ce que j'entends ? *C'est moi !* Qui ? *Ton cœur
qui ne tient plus qu'à un petit fil : je n'ai plus de force, de
chair ni de sang, quand je te vois ainsi retiré, solitaire,
comme un pauvre chien tapi dans un recoin.* Pourquoi ?
À cause de ta folle vie de plaisir. Que t'importe ? *J'en ai
déplaisir.* Laisse-moi en paix. *Pourquoi ?* J'y penserai.
Quand donc ? Quand je serai sorti d'enfance. *Je ne t'en
dis pas plus.* Et je m'en passerai.

Que penses-tu ? *Être homme respectable. Mais tu as
trente ans.* C'est l'âge d'un mulet. *Est-ce encore
enfance ?* Non. *C'est donc la folie qui te saisit ?* Par où ?
Par le cou ? *Tu ne connais rien.* Mais si. *Quoi ?* Mouche
dans du lait. L'un est blanc, l'autre est noire, et c'est
la différence. *Est-ce donc tout ?* De quoi veux-tu que je
dispute ? Si ce n'est pas assez, je recommencerai. *Tu es
perdu !* J'y ferai résistance. *Je ne t'en dis pas plus.* Et je
m'en passerai.

J'en ai le deuil ; toi, le mal et douleur.
Se fusses un pauvre idiot et folet,
Encore eusses de t'excuser couleur :
Si n'as-tu soin, tout t'est un, bel ou laid.
25 Ou la tête as plus dure qu'un jalet,
    Ou mieux te plaît qu'honneur cette méchance !
    Que répondras à cette conséquence ?
    J'en serai hors quand je trépasserai.
    Dieu, quel confort ! Quelle sage éloquence !
30 *Plus ne t'en dis.* Et je m'en passerai.

    Dont vient ce mal ? Il vient de mon malheur :
    Quand Saturne me fit mon fardelet,
    Ces mots y mit, je le croi. *C'est foleur :*
    Son seigneur es, et te tiens son varlet.
35 *Vois que Salmon écrit en son rolet :*
    « Homme sage, ce dit-il, a puissance
    Sur planètes et sur leur influence. »
    Je n'en crois rien : tel qu'ils m'ont fait serai.
    Que dis-tu ? Da ! certes, c'est ma créance.
40 *Plus ne t'en dis.* Et je m'en passerai.

    Veux-tu vivre ? Dieu m'en doint la puissance !
    Il te faut... Quoi ? *Remords de conscïence,*
    Lire sans fin. En quoi ? *Lire en scïence,*
    Laisser les fous ! Bien j'y aviserai.
45 *Or le retiens !* J'en ai bien souvenance.
    N'attends pas tant que tourne à déplaisance !
    Plus ne t'en dis. Et je m'en passerai.

J'en ai chagrin, toi, malheur et souffrance. Si tu étais un pauvre ignorant et un sot, tu aurais alors un semblant d'excuse ; mais tu n'en as pas souci, tout t'est égal, beau et laid. Ou tu as la tête plus dure qu'un galet, ou plus qu'honneur te plaît ta misère : que répondras-tu à ce raisonnement ? Je serai hors d'affaire quand je trépasserai. *Dieu ! quelle assurance ! quelle sage éloquence ! Je ne t'en dis pas plus.* Et je m'en passerai.

D'où vient ce mal ? Il vient de ma malchance : quand Saturne a préparé mon fardeau, il y mit ses conditions, je crois. *C'est folie : tu es son maître, et te fais son valet. Vois ce que Salomon écrit en son livre : « Le sage, dit-il, a puissance sur les planètes et sur leur influence. »* Je n'en crois rien : tel qu'elles m'ont fait, je serai. *Que dis-tu ?* Oui-da, c'est ma croyance. *Je ne t'en dis pas plus.* Et je m'en passerai.

Veux-tu vivre ? Que Dieu m'en donne le pouvoir ! *Il te faut...* Quoi ? *Éprouver du remords, lire sans fin.* Quoi ? *Des livres de sagesse, laisser les fous.* J'y ferai attention. *Retiens-le donc.* J'en ai bien souvenir. *N'attends pas que les choses tournent mal ! Je ne t'en dis pas plus.* Et je m'en passerai.

XII

PROBLÈME
OU
BALLADE DE LA FORTUNE

Fortune fus par clercs jadis nommée,
Que toi, François, crie et nomme murtrière,
Qui n'es homme d'aucune renommée.
Meilleur que toi fais user en plâtrière,
Par pauvreté, et fouïr en carrière :
6 S'à honte vis, te dois-tu doncques plaindre ?
Tu n'es pas seul ; si ne te dois complaindre.
Regarde et vois de mes faits de jadis,
Maints vaillants homs par moi morts et roidis ;
Et n'es, ce sais, envers eux un souillon.
Apaise-toi, et mets fin en tes dits.
12 Par mon conseil prends tout en gré, Villon !

Contre grands rois me suis bien animée
Le temps qui est passé ça en arrière :
Priam occis et toute son armée,
Ne lui valut tour, donjon ne barrière.
Et Hannibal demoura-il derrière ?
18 En Carthage par Mort le fis atteindre ;
Et Scipïon l'Afriquan fis éteindre.
Jules César au Sénat je vendis ;
En Égypte Pompée je perdis.
En mer noyai Jason en un bouillon
Et une fois Rome et Romains ardis.
24 Par mon conseil prends tout en gré, Villon !

Fortune je fus jadis appelée par les clercs, toi, François, tu m'accuses et me nommes meurtrière, alors que tu n'as aucune renommée. De meilleurs que toi, je les fais s'épuiser en plâtrière, par pauvreté, et piocher dans des carrières : si tu vis dans la honte, dois-tu donc te plaindre ? Tu n'es pas seul, et ne dois pas te lamenter. Regarde et vois, dans mes actes de jadis, maints hommes de valeur, de mon fait, morts et raidis ; et, tu le sais, comparé à eux, tu n'es même pas un valet de cuisine. Calme-toi et tais-toi. Suis mon conseil : accepte tout, Villon !

Contre de grands rois je me suis enflammée au cours des siècles passés : j'ai tué Priam et toute son armée, sans que tour, donjon, enceinte lui aient servi. Et Hannibal, demeura-t-il en reste ? À Carthage je le fis atteindre par la Mort, et j'anéantis Scipion l'Africain. Je trahis Jules César dans le Sénat, en Égypte je perdis Pompée. Sur mer je noyai Jason en un tourbillon et un jour je brûlai Rome et les Romains. Suis mon conseil : accepte tout, Villon !

Alixandre, qui tant fit de hemée,
Qui voulut voir l'étoile poussinière,
Sa personne par moi fut envlimée ;
Alphasar roi, en champ, sur sa bannière
Rué jus mort. Cela est ma manière :
30 Ainsi l'ai fait, ainsi le maintiendrai,
Autre cause ne raison n'en rendrai.
Holofernes l'idolâtre maudis,
Qu'occit Judith (et dormoit entandis !)
De son poignard, dedans son pavillon ;
Absalon, quoi ? en fuyant le pendis.
36 Par mon conseil prends tout en gré, Villon !

Pour ce, François, écoute que te dis :
Se rien pusse sans Dieu de Paradis,
À toi n'autre ne demourroit haillon,
Car, pour un mal, lors j'en feroie dix.
41 Par mon conseil prends tout en gré, Villon !

D'Alexandre, qui fit tant de carnages et voulut voir l'étoile poussinière, j'ai fait empoisonner le corps ; le roi Arphaxad, en pleine bataille, je l'abattis mort sur sa bannière. Voilà ma manière : ainsi ai-je fait, ainsi continuerai-je, je ne donnerai d'autre motif, d'autre raison. J'ai voué au malheur l'idolâtre Holopherne, que tua Judith, pendant qu'il dormait, avec son poignard, dans sa tente. Absalon, eh bien ? comme il fuyait, je le pendis. Suis mon conseil : accepte tout, Villon !

Aussi, François, écoute une parole : si je pouvais quelque chose sans le Dieu de Paradis, à toi ni à personne haillon ne resterait, car, au lieu d'un méfait, alors j'en ferais dix. Suis mon conseil : accepte tout, Villon !

XIII

QUATRAIN

Je suis François, dont il me poise,
Né de Paris emprès Pontoise,
Et de la corde d'une toise
Saura mon col que mon cul poise.

Je suis François, cela me pèse, né à Paris, près de
Pontoise ; et par la corde d'une toise mon cou saura
ce que mon cul pèse.

XIV

L'ÉPITAPHE DE VILLON
EN FORME DE BALLADE

Frères humains qui après nous vivez,
N'ayez les cœurs contre nous endurcis,
Car, se pitié de nous pauvres avez,
Dieu en aura plus tôt de vous mercis.
5 Vous nous voyez ci attachés, cinq, six :
Quant de la chair que trop avons nourrie,
Elle est piéça dévorée et pourrie,
Et nous, les os, devenons cendre et poudre.
De notre mal personne ne s'en rie ;
10 Mais priez Dieu que tous nous veuille absoudre !

Se frères vous clamons, pas n'en devez
Avoir dédain, quoique fûmes occis
Par justice. Toutefois, vous savez
Que tous hommes n'ont pas bon sens rassis.
15 Excusez-nous, puisque sommes transis,
Envers le fils de la Vierge Marie,
Que sa grâce ne soit pour nous tarie,
Nous préservant de l'infernale foudre.
Nous sommes morts, âme ne nous harie,
20 Mais priez Dieu que tous nous veuille absoudre !

Frères humains qui après nous vivez, n'ayez pas les cœurs contre nous endurcis, car si vous avez pitié de nous, pauvres malheureux, Dieu en aura plus tôt de vous miséricorde. Vous nous voyez ici attachés, cinq, six : la chair que nous avons trop nourrie est depuis longtemps détruite et pourrie, et nous, les os, devenons cendre et poussière. Que de notre malheur personne ne se rie, mais priez Dieu que tous nous veuille absoudre !

Si nous vous appelons frères, vous ne devez pas en avoir du dépit, quoiqu'on nous ait tués par justice. Toutefois, vous savez que tous les hommes n'ont pas ferme raison. Excusez-nous, puisque nous sommes trépassés, auprès du fils de la Vierge Marie, afin que sa grâce ne soit pas pour nous tarie, et nous préserve de la foudre de l'Enfer. Nous sommes morts, que nul ne nous tourmente, mais priez Dieu que tous nous veuille absoudre !

La pluie nous a débués et lavés,
Et le soleil desséchés et noircis ;
Pies, corbeaux nous ont les yeux cavés,
Et arraché la barbe et les sourcils.
25 Jamais nul temps nous ne sommes assis :
Puis çà, puis là, comme le vent varie,
À son plaisir sans cesser nous charrie,
Plus becquetés d'oiseaux que dés à coudre.
Ne soyez donc de notre confrérie,
30 Mais priez Dieu que tous nous veuille absoudre !

Prince Jésus, qui sur tous a maîtrie,
Garde qu'Enfer n'ait de nous seigneurie :
À lui n'ayons que faire ne que soudre.
Hommes, ici n'a point de moquerie ;
35 Mais priez Dieu que tous nous veuille absoudre !

La pluie nous a lessivés et lavés, et le soleil desséchés et noircis. Pies et corbeaux nous ont creusé les yeux et arraché la barbe et les sourcils. Jamais, à nul moment, nous ne sommes en repos ; de ci, de là, comme le vent varie, à son gré, sans cesse, il nous charrie, plus becquetés par les oiseaux que dés à coudre. Ne soyez donc pas de notre confrérie, mais priez Dieu que tous nous veuille absoudre.

Prince Jésus qui as sur tous puissance, empêche que l'Enfer ne soit notre seigneur : n'ayons rien à faire ni à solder avec lui. Hommes, ici point de plaisanterie, mais priez Dieu que tous nous veuille absoudre !

XV

LOUANGE À LA COUR
OU
REQUÊTE À LA COUR DE PARLEMENT

Tous mes cinq sens, yeux, oreilles et bouche,
Le nez, et vous, le sensitif, aussi,
Tous mes membres, ou il y a reprouche,
En son endroit un chacun die ainsi :
5 « Souvraine Cour par qui sommes ici,
Vous nous avez gardés de déconfire.
Or la langue seule ne peut souffire
À vous rendre suffisantes louanges ;
Si parlons tous, fille du Souvrain Sire,
10 Mère des bons et sœur des benoîts anges ! »

Cœur, fendez-vous ou percez d'une broche,
Et ne soyez, au moins, plus endurci
Qu'au désert fut la forte bise roche
Dont le peuple des Juifs fut adouci :
15 Fondez larmes et venez à merci
Comme humble cœur qui tendrement soupire ;
Louez la Cour, conjointe au Saint Empire,
L'heur des François, le confort des étranges,
Procréée lassus au ciel empire,
20 Mère des bons et sœur des benoîts anges !

Vous tous mes cinq sens, yeux, oreilles et bouche, nez,
et vous aussi, sens du toucher, vous tous mes mem-
bres, sous peine de reproche, que chacun pour sa part
dise ces mots : « Cour souveraine, à qui nous devons
d'être ici, vous nous avez gardés de la ruine ; or la
langue à elle seule ne peut suffire à chanter assez vos
louanges ; aussi parlons-nous tous, ô fille du Maître
souverain, mère des gens de bien, sœur des bienheu-
reux anges ! »

Cœur, fendez-vous ou percez-vous d'une broche, à
tout le moins ne soyez pas plus endurci que ne fut au
désert la dure roche bise dont fut calmée la soif du
peuple juif : fondez en larmes et demandez pardon
comme humble cœur qui tendrement soupire ; louez
la Cour, associée au Saint-Empire, le bonheur des
Français, le réconfort des étrangers, créée là-haut au
ciel dans l'empyrée, mère des gens de bien, sœur des
bienheureux anges !

Et vous, mes dents, chacune si s'éloche ;
Saillez avant, rendez toutes merci,
Plus hautement qu'orgue, trompe, ne cloche,
Et de mâcher n'ayez ores souci ;
25 Considérez que je fusse transi,
Foie, poumon et rate, qui respire ;
Et vous, mon corps, ou vil êtes et pire
Qu'ours ne pourceau qui fait son nid ès fanges,
Louez la Cour avant qu'il vous empire,
30 Mère des bons et sœur des benoîts anges !

Prince, trois jours ne veuillez m'écondire
Pour moi pourvoir et aux miens adieu dire ;
Sans eux argent je n'ai, ici n'aux changes.
Cour triomphant, *fiat,* sans me dédire,
35 Mère des bons et sœur des benoîts anges !

Et vous, mes dents, que chacune s'élance, sautez en avant, toutes rendez grâces plus fort qu'orgues, trompe ou cloche, ne vous souciez plus de mâcher ; considérez que je serais mort, foie, poumon et rate, qui reprenez vie ; et vous, mon corps, sinon vous êtes vil et pire qu'ours ou pourceau niché dans la fange, avant que cela n'aille plus mal, louez la Cour, mère des gens de bien, sœur des bienheureux anges !

Prince, ne me refusez pas trois jours pour me pourvoir et dire adieu aux miens ; sans eux je n'ai d'argent ni ici ni aux comptoirs. Cour éclatante, dites *soit,* sans me repousser, mère des gens de bien, sœur des bienheureux anges !

XVI

QUESTION
AU CLERC DU GUICHET
OU
BALLADE DE L'APPEL

Que vous semble de mon appel,
Garnier ? Fis-je sens ou folie ?
Toute bête garde sa pel :
4 Qui la contraint, efforce ou lie,
S'elle peut, elle se délie.
Quand donc par plaisir volontaire
Chanté me fut cette homélie,
8 Étoit-il lors temps de moi taire ?

Se fusse des hoirs Hue Capel
Qui fut extrait de boucherie,
On ne m'eût, parmi ce drapel,
12 Fait boire en cette écorcherie.
Vous entendez bien joncherie.
Mais quand cette peine arbitraire
On me jugea par tricherie,
16 Étoit-il lors temps de moi taire ?

Que vous semble de mon appel, Garnier ? Fut-ce sagesse ou folie ? Toute bête tient à sa peau : si on la contraint, la dompte ou l'attache, dès qu'elle peut, elle se détache. Quand donc, par décision arbitraire, on me chanta cette ritournelle, était-ce alors le moment de me taire ?

Si j'étais descendu d'Hugues Capet qui était fils de boucher, on ne m'eût pas, à travers le linge, fait boire dans cet abattoir. Vous comprenez bien la tromperie. Mais quand, à cette peine arbitraire, on me condamna injustement, était-ce alors le moment de me taire ?

Cuidiez-vous que sous mon capel
N'y eût tant de philosophie
Comme de dire : « J'en appel ? »
20 Si avoit, je vous certifie,
Combien que point trop ne m'y fie.
Quand on me dit, présent notaire :
« Pendu serez ! », je vous affie,
24 Étoit-il lors temps de moi taire ?

Prince, se j'eusse eu la pépie,
Piéça fussë où est Clotaire,
Aux champs debout comme une épie...
28 Étoit-il lors temps de moi taire ?

Pensiez-vous que sous mon bonnet il n'y eût pas assez de philosophie pour déclarer : « Je fais appel ? » Si, si, je vous le certifie, bien que je ne m'y fie pas trop. Quand on m'a dit, devant notaire, « Vous serez pendu ! », je vous l'assure, était-ce alors le moment de me taire ?

Prince, si j'avais eu la pépie, depuis longtemps je serais où est Clotaire, aux champs, debout comme un guetteur... Était-ce alors le moment de me taire ?

BALLADES EN JARGON

BALLADE I

A Parouart la grant mathegaudie
Où accolez sont duppez et noirciz
Et par les anges suivans la paillardie
Sont greffiz et prins cinq ou six
La sont bleffleurs au plus hault bout assis
Pour le evaige et bien haults mis au vent
Eschequés moy tost ces coffres massis
Car vendengeurs des ances circoncis
S'en brouent du tout a neant
    Eschec eschec pour le fardis.

À Paname, la grand-ville de joie, où les naïfs sont pris au cou et noircis, agrippés et saisis à cinq ou six par les sergents, de sacrés paillards, là les bluffeurs sont placés à l'étage supérieur pour être lessivés et bien éventés. Échappez vite à ces murs épais, car les coupeurs de bourse, circoncis des esgourdes, s'évanouissent dans le néant. Gare, gare à la corde.

Broués moy sur ces gours passans
Advisés moy bien tost le blanc
Et pictonnés au large sus les champs
Qu'au mariage ne soiez sur le banc
Plus qu'un sac n'est de plastre blanc
Si gruppés estes des carieux
Rebignés moy tost ces enterveux
Et leur monstrés destrois le bris
Qu'enclavés ne soiés deux et deux
    Eschec eschec pour le fardis.

Plantés aux hurmes voz picons
De paour des bisans si très durs
Et aussi d'estre sur les joncs
Enmahés en coffres en gros murs
Escharicés ne soiés point durs
Que le grant Can ne vous face essorez
Songears ne soiés pour dorez
Et babignés tousjours aux ys
Des sires pour les desbousés
    Eschec eschec pour le fardis.

Prince froart des arques petis
L'un des sires si ne soit endormis
Luez au bec que ne soiés greffiz
Et que vos emps n'en aient du pis
    Eschec eschec pour le fardis.

Sautez-moi sur les riches passants, reluquez-moi vite leur pèse et filez au large par les champs, de peur de vous retrouver mariés au gibet, plus blancs que sac de plâtre. Si vous êtes pistés par les flics, éloignez-vous vite de ces curieux et montrez-leur le derrière pour ne pas être enferrés deux par deux. Gare, gare à la corde.

Rengainez vos crochets de peur des coins très durs et aussi d'être sur la paille, mis en boîte, coffrés dans de gros murs. Fichez le camp, ne soyez pas durs à la détente, pour que le Grand Patron ne vous fasse pas sécher à l'air. Ne perdez pas de temps à dorer la pilule et à raconter des histoires aux imbéciles pour les dévaliser. Gare, gare à la corde.

Prince, casseur de petits coffres, au cas où l'un des gogos ne serait pas endormi, décampez de peur d'être pincé et de connaître le pire. Gare, gare à la corde.

BALLADE II

Coquillars en aruans a ruel
Men ys vous chante que gardés
Que n'y laissez et corps et pel
Qu'on fist de Collin l'escailler
Devant la roe babiller
Il babigna pour son salut
Pas ne sçavoit oingnons peller
Dont l'amboureux luy rompt le suc.

Changés voz andosses souvent
Et tirés tout droit au temple
Et eschiqués tost en brouant
Qu'en la jarte ne soiez emple
Montigny y fut par exemple
Bien ataché au halle grup
Et y jargonnast il le tremple
Dont l'amboureux luy rompt le suc.

Coquillards qui travaillez dans la dégringolade, moi je vous dis que vous preniez garde à ne pas y laisser le corps et la peau et que l'on a fait Colin de Cayeux parler devant la justice ; il débita des bobards pour sauver sa vie, mais il ne savait pas raconter des histoires. Pour finir, le bourreau lui rompit la nuque.

Changez souvent de fringues, gagnez tout droit les hauteurs et décampez vite pour éviter d'être trop au large dans vos vêtements. Montigny, pour servir d'exemple, fut bien attaché au gibet ; il eut beau entonner le grand trémolo, pour finir, le bourreau lui rompit la nuque.

Gailleurs bien faitz en piperie
Pour ruer les ninars au loing
À l'asault tost sans suerie
Que les mignons ne soient au gaing
Farciz d'un plumbis a coing
Qui griffe au gard le duc
Et de la dure si tres loing
Dont l'amboureux luy rompt le suc.

Prince, arrière du ruel
Et n'eussiés vous denier ne pluc
Qu'au giffle ne laissez l'appel
Pour l'amboureux qui rompt le suc.

Maîtres experts en tromperie, pour repousser au loin
les archers, fichez le camp en vitesse sans verser le
sang, que les copains ne soient pas, le jour des
comptes, garnis de ce fil à plomb qui saisit au gosier
l'imbécile et le tire si loin de la terre : pour finir, le
bourreau lui rompt la nuque.

Prince, abstenez-vous du meurtre, même si vous
n'avez plus un picaillon, de peur que vous ne gardiez
votre appel dans la gorge, à cause du bourreau qui
rompt la nuque.

BALLADE III

Spelicans
Qui en tous temps
Avancés dedans le pogoiz
Gourde piarde
Et sur la tarde
Desbousez les pouvres nyais
Et pour soustenir vos pois
Les duppes sont privés de caire
Sans faire haire
Ne hault braire
Metz plantez ilz sont comme joncz
Par les sires qui sont si longs.

Souvent aux arques
À leurs marques
Se laissent tous desbousés
Pour ruer
Et enterver
Pour leur contre que lors faisons
La fee les arques vous respons
Et rue deux coups ou trois
Aux gallois
Deux ou trois
Nineront trestout au frontz
Pour les sires qui sont si longs.

Entôleurs, qui, à toute heure, présentez dans le pot du bon pinard et qui, sur le tard, nettoyez les pauvres niais... pour faire face à vos exigences les gogos sont soulagés de leur pèse sans faire de tapage ni pousser des cris, mais ils sont baisés comme des andouilles par les jobards qui sont si malins.

Souvent, dans les lits de leurs femmes, ils se laissent dépouiller pour les renverser et les tringler ; nous leur tendons un piège, vous, cachés près des lits, donnez deux ou trois coups aux noceurs, deux ou trois coups au front les assommeront tous tant qu'ils sont à la place des jobards qui sont si malins.

Et pour ce bevardz
Coquillars
Rebecquez vous de la montjoye
Qui desvoye
Vostre proye
Et vous fera du tout brouer
Par joncher
Et enterver
Qui est aux pigons bien chair
Pour rifler
Et placquer
Les angelz de mal tous rons
Pour les sires qui sont si longs.

De paour des hurmes
Et des grumes
Rasurez-vous vos en droguerie
Et faierie
Et ne soiez plus sur les joncs
Pour les sires qui sont si longs.

C'est pourquoi, naïfs Coquillards, écartez-vous du gibet qui expédie dans les airs votre postère et vous envoie dans le néant à force de paillarder et de baiser, ce que les pigeons paient bien cher, à force de rosser et d'assommer les flics, cette saloperie, à la place des jobards qui sont si malins.

De peur des poutres et des échelles du gibet, devenez maîtres en tromperie et tours de passe-passe, et ne vous retrouvez plus sur la paille à la place des jobards qui sont si malins.

BALLADE IV

Saupicquez frouans des gours arquez
Pour desbousés beaus sires Dieux
Allés ailleurs planter voz marques
Bevards vous estes rouges gueux
Berart s'en va chez les joncheurs
Et babigne qu'il a plongis
Mes freres soiez embraieux
Et gardez les coffres massis.

Si gruppes este des grappez
De ses angelz si graveliffes
Incontinant mantheaulx et chappes
Pour l'emboue ferez eclipses
De vos farges ferés besifles
Tout debout nompas assis
Pour ce gardés d'estre griffez
En ces gros coffres massis.

Preneurs d'empreintes qui forcez de gros coffres pour dépouiller le bon Dieu, allez ailleurs baiser vos femmes ! Bavards, vous êtes de sacrés filous ! Le faux frère s'en va chez les malins et raconte qu'il a les sceaux. Mes frères, bouclez-la et gardez-vous des cachots épais.

Si vous êtes agrippés par les griffes de ces flics aux doigts crochus, incontinent, vos manteaux, vos capes, vous-mêmes disparaîtrez au profit du bourreau. Vos fers vous couperont le sifflet, tout debout et non pas assis. Aussi gardez-vous d'être accrochés dans ces grands cachots épais.

Niaiz qui seront attrapez
Bien tost s'en brouent au halle
Plus n'y vault que tost ne happés
La baudrouse de quatre talle
Destirés fait la hirenalle
Quant le gosier est assegis
Et si hurcque la pirenalle
Au saillir des coffres massis.

Prince des gayeuls les sarpes
Que vos contres ne soient greffiz
Pour doubte de frouer aux arques
Gardés vous des coffres massis.

Les niais qui seront attrapés rejoindront bientôt le gibet. Une seule solution : saisir la corde à quatre brins ; elle fait dresser les cheveux sur la tête quand le gosier est encerclé, et aussi se tend la queue au sortir des cachots épais.

Prince des filous, laisse les pinces de peur qu'on n'attrape tes compagnons soupçonnés de faire des casses : gardez-vous des cachots épais.

BALLADE V

Joncheurs jonchans en joncherie
Rebignez bien où joncherez
Qu'Ostac n'embroue vostre arerie
Où acollés sont voz ainsnez
Poussez de la quille et brouez
Car tost seriez rouppieux
Eschec qu'acollez ne soiés
   Par la poe du marieux.

Bendez vous contre la faerie
Quant vous auront desbousés
N'estant a juc la rifflerie
Des angelz et leurs assosés
Berard si vous puist renversez
Si greffir laissés voz carrieux
La dure bien tost ne verrés
   Pour la poe du marieux.

Trompeurs trompant en tromperie, reluquez bien où vous tromperez, de peur que Tusca n'envoie votre derrière là où sont accouplés vos aînés. Jouez des jambes et cavalez, car vous seriez bientôt de pauvres morveux. Gare à ne pas être cravatés par la patte du bourreau.

Faites front contre les mauvais tours, quand ils vous auront nettoyés, car il ne connaît pas de limite, le pillage des flics et de leurs associés. Foutez en l'air Bérard si c'est possible. Si vous vous laissez coincer, bientôt vous ne verrez plus le sol à cause de la patte du bourreau.

Entervez a la floterie
Chanter leur trois sans point songer
Qu'en astes ne soiés en surie
Blanchir voz cuirs et essurgez
Bignés la mathe sans targer
Que voz ans n'en soient ruppieux
Plantés ailleurs contre assegier
   Pour la poe du marieux.

Prince bevardz en esterie
Querez couplaus pour ramboureux
Et autour de voz ys luezie
   Pour la poe du marieux.

Faites gaffe à la justice, doublez-les sans rêvasser pour qu'on ne vous mette pas au séchoir blanchir et dégraisser vos cuirs. Fuyez sans perdre de temps, pour ne pas être de pauvres morveux. Baisez ailleurs, décampez à cause de la patte du bourreau.

Princes bavards dans vos tromperies, gagnez la colline de peur de la corde, et autour de vous faites vigilance à cause de la patte du bourreau.

BALLADE VI

Contres de la gaudisserie
Entervez tousjours blanc pour bis
Et frappés en la hurterie
Sur les beaulx sires bas assis
Ruez des fueilles cinq ou six
Et vous gardés bien de la roe
Qui aux sires plante du gris
En leur faisant faire la moe.

La giffle gardés de rurie
Que voz corps n'en aient du pis
Et que point a la turterie
En la hurme ne soiés assis
Prens du blanc laisse du bis
Ruez par les fondes la poe
Car le bizac avoir advis
Fait au beroars faire la moe.

Compagnons de la bamboche, comprenez toujours
blanc pour noir et dans la cohue mettez la main sur les
beaux écus bien cachés, attaquez-vous à cinq ou six
bourses et faites gaffe à la justice qui en fait voir de
tristes aux imbéciles en leur faisant faire la grimace.

Gardez-vous de la bagarre de peur qu'il ne vous arrive
malheur et que vous ne soyez placés à la traverse du
gibet. Prenez l'argent, laissez l'amour, glissez les
pattes dans les profondes, car avoir le vent au visage
fait faire aux jobards la grimace.

Plantez de la movargie
Puis ça puis la pour l'urtis
Et n'espargne point la flogie
Des doulx dieux sue les patis
Voz ens soient assez hardis
Pour leur advancer la droe
Mais soient memoradis
Qu'on ne vous face faire la moe.

Prince qui n'a bauderie
Pour eschever de la soe
Danger de grup en arderie
Fait aux sires faire la moe.

Écoulez de la fausse monnaie çà et là pour du bon et
bel argent ; n'épargnez pas les trucs qui rapportent ;
les écus, rognez-les. Soyez assez hardis pour placer de
la mauvaise monnaie, mais demeurez vigilants pour
qu'on ne vous fasse pas faire la grimace.

Prince, quand on n'est pas assez vif pour éviter le
Marché aux pourceaux, la force du croc dans la four-
naise fait faire aux imbéciles la grimace.

NOTES

LAIS

Page 49.

Titre. Le manuscrit A porte comme titre *Le Lais François Villon*, conformément au vers 64 *(ce présent lais)*. Mais il est question au vers 275 de *ces lais*, et, dans le *Testament* (v. 755), Villon parle de *certains lais*. Il joue sur le mot, qui pouvait désigner une pièce poétique (voir P. Zumthor, *Essai de poétique médiévale*, p. 271) et un ensemble de legs, ce dernier mot s'écrivant *lais* au Moyen Âge.

Page 50.

4. *franc au collier.* Explication de Marot dans son édition de Villon : « travaillant volontiers, comme les chevaux qui franchement tirent au collier ».

6. *Végèce.* Auteur au IVe siècle d'un *Épitome rei militaris*, traduit au XIVe siècle par Jean de Vignay, où il prétendait remédier à la décadence du présent par les exemples du passé.

Page 52.

18. *celle.* Probablement Catherine de Vaucelles. Voir nos *Recherches sur le « Testament » de François Villon*, t. 1, « Les deux amours de Villon ».

29. *Bien qu'ils ont vers moi les pieds blancs.* Allusion au cheval dit balzan, à un ou plusieurs pieds blancs, qui avait la réputation d'être vicieux, de manquer à son cavalier. Voir Mario Roques, *Études de littérature française*, Genève, 1949, p. 53-65.

31-32. *Planter me faut... Et frapper en un autre coin.* Les deux verbes ont un sens érotique et signifient : « Il me faut prendre une autre maîtresse. » Le *coin* était le moule où l'on frappait la monnaie.

34. *félonne.* Signifiait en ancien français « cruelle » et « déloyale ».

Page 54.

41. *ses dangers.* C'est la leçon du manuscrit B. Le mot signifie « exigences », selon le sens ancien du terme, qui désignait la domination du maître. Voir Shigemi Sasaki, « Dongier, Mutation de la

poésie française au Moyen Âge », *Études de langue et littérature françaises*, Tokyo, 1974, p. 1-30.

43. *Je m'en vais à Angers.* On a longtemps cru à la réalité de ce voyage, et Tristan Tzara a bâti sur ce nom toute une partie de sa reconstitution biographique. Il est vrai que Tabarie, sous la torture, a déclaré que Villon projetait d'aller à Angers, au lendemain du vol au collège de Navarre, pour dévaliser un moine de ses parents. Mais il est fort possible que Villon ait trompé Tabarie, dont il se méfiait, et en même temps ses lecteurs, le verbe *engier* pouvant signifier « étreindre une femme ». Le texte du *Lais* contiendrait ainsi une bravade : puisque sa belle est trop dure pour lui, il ira étreindre d'autres femmes.

47. *amant martyr.* Villon parodie la phraséologie courtoise. Il y a peut-être dans ce passage un souvenir de Charles d'Orléans, ballade X :

> Au fort, martyr on me devra nommer
> Se Dieu d'Amour fait nuls amoureux saints.

52. *est en quelogne.* « Est sur la quenouille », c'est-à-dire « est en faveur », ou plutôt « est l'objet des faveurs », l'expression prenant un sens grivois.

53. *soret de Boulogne.* Le hareng saur de Boulogne était réputé au Moyen Âge.

54. *altéré d'humeur.* L'expression a un double sens : « assoiffé de liquide » et « changé d'humeur » (sous l'effet d'une passion dévorante). Les vers 53-54, que nous appliquons à la dame, peuvent s'appliquer aussi à Villon : « n'a été plus assoiffé (que moi d'elle) ».

61. *Vivre aux humains est incertain.* Le vers reprend à la fois des considérations de testaments réels et des réflexions de poètes comme Rutebeuf.

Page 56.

70. *maître Guillaume Villon.* Père adoptif du poète, originaire de Villon, près de Tonnerre, mort en 1468. Maître ès arts, bachelier en droit, chapelain de Saint-Benoît-le-Bétourné, il habitait l'hôtel de la Porte-Rouge, proche de la Sorbonne, et enseignait les décrétales (décisions papales) en une école sise à l'enseigne des Connins. Ce personnage important fut emprisonné en 1450 à la suite de longs démêlés qui opposaient sa communauté au chapitre de Notre-Dame. L'œuvre de Villon a reçu l'empreinte de Saint-Benoît et de ses traditions (nationalisme, hostilité contre Notre-Dame de Paris et les ordres mendiants). Voir nos *Recherches*, t. 1, p. 64-66. Le nom, dans ce passage, n'est pas accompagné de la particule ; il en sera autrement au vers 850 du *Testament*.

72. *Mes tentes et mon pavillon.* Villon désigne par ces deux mots l'ensemble imaginaire de ses biens. L'expression est d'autant plus cocasse que le poète, qui joue au chevalier, avait été hébergé dans la maison de Guillaume de Villon. Le pavillon était une grande tente.

77. *mon cœur enchâssé.* Le châtelain de Couci avait légué son cœur à son amie, la dame de Fayel, qui le fit richement enchâsser et garder en ses joyaux. Voir *Le Châtelain de Couci*, éd. Matzke-Delbouille, Paris, 1936.

81. *maître Ythier Marchant.* Personnage riche et influent, qui

appartenait à une famille de hauts fonctionnaires et financiers. Il se mit au service du duc de Guyenne, frère de Louis XI, dont il demeurera l'adversaire implacable. Compromis dans une tentative d'empoisonnement contre Louis XI, il mourra en prison vers 1474, vraisemblablement assassiné. Voir nos *Recherches*, t. I, p. 259-274. Villon déteste le personnage, et son legs est férocement ironique. Ythier aurait-il été le rival heureux de Villon ? G. Pinkernell a soutenu que les deux personnages auraient eu des relations homosexuelles ; voir *Zeitschrift für romanische Philologie*, t. 91, 1975, p. 95-107.

83. *mon brant d'acier tranchant.* Le mot *brant* désigne à la fois l'épée (et le coup d'épée), l'organe sexuel de l'homme et l'excrément. Le mot *acier* se prêtait lui-même à une prononciation équivoque *(achier)*.

84. *maître Jean le Cornu.* Personnage important, receveur des aides pour la guerre à Paris de 1449 à 1452, secrétaire du roi en 1454, mort en 1476. Dans le *Testament*, huitain XCV, Villon joue sur son nom : Le Cornu est l'homme qui porte des cornes. Voir nos *Nouvelles Recherches sur Villon*, p. 51-63.

Page 58.

89. *Saint Amant.* Personnage très important de l'administration royale, puisqu'il était secrétaire du Trésor, dès 1447, contrôlant le budget du royaume. Voir *Recherches*, t. 1, p. 284-297, et *Nouvelles Recherches*, p. 77-88.

90. Le Cheval blanc *avec* La Mule. C'étaient les enseignes, la première, d'une hôtellerie de la rue de la Harpe, la seconde, d'une taverne de la rue Saint-Jacques. *Le Cheval Blanc* et *La Mule* symbolisent sans doute aussi la décrépitude, l'impuissance et la stérilité. Voir un écho à ce huitain dans le *Testament*, XCVII.

91. *Blaru.* Riche orfèvre du pont au Change.

92. *L'Âne rayé.* Enseigne de plusieurs maisons, dont l'une appartenait à Jacques Cardon (voir huitain XVI). L'expression désignait le zèbre.

93-96. Villon donne aux curés le canon *(décret)* du concile de Latran (1215) désigné par ses trois premiers mots, *Omnis utriusque sexus* (Toute personne de l'un et l'autre sexe), qui édicte en une série d'articles *(articule)* que tout chrétien doit se confesser à son curé au moins une fois l'an ; il leur fait ce don pour annuler la bulle par laquelle le pape Nicolas V, en 1409, accordait aux carmes *(la carméliste bulle)* et à l'ensemble des frères mendiants le pouvoir de confesser. Cette question n'avait cessé d'opposer depuis le XIIIe siècle les frères mendiants aux curés et à l'Université.

97. *maître Robert Vallée.* Compagnon d'études de Villon, riche bourgeois parisien, procureur au Parlement, il n'était ni pauvre, ni *clergeon* (petit clerc).

99. *ne mont ne vallée.* Villon joue non seulement sur le mot « vallée », pris successivement comme nom propre et comme nom commun, mais peut-être aussi sur le mot « mont », qui signifie « beaucoup » et « montagne ». L'expression est de nouveau antiphrastique : Vallée n'était que trop rusé.

102. *aux* Trumillières. Taverne située dans le quartier des Halles. Le mot désignait une pièce de l'armure, les jambières.

104. *Jeanne de Millières.* Connue seulement par un procès au Parlement.

110. *aumoire.* Désignait aussi bien un coffre qu'une armoire.

111. *Maupensé.* Personnification de l'étourderie, à la manière des œuvres allégoriques.

112. L'Art de Mémoire. Ouvrage très répandu au XVe siècle, *De arte memorativa,* qui se proposait d'exercer la mémoire, en particulier celle des marchands pour retenir les chiffres. Vallée n'en avait sans doute pas besoin.

Page 60.

116. *mon haubert.* Cotte de mailles dans les chansons de geste et les romans courtois : Villon continue à jouer au riche chevalier. Le mot rime avec *part* et *poupart,* car *-er-* était prononcé *-ar-* par le peuple de Paris.

120. *Saint-Jacques.* Église Saint-Jacques-de-la-Boucherie, située sur l'emplacement de l'actuel square Saint-Jacques, où subsiste seule aujourd'hui la Tour. Sur son flanc nord abondaient les logettes *(fenêtres)* pour écrivains publics.

123. *Jacques Cardon.* Marchand drapier de la place Maubert. Voir *Nouvelles Recherches,* p. 149-171.

124. *Le gland aussi d'une saussoie.* Don inexistant, puisque le saule ne produit pas de glands, et don satirique, puisque Cardon est assimilé à un porc et que le saule était le symbole de la stérilité et de la vie mondaine.

127. *Dix muids.* Le muid variait selon les provinces ; celui de Paris, pour les liquides, contenait deux feuillettes, soit 268 litres. Voir *Recherches,* t. I, p. 304.

130. *Regnier de Montigny.* Appartenait à une noble famille. Tricheur, voleur, sacrilège, batailleur, membre de la bande des Coquillards, il fut pendu en 1457. Son nom, absent du *Testament,* apparaît dans la seconde ballade en jargon. Voir *Nouvelles Recherches,* p. 156-157.

131. *Jean Raguier.* Policier, un des membres de la garde du prévôt de Paris.

136. *ses amis.* Le mot signifiait au XVe siècle « parents » aussi bien qu'« amis ».

Page 62.

137. *au Seigneur de Grigny.* Philippe Brunel, qui revendiquait des titres de noblesse, passait pour processif, batailleur, irréligieux ; il était couvert de dettes et détesté des habitants de Grigny, village entre Longjumeau et Corbeil. Villon joue sur son nom, puisque *grignier* signifiait « plisser les lèvres en montrant les dents » (comme un chien), « grincer des dents », et *grignos* « grimaçant, grognon, violent ». Voir *Nouvelles Recherches,* p. 171-189.

138. *Nijon.* Château en ruine sur l'emplacement du Trocadéro. De plus, *nijer* signifiait « perdre son temps, muser ». Voir *Nouvelles Recherches,* p. 177.

140. *Vicêtre.* Bicêtre, château en ruine, repaire de malfaiteurs qu'on croyait hanté d'esprits et de diables.

141. *ce malotru changeon. Malotru,* « mal pourvu, difforme, gros-

sier ». Le *changeon* était un enfant substitué par un démon au fils
d'un homme ; le mot contient aussi l'idée de métamorphose. Voir
Nouvelles Recherches, p. 122.

142. *Moutonnier.* Ce nom présente trois variantes : *Moutonnier*
(F, C), *Mautonnier* (B), *Montonnier* (I). Sans doute un légataire
inconnu qui avait eu des démêlés avec Grigny ; peut-être un gardien
de prison, puisque *moutonnier* a ce sens. On peut encore lire ce vers
de deux manières, soit *Mouton* (comme A) *qui le tient en procès,* soit
Moutonnier qu'il tient en procès.

144. *ès ceps.* Ce mot désignait les ceps de vigne, mais aussi un
instrument de torture fait de deux pièces de bois, « lesquelles
joinctes serrent les pieds ou les mains ou les quatre membres
ensemble du malfaiteur qui y est mis ». Du XVe au XIXe siècle, on a
hésité entre *cep* et *cé ;* cette dernière prononciation, que suppose la
rime avec *procès,* était celle du français vulgaire et des paysans.

145. *au Chevalier du Guet.* Jean de Harlay, chef de la police noc-
turne de Paris, à la tête de vingt sergents à cheval et de quarante à
pied.

146. *Le Hëaume.* Enseigne de taverne à la Porte-Baudoyer.

150. *La Lanterne.* Enseigne d'une maison située rue de la Pierre-
au-Lait, derrière le Châtelet, qui était une partie de la rue des
Écrivains, aujourd'hui rue de Rivoli.

151. *Les Trois Lis.* Geôle du Châtelet. Équivoque sur *lits* et sur
lis des armes de France.

153. *maître Jacques Raguier.* En 1447, premier cuisinier de
Charles VII ; en 1452, premier queux de bouche. Voir *Nouvelles
Recherches,* p. 89-103.

154. *l'Abreuvoir Popin.* Abreuvoir situé près du Louvre, sur la
rive droite de la Seine. Sens obscène, d'après ces vers de Coquil-
lart : *C'est un droit abreuvoir Popin : Chacun y fourre ses chevaux.* Le
mot *abreuvoir* est quadrisyllabique, *-oir-* se prononçant *-ouër- ;* voir
mâchouère au vers 820 du *Testament.*

155. *Perches, poussins au blanc manger.* Perches et poulets
accompagnés d'une sauce aux amandes, nourriture qu'on servait
aux malades et en temps de carême. Pour les recettes et les
variantes, voir *Nouvelles Recherches,* p. 89-90.

157. *La Pomme de pin.* Taverne de la Cité, sise rue de la Jui-
verie, dont le propriétaire était Robin Turgis.

158. *Clos et couvert.* L'expression peut désigner un endroit bien
fermé et bien couvert, ou plutôt s'appliquer au légataire.

159. *en jacopin.* À la manière d'un frère jacobin, dominicain,
c'est-à-dire douillettement habillé.

160. *si plante.* Planter, c'était d'abord *planter des bourdes,* plai-
santer, dire de bons mots ; c'était aussi un verbe à tonalité érotique,
« accomplir l'acte sexuel » ; le mot désignait enfin diverses activités
de malfaiteurs : « placer de faux joyaux, dissimuler les crochets
après usage, cacher ses cartes pour les sortir au bon moment et
gagner la partie ». Voir *Nouvelles Recherches,* p. 94.

Page 64.

161. *maître Jean Mautaint.* Notaire du roi au Châtelet, il s'oc-
cupa de l'affaire du vol au collège de Navarre en 1457. Villon joue

sur ce nom : *mau-taint* (teint) rappelle le *mau hâle* qui noircit les pendus (*Testament*, v. 1722-1723).

162. *maître Pierre Basanier*. Notaire et greffier civil et criminel au Châtelet.

163. *Le gré du seigneur*. Allusion à Robert d'Estouteville, prévôt de Paris. Voir *Nouvelles Recherches*, p. 200-201.

165. *mon procureur Fournier*. Procureur au Châtelet, il avait défendu les intérêts de Saint-Benoît-le-Bétourné et peut-être de Villon devant le prévôt de Paris.

169. *Jean Trouvé*. Valet-boucher de la Grande Boucherie en 1447, accusé de violences.

170-172. *Le Mouton... Le Bœuf Couronné*. Enseignes rue de la Harpe.

173. *La Vache*. Enseigne rue Troussevache (Ier arrondissement) : on y voyait un vilain charger une vache sur ses épaules.

177. *Perrenet Marchant*. Sergent à verge qui servait de garde du corps au prévôt de Paris, Robert d'Estouteville. Voir *Recherches*, t. I, p. 274-284.

179. *bon marchand*. Villon équivoque sur l'expression, qui pouvait signifier « honnête commerçant », « joyeux client », « homme qui marche beaucoup » et, par antiphrase, « ruffian ».

183. *Ou il lui faudra sa vie querre*. On peut voir en *ou* soit le relatif (« métier par lequel il lui faudra assurer sa subsistance »), soit la conjonction (« ou bien il lui faudra assurer sa subsistance d'une autre manière »).

Page 66.

185. *au Loup et à Cholet*. Deux personnages suspects, mi-policiers ou indicateurs de police, mi-ruffians, prêts à se saisir de toutes les aubaines, condamnés et emprisonnés l'un et l'autre. Voir *Recherches*, t. I, p. 15-16.

195. *Nommés en ce présent traitié*. Annonce des trois noms introduits dans le huitain suivant.

201-202. *Colin Laurens, Girard Gossouin et Jean Marceau*. Trois brasseurs d'affaires qui avaient en commun d'être âgés, riches, détestés en particulier pour avoir spéculé sur le sel, prêté sur gages, collaboré avec les Anglais. Voir *Recherches*, t. II, p. 434-438. Tout le passage est donc ironique.

205. *un faisceau*. Ce qu'on peut emporter en une seule charge.

206. *quatre blancs*. Le blanc est une monnaie valant 10 sous, c'est-à-dire la moitié d'une livre. Au vers 716 du *Testament*, le blanc est une monnaie de peu de valeur.

207. *Ils mangeront maint bon morceau*. C'était une expression imagée qui signifiait « avoir une bonne situation ». Mais ici, appliquée à des vieillards, elle est d'une particulière cruauté, puisqu'elle équivaut à notre « Ils mangeront les pissenlits par la racine ». Loin de pouvoir manger, ils seront eux-mêmes mangés par les vers.

Page 68.

209. *nomination*. « Lettre authentiquée du sceau de l'Université qui constatait le droit qu'avait un gradué d'une des quatre facultés

de présenter son nom pour l'obtention d'un bénéfice ecclésiastique » (A. Lanly, *François Villon, Œuvres*, t. I, p. 33).

211. *par résignation.* « Abandon volontaire d'un droit en faveur de quelqu'un » (Dictionnaire Robert).

214. *cet* intendit. « Acte juridique contenant la demande, *intentio*, et la conclusion de chacune des deux parties. L'*intendit* était rédigé par les avocats des dites parties » (Guilhermoz, *Enquêtes et procès*, Paris, 1892, p. 9).

217-218. *maître Guillaume Cotin Et maître Thibaut de Vitry.* Ces deux personnages avaient en commun d'être de riches chanoines de Notre-Dame, très vieux et conseillers au Parlement. Voir *Nouvelles Recherches*, p. 154-161.

223. *Guillot Gueuldry.* Personnage insolvable, dont Notre-Dame n'arrivait pas à se faire payer. Voir *Nouvelles Recherches*, p. 157.

225. *et j'adjoins à la crosse.* Le mot *crosse* permettait de nombreux jeux de mots et pouvait suggérer : 1° une locution traditionnelle, *adjoindre à la crosse,* « réunir un bien au domaine qui dépend de la crosse » (c'est-à-dire de l'évêque), « annexer à ses domaines » ; 2° le symbole de la puissance épiscopale ; 3° l'enseigne d'une taverne de la rue Saint-Antoine (v. 226) ; 4° la béquille qui soutiendra les corps délabrés, et avec laquelle on leur donnera des coups.

227. *un billard.* Maillet avec lequel on jouait au croquet. Sans doute aussi sens obscène.

Page 70.

234. *Mes chassis.* Ce sont précisément les cadres des fenêtres.

238. *morfondus.* Le mot, qui a ici son sens ancien, désignait quelqu'un qui avait pris froid, et qui avait du rhume, de la bronchite...

249. *aux Mendïants.* Aux frères mendiants, à savoir : aux carmes, aux dominicains ou jacobins, aux franciscains ou frères mineurs (ou menus) ou cordeliers, aux augustins, constamment attaqués, de Rutebeuf et Jean de Meun à Villon, pour leur hypocrisie, leur ambition, leur cupidité et leur luxure. Voir *Recherches*, t. II, p. 360-363.

250. *Aux Filles-Dieu et aux Béguines.* Communautés féminines protégées ou créées par Saint Louis, en pleine décadence morale au temps de Villon.

253. *les Quinze Signes.* Signes annonciateurs de la fin du monde. Voir *Recherches*, t. II, p. 379-380, et R. Mantou, dans la *Revue belge de philologie et d'histoire*, t. 45, 1967, p. 827-841.

255. *Carmes chevauchent nos voisines.* Allusion à la paillardise des carmes, lieu commun de la littérature médiévale.

Page 72.

257. *Le Mortier d'or.* Enseigne d'épicier.

258. *Jean, l'épicier, de la Garde.* Commerçant très riche, un des maîtres jurés épiciers de Paris. Il est normal que Villon lui lègue un mortier où l'on broyait les épices. Le poète isole son prénom Jean, qui désignait aussi le mari trompé.

259. *Une potence de Saint-Mor.* Il s'agit d'une béquille pour le mal de saint Maur, la goutte. On allait en pèlerinage à Saint-Maur-des-Fossés. Villon ajoute au mortier une béquille en guise de pilon.

C'est une manière de souhaiter la goutte à son légataire. De plus, le mortier et le pilon permettaient des allusions obscènes.

261. *celui qui fit l'avant-garde.* Il s'agit sans doute d'un autre Jean, Jean le Mardi, qui était en compagnie de Sermoise lors de sa dispute avec Villon. Voir *Nouvelles Recherches,* p. 179.

263. *De par moi saint Antoine l'arde !* Le *feu Saint-Antoine,* ou *feu Saint-Martial* ou *feu sacré* ou *mal des ardents,* est l'ergotisme du seigle, qui causa de grands ravages pendant tout le Moyen Âge, provoquant d'atroces démangeaisons comparées au feu de l'Enfer. Saint Antoine passait pour le saint guérisseur de cette maladie, mais aussi pour la cause du fléau. Voir *Nouvelles Recherches,* p. 187, et E. van Kraemer, *Les Maladies désignées par le nom d'un saint,* Helsinki, 1949.

265. *Mirebeuf.* Villon a joué sur le nom de ce personnage, un riche drapier de Paris, l'appelant tantôt *Mirebeuf* (« le bœuf extraordinaire »), tantôt *Merebeuf, Mairebeuf* (« le plus grand des bœufs »), tantôt *Malebeuf.* Voir *Nouvelles Recherches,* p. 103-109.

266. *Nicolas de Louviers.* Financier et drapier, échevin de Paris, conseiller en la Chambre des comptes, il finit par être anobli en 1464. Villon joue sur son nom, qui désignait soit le louvetier, soit une sorte de loup-garou. Voir *Nouvelles Recherches,* p. 103-111.

270. *Pierre Rousseville.* Notaire au Châtelet, puis intendant *(concierge)* de l'étang de Gouvieux près de Chantilly.

272. *le Prince.* C'est le Prince des Sots, chef d'une troupe d'acteurs qui portaient la marotte et le bonnet à grelots et à oreilles d'âne, et qui jouaient des sotties, pièces à caractère politique. Le Prince jetait à la foule des écus en carton. Voir *Recherches,* t. II, p. 330-331, et J.-C. Aubailly, *Le Monologue, le dialogue et la sottie,* Paris, 1976.

276. *Serbonne.* Sorbonne, un des collèges de Paris, fondé en 1257 par Robert de Sorbon. On y enseigna d'abord la théologie, puis les humanités et la philosophie. Très prospère au temps de Villon, on y installa en 1470 la première imprimerie de Paris.

278. *Le Salut que l'ange prédit.* L'Angélus : quand il sonnait, les fidèles se mettaient à genoux pour réciter l'*Ave Maria.*

279. *mis en bonne. Bonne* est une graphie pour *borne,* conforme à la prononciation du mot au XVᵉ siècle dans le parler populaire.

Page 74.

285. *Repondre.* « Cacher, serrer » en ancien français (du latin *reponere*). On a aussi la leçon *reprendre.*

286. *Ses espèces collatérales.* Facultés intellectuelles dépendant de la mémoire. Pour ces définitions, voir A. Burger, *Lexique complet de la langue de Villon,* Genève, 1974.

287. *Opinative.* Faculté de former un jugement d'existence.

289. *estimative.* Faculté de former des jugements de valeur.

290. *prospective.* Faculté de prévoir.

291. *Simulative, formative.* Fonction par lesquelles s'élaborent les conceptions abstraites.

294. *par mois.* Il s'agit des crises de folie qui se produisent chaque mois, à chaque pleine lune.

296. *Aristote.* Aucun passage d'Aristote ne correspond tout à fait

aux vers de Villon, qui a cependant repris les termes de la tradition
aristotélicienne, enrichie par les philosophes arabes et scolastiques.
Le programme d'enseignement promulgué en 1452 par le cardinal
d'Estouteville contenait les ouvrages d'Aristote.

297. *le sensitif.* Le siège des sensations.

298. *Fantasie.* Imagination, faculté de former des images.

300. *la souvraine partie.* La Raison, qui est paralysée par la perte
de conscience.

Page 76.

313. *ou temps de ladite date.* Voir v. 1 et 10. C'est à cette date que
Villon participa au vol de 500 écus d'or au collège de Navarre.
Villon se forgerait donc un alibi. De même, l'éclipse de conscience
des huitains XXXVI-XXXIX, qui seule lui aurait permis de prendre
part au méfait, lui vaudrait des circonstances atténuantes.

314. *le bon renommé Villon.* Ailleurs, *le bien renommé Villon.* For-
mule habituelle, sans doute ironique ici, qu'on trouve dans les let-
tres de rémission que Villon obtint après le meurtre de Sermoise :
« Attendu que... en autres cas il a été et est homme de bonne vie,
renommée et honnête conversation... »

317. *tente ne pavillon.* Voir v. 72 et note.

319. *billon.* Petite monnaie. « Sens anciens : 1° lingot d'or ou
d'argent ; 2° lieu où l'on affine les lingots et où l'on frappe la mon-
naie ; 3° toute espèce de monnaie, bonne ou mauvaise, que l'on
porte à l'Hôtel des monnaies pour y être refondue ; 4° toute espèce
de monnaie d'argent à très bas titre (sens le plus ordinaire). Actuel-
lement, le mot billon est le terme générique pour désigner la mon-
naie d'appoint » (Étienne Fournial, *Histoire monétaire de l'Occident
médiéval,* Paris, 1970, p. 188).

TESTAMENT

Page 79.

Titre. Voici les titres que nous avons : en C, *Le Testament de
Villon* (une main a ajouté au-dessus *grant*) ; en F, *Le Testament
second de maistre François Villon ;* en I, *Cy commence le grant codicille
et testament maître François Villon.* A ne comporte pas de titre.

Page 80.

2. *Que toutes mes hontes j'eus bues.* Rappel d'un rondeau de
Charles d'Orléans, CCI, éd. P. Champion, t. II, p. 405 :

    Qui a toutes ses hontes beues,
    Il ne lui chault que l'en lui die,
    Il laisse passer mocquerie
    Devant ses yeulx, comme les nues.

6. *Thibaut d'Aussigny.* Évêque d'Orléans, rigide et rigoureux. Il
fit emprisonner Villon à Meung-sur-Loire, et Villon le poursuivra de
sa haine tout au long du *Testament.* Voir *Recherches,* t. I, p. 131-194.

11. *Foi ne lui dois n'hommage avecque.* Les deux termes *foi* et
hommage appartiennent au vocabulaire féodal. L'*hommage* était la

cérémonie au cours de laquelle un homme s'engageait à en servir un autre qui acceptait d'être son chef : le premier plaçait ses mains jointes dans celles du second, il prononçait quelques paroles par lesquelles il se reconnaissait son *homme*, puis les deux hommes se baisaient sur la bouche. Ainsi le supérieur était-il le *seigneur*, le subordonné devenait-il l'*homme* ou l'*homme de bouche et de main* ou le *vassal* ou le *commendé*. Voir F.-L. Ganshof, *Qu'est-ce que la féodalité ?* Bruxelles, 1957. Par la *foi*, d'origine religieuse, le nouveau vassal, la main étendue sur les Évangiles ou sur les reliques, jurait d'être fidèle à son maître.

12. *Je ne suis son serf ne sa biche.* Villon a employé le mot *serf*, amené par l'expression *en friche*, parce que le mot désignait un attachement très fort, et parce qu'il permet une équivoque entre *serf* et *cerf*, puis entre *cerf* et *biche*. Le cerf est l'animal qu'on chasse, lié à l'amour et à l'or, porteur de cornes, et aussi un animal initiateur. Voir *Nouvelles Recherches*, p. 17-28.

Page 82.

24. *Tel lui soit à l'âme et au corps !* C'est-à-dire dans l'autre vie et dans celle-ci.

33. *Si.* Cet adverbe introduit une concession tout apparente plutôt qu'une conséquence.

34. *Pour l'âme du bon feu Cotart.* Promoteur de l'officialité de Paris, c'est-à-dire procureur du tribunal ecclésiastique, il avait été arrêté, puis condamné pour vol en 1459. Mort en janvier 1461, Villon fera de lui un ivrogne (*Testament*, v. 1208 à 1265). Voir *Recherches*, t. II, p. 405-420.

37. *Prière en ferai de Picard.* Le vers peut avoir plusieurs sens. Villon priera comme les Vaudois de Flandre et de Picardie, qui condamnaient l'usage de la prière, jugée inefficace : il ne priera donc pas. Ou bien il priera comme les Picards, les hérétiques de Bohême et d'ailleurs : sa prière n'aura aucune valeur. Ou bien il priera comme les Picards persécutés en 1459-1460 par des clercs trop zélés : il demandera le châtiment de son persécuteur. Ou encore il fera une prière piquante, semée de méchancetés, dont le lecteur aura à découvrir le venin. Ou enfin il fera une prière en picard, comme ses amis les Coquillards. Voir *Recherches*, t. I, p. 179-185.

Page 84.

46. *qui n'est de bœuf ne cordouan.* Il s'agit du psautier de sa mémoire plutôt que d'un psautier réel.

47. *Le verselet écrit septième.* C'est plutôt du verset 8 du psaume CVIII qu'il est question ici : *Fiant dies ejus pauci et episcopatum ejus accipiat alter,* « Que ses jours soient abrégés et qu'un autre prenne sa charge ».

52. *Vers lui, de qui tiens corps et âme.* Villon se reconnaît le vassal de Dieu dont il tient tout, et qu'il dresse en face de l'évêque dont il ne tient rien (v. 10).

54. *de vile puissance.* C'est à la fois le Mal, le Diable, et son représentant sur terre, Thibaud d'Aussigny.

56. *Et Loïs, le bon roi de France.* Le 2 octobre 1461, le nouveau

roi Louis XI, qui avait succédé à Charles VII le 22 juillet, passa par Meung : à cette occasion, le poète fut libéré.

57. *l'heur de Jacob*. Le bonheur de Jacob à qui un songe avait prédit une nombreuse descendance (Genèse, XXXV, 23).

58. *Salmon*. Salomon, symbole de la sagesse et de la puissance au Moyen Âge.

64. *Mathieusalé*. Déformation populaire de Mathusalem (mort à l'âge de 969 ans), que l'on retrouve dans *Le Dimanche de la vie* de Raymond Queneau : « Tu es tout fier parce que ton mathieusalé était un traîneur de sabre, et tu ne veux pas aller voir ceux de maintenant. »

Page 86.

69. *saint Martïal*. Martial, évêque de Limoges au IIIe siècle selon Grégoire de Tours, et évangélisateur du Limousin, du Rouergue, de l'Aquitaine, du Poitou et de la Saintonge, fut doté de vertus guerrières par rapprochement avec Mars, le dieu guerrier des Romains.

70. *au feu Dauphin*. Louis XI n'est plus que l'ex-dauphin, puisqu'il est devenu roi.

73-80. Villon, par tout un jeu de parenthèses et de redondances, parodie les formules testamentaires en usage.

83. *De la dure prison de Meun*. On ne sait pourquoi Villon fut emprisonné à Meung-sur-Loire par Thibaut d'Aussigny : aurait-il commis un vol sacrilège dans l'église de Baccon, si l'on en croit une vieille tradition, ou bien aurait-il fait partie, bien que clerc, d'une bande de saltimbanques, et pour ce aurait-il été dégradé et jeté en prison ? Voir *Recherches*, t. I, p. 155-157.

87. *jusque il mourra*. « Jusqu'à la mort. » Notre traduction est volontairement ambiguë, comme le texte lui-même, car on peut comprendre soit « jusqu'au moment où mon cœur mourra », soit « jusqu'au moment où le roi mourra ».

Page 88.

94. *Aiguisés comme une pelote*. C'est-à-dire émoussés, obtus.

96. *Averroÿs*. Averroès, commentateur arabe d'Aristote (1126-1198), étudié par Villon à la Sorbonne.

98. *sans croix ne pile*. Locution courante : sans la plus petite pièce de monnaie. La *croix* se trouvait sur le *droit*, ou *face*, ou *avers* de la pièce ; sur le côté opposé, appelé *pile* ou *revers*, étaient empreintes les armes du souverain et la valeur de la pièce.

100. *ce dit l'Évangile*. Saint Luc, XXIV, 13-16.

101. *une bonne ville*. Peut-être Moulins, capitale des ducs de Bourbon dont la devise était *Espérance*.

106-108. Tout ce passage renvoie à Ézéchiel, XXXIII, 11 : « Vivo ego, dicit Dominus Deus, nolo mortem impii, sed ut convertatur impius a via sua et vivat. » Ce texte était devenu un lieu commun de la littérature médiévale ; par exemple dans le roman d'*Éracle* de Gautier d'Arras : « Ne vuet pas mort de pecheeur, Ainz vuet qu'il se repente et vive. »

110. *Dieu voit*. Les manuscrits autres que C ont *vit*, plus conforme au texte d'Ézéchiel.

106-111. Le jeu sur *mort – mord – remord* se trouve déjà chez Gautier de Coinci et Rutebeuf.

Page 90.

113-114. *le noble* Romant De la Rose. En fait, il ne s'agit pas du *Roman de la Rose,* dont la pensée a beaucoup influencé Villon, mais du *Testament* de Jean de Meun :

Bien doit estre excusé jone cuer en jonesce,
Quant Diex lui donne grace d'estre vieil en viellesse,
Mais moult est grant vertu et tres haute noblesse,
Quant cuer en jone aage a meureté s'adresse.

120. *En murté ne me voudroient voir.* « Ils ne voudraient pas me voir atteindre la maturité », c'est-à-dire l'âge mûr et la sagesse.

124. *ainsi m'est Dieus ! Est* est une graphie d'*aït,* subjonctif présent d'*aidier.* La formule *si m'ait Diex,* déformée au point de devenir *m'ait Diex, médieu, mes dieux, midieu,* n'était plus qu'une simple marque d'affirmation. Voir L. Foulet dans *Romania,* t. 53, 1927.

129. *Alixandre.* Alexandre le Grand (356-323 av. J.-C.). Très célèbre au Moyen Âge grâce au *Roman d'Alexandre* d'Albéric de Pisançon, remanié à la fin du XIIᵉ siècle et au début du XIIIᵉ, il était le type accompli du preux et un modèle de générosité. Voir P. Meyer, *Alexandre le Grand dans la littérature française du Moyen Âge,* 2 vol., Paris, 1886, et Jean Dufournet, *Les Poèmes de l'Infortune et les Poèmes de la Croisade de Rutebeuf,* Paris, 1979, p. 44-45.

130. *Dïomédès.* Pirate qui dialogue avec Alexandre.

135. *ce cadès.* Le mot, qui peut aussi représenter l'arabe *qādi,* « juge », désigne Alexandre.

Page 92.

142. *fuste.* Bateau long et étroit qu'on utilisait surtout pour la course.

145-147. Villon joue sur le mot *fortune,* dont le second emploi est un verbe qui signifie « régler le destin de quelqu'un ». Pour la personnification de la Fortune, voir *Testament,* v. 1786 et note.

157-158. *Onc puis ne médit À personne. Médire à quelqu'un* signifiait « maltraiter quelqu'un en paroles ». On fait généralement de Diomédès le sujet de *médit ;* mais R.-L. Wagner (*Mélanges... R. Guiette,* Anvers, 1961, p. 165-176) a proposé de rapporter le verbe à Alexandre, ce qui supposerait une ingénieuse transformation de l'anecdote.

159-160. *Valère pour vrai le vous dit, Qui fut nommé le Grand à Rome.* Valère Maxime, familier de Tibère, auteur de *Faits et dits mémorables* en neuf livres, compilation de récits brefs sur toutes sortes de sujets. En fait, l'anecdote ne vient pas de Valère Maxime. Mais on peut suivre cette histoire du latin classique à la fin du Moyen Âge, puisqu'on la trouve dans Cicéron (*République,* III), Caecilius Balbus, saint Augustin (*La Cité de Dieu,* IV), Jean de Salisbury au XIIᵉ siècle (*Policraticus*) et son traducteur Denis Foullechat, Jacques de Cessoles au XIVᵉ siècle, dont le *Liber de moribus hominum et officiis nobilium sive super ludum scacchorum* fut traduit par Jean Ferron et, entre 1326 et 1341, par Jean de

Vignai, et enfin dans *Le Jouvencel* de Jean de Bueil, écrit en 1464-1465. Villon n'est pas le seul à avoir attribué à Valère une historiette dont il n'est pas l'auteur. Sans doute désignait-on par *Livre de Valère* un recueil d'anecdotes historiques moralisées. Voir G. Charlier, dans *Archivum Romanicum*, t. IV, 1920, p. 524.

Page 94.

162. *Un autre piteux Alixandre.* Villon oppose le comportement du compatissant Alexandre à celui de Thibaut d'Aussigny qui refusa de l'écouter, de le libérer et de l'aider. Voir *Recherches*, t. I, p. 171-172.

164. *qui m'eût vu. Qui* introduit une seconde hypothèse, en conformité avec l'usage ancien qui fait du relatif un équivalent de *si on.*

170. *j'ai plus qu'autre galé. Galer*, c'était « faire la noce », « prendre du bon temps », « mener la vie d'un *galant* ».

172. *Qui son parlement m'a celé.* Nous suivons A. Burger (*Lexique*, p. 17) qui fait de *vieillesse* le sujet de *m'a celé*. Toutefois, on peut rattacher *qui* à *temps de ma jeunesse* et voir dans les vers 170-171 une sorte de parenthèse.

184. *par faute d'un peu de chevance.* Rappelons qu'alors Villon avait à son actif le meurtre de Philippe Sermoise, le vol au collège de Navarre et diverses peccadilles dont l'une lui avait valu d'être emprisonné à Meung. Voir *Recherches*, t. I, p. 52-53.

Page 96.

186. *lécher.* « Vivre dans la débauche et la gourmandise », « faire bonne chère ». Le *lechierre, le lécheur* désignait le débauché, coupable de tous les excès.

185-189. Villon ne nie pas qu'il se soit amusé ni qu'il se soit adonné à l'amour ; mais il affirme que sa ruine ne vient pas de là et qu'il n'a pas coûté cher à ses parents et à ses amis.

198. *quelqu'un s'en récompense.* On peut hésiter sur le mode (indicatif ou subjonctif) comme sur le sens du verbe. A. Henry et J. Rychner (p. 36) comprennent : « que quelqu'un (*l'amie de Villon*) se dédommage de ce contretemps (*l'abstention de Villon*) ». Nous pensons qu'il s'agit plutôt du rival du poète.

199. *Qui est rempli sur les chantiers.* Les chantiers sont les pièces de bois sur lesquelles sont posés les tonneaux. La locution signifie : « être plein comme un tonneau ». L. Foulet a cru pouvoir distinguer dans ce vers l'anagramme d'Ythier Marchant : RAMPLY sur les CHANTIERS. Sur ce personnage, voir *Lais*, v. 81 et note.

208. *À peu que le cœur ne me fend.* Formule figée qui marque le désespoir déjà dans les chansons de geste, mais que le poète a revivifiée en l'appliquant à son expérience.

Page 98.

209. *lui.* Le pronom reprend *cœur* du vers 208. Il faut comprendre : « Je présentai à mon Cœur – à la partie raisonnable de mon être – les propos du Sage d'une manière trop favorable à mon Corps – à la partie jouisseuse de mon moi. » En même temps, c'est

une critique de Salomon, mauvais guide, trop peu clair, plein de contradictions.

210. *bien en puis mais*. A. Burger traduit : « c'est bien ma faute ».

211-216. Ecclésiaste, XI, 9-10 : « Laetare ergo juvenis in adolescentia tua... Adolescentia enim et voluptas vana sunt. »

216. *abus*. « Erreur », sens fréquent en ancien français.

218. *Job dit*. Job, VII, 6 : « Dies mei velocius transierunt quam a texente tela succiditur, et consumpti sunt absque ulla spe. » (Mes jours ont passé plus vite que la toile n'est taillée par le tisserand, et ils ont été consumés sans aucun espoir.)

225. *galants*. Amateurs de plaisir. Image même de la jeunesse bohème du XVe siècle, caractérisée par une pauvreté qui n'a d'égale que son insouciance, son détachement des choses matérielles. On les retrouve dans le groupe des Enfants-sans-souci, ou Galants-sans-souci. Voir J.-C. Aubailly, *Le Monologue, le dialogue et la sottie*, Paris, 1976, p. 355-357.

Page 100.

238. *De Célestins ou de Chartreux*. Les chartreux, fondés par saint Bruno en 1082, obtinrent de Saint Louis, en mai 1259, un terrain et une maison à Vauvert. Quant aux célestins, dont l'ordre fut fondé en 1251 par Célestin V, ils furent introduits en France par Philippe IV le Bel et protégés surtout par Charles V, qui les établit à Paris. Ils portaient une robe blanche, un capuchon, un scapulaire et un manteau noir.

239. *housés*. Munis de houseaux, « tantôt une variété de guêtre qui semble plus particulièrement portée par les cavaliers, tantôt de hautes bottes montant presque jusqu'à l'enfourchure, généralement ornées de revers, parfois lacées. Cette seconde forme est très commune entre 1430 et 1470 (M. Beaulieu et J. Baylé, *Le Costume en Bourgogne...*, Paris, 1956, p. 92-93).

247. *Aux autres*. On retrouve dans ce huitain la division tripartite du précédent : après avoir parlé des grands maîtres et des pauvres, Villon en vient aux religieux ; de là l'emploi de *pitance*, « ration d'aliments octroyée à chaque religieux ».

249. *souvent embrochés*. Il fallait souvent mettre en perce et vite vider les tonneaux, sinon le vin devenait aigre.

250. *brouets*. Voici la recette du brouet d'Allemagne, rapportée par Georges et Germaine Blond, *Histoire pittoresque de notre alimentation*, Paris, 1960, p. 207-208 : « Prenez chair de canard et de poulaille, dépecez-la, mettez frire avec sain de lard [lard fondu à la poêle] et oignon émincé. Puis affinez [écrasez] amandes à grand foison dans du vin et du bouillon de bœuf. Faites bouillir avec votre grain [élément solide du plat], ajoutez gingembre, cannelle, girofle, graine de paradis, noix muscade, bien peu de safran. Liez avec des jaunes d'œuf mouillés de verjus. »

251. *flans*. C'étaient plutôt des espèces de tartes.

252. *œufs... Perdus*. Voir G. et G. Blond, *op. cit.*, p. 247-248 : « Les œufs sont cuits de mille manières, dont la plus curieuse est celle des œufs perdus : « Brisez la coquille, jetez blanc et jaune sur charbon en braise, puis nettoyez et mangez. » Rabelais appellera cela les œufs jetés par la cheminée. »

253-254. Allusion aux manœuvres des maçons, dont le métier était très dur. Dans *Les Quatre Fils Aymon*, Renaud de Montauban, par esprit de pénitence, sert les maçons qui travaillent à l'église Saint-Pierre de Cologne.

Page 102.

264. *Ce que j'ai écrit est écrit.* Voir Jean, XIX, 22 : *Quod scripsi scripsi.* Réponse de Pilate aux Juifs qui lui reprochaient d'avoir écrit : « Jésus de Nazareth, roi des Juifs ».

265. *Laissons le moutier où il est.* Tour proverbial, signifiant « changeons de sujet », mais revivifié par le contexte où il est question de moines.

276. *Ne son aïeul nommé Orace.* Impossible de savoir si Villon a vraiment eu un aïeul nommé Horace, faute de documents sur la famille du poète, que nous connaissons sous les noms de Montcorbier, Monterbier, des Loges et Villon. Voir *Remarques*, t. I, p. 21-36.

277. *trace.* C'est notre verbe *traquer.*

Page 104.

283-284. Villon utilise, comme beaucoup de poètes du Moyen Âge, le procédé de l'annomination qui consiste à répéter des mots de même racine : *doulouse... douleur.*

285. *Jacques Cœur.* Jacques Cœur (1395-1456), brasseur d'affaires avisé et heureux, joua un rôle très important sous le règne de Charles VII qui finit par le disgracier, le faire condamner et confisquer ses biens. Il fut légendaire par son immense fortune autant que par ses malheurs (voir par exemple *Le Temple de Boccace* de Georges Chastelain).

292. *Son lieu ne connaîtra jamais.* Psaume CII, 16 : « Et non cognoscet amplius locum suum. » Il s'agit du lieu d'origine.

296. *Car c'est office de prêcheur.* C'est l'office des dominicains, chargés en particulier d'enseigner la théologie et inquisiteurs de la foi.

298. *Fils d'ange.* Selon la Genèse, ce sont des démons, bons ou mauvais, nés d'anges et de mortelles, et doués de l'immortalité corporelle comme de la connaissance surnaturelle. Voir Mario Roques, *Études de littérature française*, Paris, 1949, p. 67-74.

Page 106.

309. *à rebrassés collets.* Selon M. Beaulieu et J. Baylé, *op. cit.,* p. 79-80, la robe proprement dite apparaît vers 1430 : « Le décolleté s'ouvre en pointe avec des revers de velours ou de fourrure et la poitrine est couverte par une pièce triangulaire à laquelle s'ajoute souvent un fichu de fine toile, la gorgerette. Vers 1460, le décolleté triangulaire se répète dans le dos. »

311. *Portant atours et bourrelets.* Le mot *atour,* ornement, « en était venu à désigner une coiffure haute et pointue enserrant la tête et cachant les cheveux... souvent ornée d'un long voile pendant du sommet ou soutenu par des fils d'archal. La mode de ce type de coiffure s'étend de 1440 à 1480 environ ». Voir Fr. Piponnier, *Costume et vie sociale. La Cour d'Anjou, XIVᵉ siècle-XVᵉ siècle*, Paris-La Haye, 1970, p. 176. Cette coiffure était comparée aux cornes de

l'escargot ou du bélier. Le mot *atour* se disait, en fait, de toutes les coiffures compliquées. Quant au *bourrelet* d'étoffe rembourré de coton ou d'étoupe, il s'ajouta à la coiffe au début du XVe siècle : « Il souligne les sinuosités de la coiffure. Le bourrelet se referme au fur et à mesure que la coiffe s'élève et finit par s'étirer tellement en longueur qu'il ressemble à un pain fendu. Il peut être brodé, orné d'un galon en spirale, couvert de plumes, décoré de chatons » (M. Beaulieu et J. Baylé, *op. cit.*, p. 85).

313. *Pâris ou Hélène.* Ces deux personnages, qui provoquèrent la guerre de Troie, symbolisaient l'amour, la jeunesse et la beauté.

315-316. Le texte de C, que nous adoptons, présente une rupture de construction qui n'a rien de surprenant en ancien français, surtout dans un passage aussi pathétique. Les autres éditeurs ont conservé le texte de A pour le vers 315, *telle qu'il pert vent et alaine*, *telle* se rapportant à *douleur*.

316. *Son fiel.* Sa bile, une des quatre humeurs du corps d'après la médecine grecque.

323. *Le corps enfler, lâcher, mollir.* Nous avons conservé le texte de C. A porte *Le col enfler, la chair mollir*.

327. *attendre.* Pour le sens d'« endurer », voir M. Dubois dans *Romance Philology*, t. 14, 1960-1961, p. 339. Le verbe peut toutefois conserver l'acception courante de « s'attendre à ».

Page 108. BALLADE DES DAMES DU TEMPS JADIS.

330. *Flora la belle Romaine.* Nom de plusieurs courtisanes à Rome, dont l'une fut fréquentée par Pompée, et dont les autres sont citées par Juvénal et Lactance.

331. *Archipïades ne Thaïs. Archipïades* est Alcibiade, qu'on a pris pour une femme au Moyen Âge. Voir E. Langlois, « Archipiada », *Mélanges C. Wahlund*, Mâcon, 1896, p. 173-179. *Thaïs* était une courtisane grecque du IVe siècle avant J.-C., dont tour à tour tombèrent amoureux le poète Ménandre, Alexandre le Grand et Ptolémée, qui devint roi d'Égypte. C'est aussi le nom d'une comédienne et courtisane égyptienne que convertit l'abbé Paphnuce et qui vécut pendant trois ans dans une minuscule cellule à la porte scellée. Voir *Thaïs* d'Anatole France.

332. *Qui fut sa cousine germaine.* Sa proche parente par la beauté.

333. *Écho.* Nymphe des bois et des sources, tantôt aimée de Pan qu'elle n'aime pas et qui, pour se venger, la fait déchirer par des bergers, tantôt aimant en vain le beau Narcisse et mourant de désespoir ; mais, quelle que soit la légende, elle devient à sa mort une voix qui répète les dernières syllabes des mots prononcés. Guillaume de Lorris en a rappelé l'histoire dans *Le Roman de la Rose* (v. 1439-1510).

336. *les neiges d'antan.* Les neiges de l'année dernière. Le mot *antan* n'avait pas au XVe siècle la couleur archaïque et poétique qu'il suggère aujourd'hui.

337. *la très sage Héloïs.* Héloïse, disciple, puis amante et femme du philosophe et théologien Pierre Abélard. On la présentait au Moyen Âge comme un modèle d'intelligence, d'amour et de dévouement. Elle tenta, par amour, de détourner Abélard du mariage. Il ne suivit pas ses conseils, et l'oncle d'Héloïse, Fulbert, le

fit mutiler par ses séides. Jean de Meun raconta leur histoire dans *Le Roman de la Rose* et traduisit les lettres d'Héloïse et d'Abélard. Voir É. Gilson, *Héloïse et Abélard*, Paris, 2ᵉ éd., 1953.

341. *la roine.* On a cru au Moyen Âge qu'il s'agissait de Jeanne de Navarre, l'épouse de Philippe le Bel ; mais Buridan (1295-1360) n'avait que neuf ans à la mort de la reine en 1304 ou 1305. Peut être est-ce un écho des débordements des brus de Philippe le Bel ; voir M. Druon, *Les Rois maudits.* Mais la légende de ses orgies, comme celle de Buridan, précipité de la tour de Nesle et tombé providentiellement dans un bateau chargé de foin, sont postérieures au XIVᵉ siècle. Pierre Buridan, après une jeunesse dissipée, devint recteur de l'Université de Paris (1347) et, philosophe réputé, prit parti contre la liberté d'indifférence.

Page 110.

345. *La roine Blanche comme lis.* On l'a ordinairement identifiée à la mère de Saint Louis, Blanche de Castille (1185-1252) ; mais rien n'impose cette explication. Il se peut que *blanche* soit un adjectif et désigne une fée.

347. *Berthe au plat pied, Bietrix, Aliz.* Personnages du folklore passés dans le domaine littéraire, en particulier dans la chanson de geste. *Berthe au plat pied* est la leçon de C, en rapport avec la légende d'une Berthe fileuse dont un pied était devenu plat et plus long que l'autre, à force d'appuyer sur la pédale du rouet.

348. *Harambourgis qui tint le Maine.* Villon a sans doute latinisé le nom d'Erembourg, comtesse du Maine, morte en 1126.

349. *Et Jeanne, la bonne Lorraine.* Dans la mention de Jeanne d'Arc, se retrouve l'influence de Saint-Benoît-le-Bétourné, dont l'un des chanoines produisit un mémoire pour la réhabilitation de la Pucelle.

355. *Qu'à ce refrain ne vous remaine.* Certains ont proposé de comprendre : « de peur que le refrain ne vous ramène à cette question ». Sur cette ballade, voir É. Gilson, « De la Bible à Villon », *Les Idées et les Lettres,* Paris, 1932, p. 9-30, et L. Spitzer, « Étude a-historique d'un texte : *Ballade des dames du temps jadis* », *Modern Language Quarterly,* t. 1, 1940, p. 7-22.

Page 112. BALLADE DES SEIGNEURS DU TEMPS JADIS.

357. *li tiers Calixte.* Le pape Calixte III, mort le 6 août 1458, après avoir régné quatre ans et trois jours, selon Jacques Du Clercq. Il venait de se parjurer sans pouvoir imposer sa décision pour la succession de Naples.

360. *Alphonse le roi d'Aragon.* Alphonse V d'Aragon, mort le 28 juin 1458, au milieu de sa gloire, parmi des prodiges inquiétants, puisque sa galère sombra dans le port de Naples et que son trône s'écrasa dans la chambre royale.

361. *Le gracïeux duc de Bourbon.* Charles Iᵉʳ de Bourbon, mort en 1456, que l'on comparait à Absalon pour sa beauté, et qui mourut déformé par la goutte, comme nous l'apprend G. Chastelain dans sa *Chronique.*

362. *Et Artus le duc de Bretagne.* Arthur de Bretagne, grand connétable de France, mort en 1458, après n'avoir régné que quinze mois sur le duché de Bretagne.

363. *Charles septième le bon.* Charles VII, mort le 22 juillet 1461 dans des conditions assez horribles, puisque, selon Commynes et Jean Chartier, il aurait refusé de s'alimenter de peur d'être empoisonné.

365. *le roi scotiste.* Jacques II d'Écosse, mort en 1460, de l'éclatement d'un canon dans son propre camp.

369. *Le roi de Chypre de renom.* Il s'agit de Jean II de Lusignan, mort en 1458, après un règne fort obscur, marqué par une série de malheurs et de vaines tentatives. Voir J. F. Hill, *A History of Cyprus,* Cambridge, 1948.

370. *et le bon roi d'Espagne.* Jean II de Castille, dont G. Chastelain, bien que favorable, ne trouve pas grand-chose à dire. Mort en 1454.

Page 114.

374. *abusïon.* Tromperie et illusion. Leitmotiv de l'époque qu'on retrouve sous la plume d'E. Deschamps *(Ils sont tous morts, ce monde est chose vaine)* et de Charles d'Orléans *(Le monde n'est que chose vaine).* Commynes fit dessiner sur son tombeau sous forme de rébus un globe et un chou cabus, avec cette légende : *Le monde n'est qu'abus.*

376. *provisïon.* Terme technique du vocabulaire juridique : « mesure juridique préventive ».

378. *Lancelot le roi de Behaygne.* Laszlo V, roi de Hongrie et de Bohême, mort en 1457 à l'âge de 18 ans, au moment où ses ambassadeurs demandaient la main de Madeleine, la fille de Charles VII. Selon Commynes, il mourut empoisonné pour s'être parjuré, et peut-être victime de la vengeance de Dieu.

381-383. Il s'agit de trois adversaires des Anglais : Bertrand Du Guesclin, mort en 1380, Béraud III, dauphin d'Auvergne, mort en 1426, et Jean Iᵉʳ d'Alençon, mort à Azincourt en 1415

384. *Mais où est le preux Charlemagne ?* Double signification : Charlemagne, l'élu de Dieu, le vertueux et victorieux empereur, le guerrier sanctifié, a disparu comme les autres ; il n'y a plus de Charlemagne dans un monde en déclin. Sur cette ballade, voir *Nouvelles recherches,* p. 29-46.

Page 116. BALLADE EN VIEIL LANGAGE FRANÇOIS.

385. *Car, ou soit...* Il s'agit d'un exercice de style : Villon a essayé de renouveler un lieu commun, déjà traité par deux fois, en enchérissant sur l'idée d'effacement, à la fois par une évocation des grands de ce monde dépourvue de toute précision temporelle et par la magie du vieux langage. Ce pastiche montre que le poète n'avait aucune familiarité avec la littérature et la langue des XIIᵉ et XIIIᵉ siècles, témoin les fautes qu'il est facile de relever, et dont voici quelques exemples : *aubes* et *amys,* au cas régime singulier, ne devraient pas comporter d's ; *ly mauffez* est une forme de cas sujet, alors que le mot est complément d'objet...

385. *ly sains appostolles.* Le pape, revêtu des habits sacerdotaux, l'aube et l'amict, est en train d'exorciser un possédé dont il saisit le cou par l'étole.

390. *filz servans.* C'est le texte de C. F présente la leçon : *cilz servans*, « ce serviteur », un frère convers par exemple.

391. *De ceste vie cy brassez.* Brassez suggère l'image de quelqu'un que la mort emporte dans ses bras. En A et I, nous avons *bouffez*, du verbe *bouffer* qui pouvait signifier « souffler ».

393-394. *de Constantinobles L'emperieres au poing dorez.* Il s'agit de l'empereur de Constantinople, qui portait dans la main une pomme d'or, symbole de la puissance impériale.

395. *de France le roy tres nobles.* La formule a une valeur générale ; il se peut que Villon ait pensé plus précisément à Saint Louis.

Page 118.
403-404. Après le dauphin de Vienne, qui était le fils aîné du roi de France et donc l'héritier de la couronne, il est question du fils aîné du duc de Bourgogne, qui portait le titre de comte de Charolais.

406. *Heraux, trompectes, poursuivans.* La hiérarchie était en fait la suivante : roi d'armes — héraut — poursuivant — trompette. Le roi d'armes était le chef des hérauts d'armes, officiers qui prenaient part aux cérémonies officielles et suivaient constamment les princes ; très tôt, les hérauts jugèrent de leur devoir de transmettre par écrit les hauts faits de leurs maîtres, comme Lefèvre de Saint-Rémy, dit Toison d'or, conseiller et roi d'armes de Philippe de Bourgogne. Les poursuivants étaient des hérauts de rang subalterne qui faisaient leur apprentissage. Voir *Testament*, v. 704 et note.

407. *Ont ilz bien boutez soubz le nez ?* Cette expression vulgaire, de la même tonalité que « s'en mettre plein la lampe », « s'en envoyer derrière la cravate », est destinée à créer une dissonance.

412. *Autant en emporte ly vens.* Il s'agit d'un proverbe d'usage courant, déjà utilisé au XIIIᵉ siècle par Adam de La Halle qui, dans *Le Jeu de la Feuillée*, joue avec le dernier mot, qu'il remplace par *vin : tout emporte li vins* (v. 505).

Page 120.
416. *En autrui mains.* Selon l'usage ancien, le pronom *autrui*, complément du nom *mains*, est placé devant le déterminé.

417. *mercerot de Rennes.* Le mot *mercerot* désignait alors un petit marchand ambulant sans spécification du commerce qu'il exerçait. Sans doute Villon n'a-t-il pas été colporteur en Bretagne ; mais il reprend une locution proverbiale (« Moi, pauvre diable ») qui lui permet de faire un jeu de mots à la rime sur *règnes*, « royaumes », et la ville de Rennes, et de rappeler, outre un fabliau, *Dou pauvre mercier*, deux rondeaux de Charles d'Orléans dont le refrain est respectivement : *D'où venez-vous, petit mercier ?* et *Petit mercier, petit panier.* Voir *Recherches*, t. 1, p. 195-211.

419. *Mais que j'aie fait mes étrennes.* Nous avons retenu l'interprétation d'A. Burger, le mot *étrennes* désignant la première vente de la journée, la première affaire. O. Jodogne comprend : « à condition que j'aie fait mes premières bonnes actions ». Peut-être faudrait-il interpréter « à condition que j'aie fait mes premiers cadeaux, mes dons ».

424. *Ce confort prend pauvre vieillard.* C'est le texte de C. Les

autres éditeurs ont conservé le texte de A, F et I, où on a l'impératif *prens* : *Ce confort prens, povre viellart.* Villon tente d'objectiver son drame, mais dès le vers 424, avec la reprise de *pauvre*, c'est son propre cas qu'il décrit : il eut la réputation, grâce au *Lais*, d'être habile dans le maniement de la plaisanterie.

431. *Regrette.* Le verbe signifie : « appeler de ses vœux dans ses regrets ».

432. *éteint ;* C'est la leçon de C : *éteindre* signifie souvent en ancien français « anéantir, tuer ». La leçon est confirmée par F où le scribe, qui avait d'abord écrit *estraint*, a barré ce mot pour le remplacer par *estaint*.

436. *Et que lui-même se défait.* Ce huitain suggère tout le drame de la vieillesse : la pauvreté qui devient misère ; le désespoir et la tristesse qui font souhaiter la mort ; la tentation du suicide, refrénée pendant un temps par la crainte de Dieu ; enfin, le suicide, c'est-à-dire pour les hommes du Moyen Âge la damnation éternelle. La mort attire *(souvent)* en même temps qu'elle fait peur.

Page 122.

442. *fol recru.* Fol épuisé par l'âge, *recroire* signifiant « s'avouer vaincu », « renoncer », « renoncer par fatigue, être fatigué ». Vieilli, Villon ne peut plus jouer son rôle de fol, de *sot*, d'amuseur public.

444. *Et qu'en son premier n'a pas crû.* Ce tour imagé est l'équivalent de notre expression : « Cela n'est pas de son cru. »

447. *ils.* L'emploi de ce pronom au sens de « elles » est fréquent en moyen français.

447-448. *Quand ils voient ces pucelettes Emprunter, elles.* On peut, comme L. Foulet, transcrire différemment : *Quand ils voient ces pucelettes emprunter elles,* et comprendre : « Quand ces vieilles voient ces fillettes prendre leur place et, humiliation suprême, les emprunter, c'est-à-dire emprunter leurs services (à elles vieilles)... » Pour L. Spitzer (*Romania,* t. 64, p. 522), *emprunter* signifie « imiter » : les vieilles sont des modèles impuissants à faire ce que peuvent imiter les jeunes filles.

452. *il le perdroit.* Dans *le perdre* comme dans notre *l'emporter, le* est un pronom neutre.

Page 124. LES REGRETS DE LA BELLE HÉAUMIÈRE.

454. *héaumière.* Femme ou employée d'un marchand de heaumes et d'armes. Le commerce des armes de luxe fut florissant au XVe siècle. La Belle Heaumière fut la maîtresse d'un homme riche, chanoine de Notre-Dame de Paris, le boiteux d'Orgemont, dont le père fut chancelier de France. En 1456, la Belle Heaumière devait avoir environ quatre-vingts ans.

460. Dans tout ce passage, Villon utilise plusieurs thèmes poétiques de son temps : les regrets, le motif *Ubi sunt,* le portrait détaillé de la beauté et de la laideur.

468. *truandailles.* Le suffixe *-aille* a permis de fabriquer beaucoup de mots péjoratifs à valeur collective : *chiennaille, frapaille, merdaille...* qui ont à peu près le même sens que *canaille.* Voir H. Lewicka, *La Dérivation,* Paris, 1960, p. 196.

Page 126.

471-476. Ces réflexions ont été inspirées par les propos de la Vieille dans *Le Roman de la Rose*, éd. F. Lecoy, t. II, p. 189-190, v. 14441-14485.

473. *finesse.* Ruse, dissimulation, cajolerie trompeuse.

477-481. Ces vers sont inspirés du *Roman de la Rose*, éd. citée, v. 14462-14476, comportent une construction difficile. Comme l'ont remarqué A. Henry et J. Rychner, « le *Et* du vers 479 coordonne deux constructions concessives qui s'équilibrent ; le *Que* du vers 481 est amené par le *que* du vers 478, sans être pourtant introduit par *tant* comme dans le premier cas ».

482. *de mal enteché.* L'expression désigne un mauvais naturel, *teche* signifiant « marque distinctive, qualité ou défaut ».

484. *péché.* Le mot signifiait en ancien français « malheur » aussi bien que « péché ».

Page 128.

493-500. Dans ce portrait très suggestif, nous retrouvons les éléments traditionnels de la beauté féminine au Moyen Âge. Voir A. Colby, *The Portrait in twelfthcentury French Literature*, Genève, 1965, et J. Dufournet, *Adam de La Halle à la recherche de lui-même...*, Paris, 1974, p. 67-110. Villon est plus original dans la mesure où c'est la femme qui pleure sur son vieillissement.

505. *lices.* Champ clos où se déroulaient les tournois. L'expression, comme beaucoup de la même origine, est passée dans le vocabulaire amoureux.

506. *sadinet.* Nom dérivé de l'adjectif *sade,* « mignon, doux, charmant, agréable », et désignant le sexe de la femme.

509-524. Pour ce développement sur la laideur, Villon s'est inspiré du portrait de Vieillesse dans *Le Roman de la Rose*, éd. citée, t. I, p. 11-12, v. 339-357.

512. *méchants.* C'est le texte de C : *méchant* a le sens ancien de « malheureux », « qui n'a pas eu de chance ». A et F ont *marchands.*

Page 130.

524. *Grivelées.* Tachetées, mêlées de brun (ou de gris) et de blanc, comme le plumage de la grive.

Page 132. BALLADE DE LA BELLE HÉAUMIÈRE AUX FILLES DE JOIE.

533. *belle Gautière.* Leçon de C, A, F et I. C'est la femme de Gautier, *gautier* pouvant signifier « bon vivant ». Les autres éditeurs ont corrigé sans raison suffisante en *gantière.*

336. *vous connaître.* Connaître ce que vous êtes et ce que vous valez, faire réflexion sur vous-même.

540. *Ne que monnoie qu'on décrie* Il y eut à l'époque de fréquentes dévaluations et démonétisations qui entraînèrent misère et protestations. Ce refrain rappelle un rondeau de Charles d'Orléans :

Comme monnoye descriée,
Amours ne tient conte de moy ;
Jennesse m'a laissié ; pour quoy
Je ne suis plus de sa livrée.

544. *votre maître.* Plutôt que le patron ou l'amant, le mot désigne

le professeur qu'est la vieille Heaumière, qui joue le même rôle que la Vieille dans *Le Roman de la Rose*.

547. *Plus ne servirez qu'un vieil prêtre*. S'agit-il déjà de l'âge canonique de 40 ans au moins, qu'on imposait aux servantes des ecclésiastiques ?

Page 134.

549. *Jeanneton la Chaperonnière*. Jeanneton était un prénom souvent donné aux jeunes femmes, et en particulier aux filles de petite vertu. Le chaperon était « une coiffure posée perpendiculairement sur le haut du corps, couvrant les épaules dans la partie évasée, encadrant le visage dans une ouverture dite visagière, pratiquée vers le sommet, et dont la pointe retombe par-derrière et sur le côté... Au XIVᵉ siècle, on le dispose en manière de turban » (F. Piponnier, *op. cit.*, p. 383). Jeanneton la Chaperonnière était la femme, la maîtresse ou l'employée d'un marchand ou d'un fabricant de chaperons.

550. *empètre*. « Empêtrer », mettre une entrave comme aux bêtes qu'on veut retenir dans la pâture. Le mot vient du bas latin *impastoriare*. Villon a joué sur l'homonymie de ce verbe et d'un autre verbe *empetrer,* ou *impetrer,* au vers 555, qui signifie « obtenir » (du latin *impetrare*).

553-555. Notre traduction épouse le mouvement du huitain et du poème tout entier. Dans chaque huitain, la belle Heaumière apostrophe les filles à l'impératif pour leur conseiller de bien user de leur temps ; puis, dans les deux derniers vers, elle revient à l'indicatif pour la leçon implacable : une fois la vieillesse arrivée, c'est fini ! *Perpètre* et *rie* sont donc des subjonctifs à valeur impérative. On notera la progression du texte : de la *belle* Gautière et de la *gente* Saucissière, nous sommes passés à Catherine la Boursière, sans qualificatif, et à l'expression *qui belle n'est,* « celle qui n'est pas belle » : sans doute Catherine est-elle une fille bien défraîchie, celle qui a le plus besoin d'artifice pour se défendre. Pour une autre inteprétation de ces trois vers, voir Jean Rychner dans *Romania*, t. 74, 1953, p. 383-388.

Page 136.

565. *Fremin*. Firmin, personnage inventé ; peut-être allusion à un écrivain public, Firmin le Mai.

567. *S'il me dément, je le maudis*. Villon, qui n'a pas de clerc, ne peut être démenti.

568. *Selon le clerc est duit le maître*. Villon s'est amusé à inverser un proverbe connu : « Selon le seigneur, mesnie duite », « Selon le seigneur se comporte la maisonnée ».

574. *barrat*. Ruse, tromperie, fourberie. – *celles nommées*. Les femmes nommées dans la ballade précédente.

583. *Franc homme*. Homme noble au sens social et surtout moral du terme.

Page 138.

590. *Assavoir mon*. *Mon* était une particule affirmative qu'on trouvait dans trois sortes de tours : *assavoir mon si,* « pour bien

savoir si » *c'est mon,* « oui, sûrement », *oiez mon,* « écoutez bien ». Voir N. L. Corbett, « La notion de pureté et la particule *mon* », *Romania*, t. 91, 1970, p. 529-541.

600. *feu Saint-Antoine.* Voir *Lais,* v. 263 et note.

601. *Décret.* Droit canonique.

Page 140.

612. *Qui tout uniement veut aimer.* Il faut voir en *tout* le complément d'*aimer* (« tous les hommes ») plutôt qu'un adverbe portant sur *uniement.* On retrouve de nouveau les idées du *Roman de la Rose* de Jean de Meun, v. 13997-14076.

614. *Trois.* Troyes en Champagne. Cette graphie n'est pas particulière à Villon.

617. *Or ont ces fols amants le bond.* Avoir le bond, au jeu de paume, c'était laisser rebondir la balle sans pouvoir la rattraper ; de là, le sens d'« être abandonné, chassé ».

618. *Et les dames pris la volée. Prendre la volée,* au jeu de paume, c'était rattraper la balle, maîtriser le jeu. Mais *prendre la volée,* c'était aussi, dans le langage commun, « s'envoler ».

Page 142. DOUBLE BALLADE.

630. *Salmon.* Salomon, symbole de sagesse et de puissance, à qui on attribuait l'Ecclésiaste et les Proverbes.

631. *Samson en perdit ses lunettes.* Villon rappelle de façon plaisante que Samson, symbole de la force, eut les yeux crevés par les Philistins.

633. *Orpheüs le doux ménétrier.* Villon n'est pas le seul à faire un ménétrier d'Orphée, roi de Thrace, chanteur, musicien et poète, inventeur de la lyre et de la cithare. Jean le Fèvre, dès 1370, parle de la *ménestrandie* d'Orphée et Michault Taillevent le qualifie de *doux menestrier* vers le milieu du XVe siècle.

636. *Chien Cerbérus à quatre têtes.* Villon accorde une tête de plus à Cerbère que la légende mythologique ordinaire. L'image la plus courante le représentait avec trois têtes de chiens, une queue formée par un serpent et, sur le dos, de nombreuses têtes de serpent.

637. *Et Narcissus.* La légende de Narcisse qui, méprisant l'amour des femmes, devint amoureux de son image au point de se laisser mourir, a inspiré divers auteurs du Moyen Âge : l'attestent, au XIIe siècle, le court roman de *Narcissus* (éd. M. Thiry-Stassin et M. Tyssens, Paris, 1976), au XIIIe siècle, un passage du *Roman de la Rose* de Guillaume de Lorris (v. 1437-1504), au XVe siècle, *Narcissus,* poème dramatique en strophes d'alexandrins. Villon opte pour une autre tradition, répandue aussi au moyen Âge, selon laquelle Narcisse se noya.

641. *Sardana.* Abréviation cocasse de Sardanapale, célèbre par son luxe et sa mollesse. S. Hendrup a rappelé dans la *Revue romane* (t. III, 1968, p. 11) que ce nom pouvait s'écrire alors en deux mots : *Sardana pallas, Sardana palus, Sardana paulus,* dont Villon n'aurait retenu que le premier élément. Voir aussi *Poésies diverses*, V, v. 32.

645. *David.* Le roi-prophète d'Israël prit Bethsabée qu'il avait aperçue au bain et fit périr son époux Urie (II Samuel, XI).

Page 144.

649. *Amon*. Amnon, fils aîné de David, viola sa demi-sœur Thamar après avoir feint d'être malade et lui avoir demandé de préparer deux gâteaux. Il fut tué par Absalon, frère de Thamar (II Samuel, XIII).

652. *Déshonnêtes*. L's final n'est là que pour la rime.

653. *Hérode*. Pour plaire à Hérodias, Hérode Antipas accepta que saint Jean Baptiste fût décapité (Matthieu, XIV, 2-12).

660. *mâcher ces groselles*. Allusion probable à l'acidité du fruit, que, de ce fait, on ne consomme guère à l'état naturel, du moins à pleine bouche. Mais l'expression suggère aussi la correction infligée aux condamnés qu'on battait avec des branches épineuses de groseillier.

661. *Catherine de Vaucelles*. Fut-elle le grand amour de Villon ? Une famille Vaucelles habitait près de Saint-Benoît-le-Bétourné. Sans doute Villon joue-t-il sur ce nom, dans la mesure où *vaucelle* (*vaucel*), qui signifiait « vallon », désignait dans la poésie érotique et libre « les petites vallées du corps féminin », et l'endroit où, dans les pastourelles, le chevalier séduisait, ou tentait de séduire, la bergère. Voir *Recherches*, t. I, p. 86-89, et notre *Adam de La Halle à la recherche de lui-même*, p. 107.

662. *Noël, le tiers, ait, qui fut là*. Ce Noël, qui est sans doute le Noël Jolis à qui Villon léguera 220 coups de verge au vers 1636, donna peut-être les coups, ou ne remplit pas la mission confiée à lui par le poète, ou assista à la scène sans secourir son ami. Les manuscrits C et F ont la leçon *ot* (« eut »), l'Imprimé de Levet porte *est*, graphie pour *ait*, et Villon lui souhaiterait alors de recevoir autant de coups qu'il en a lui-même essuyés.

663. *Mitaines à ces noces telles*. Les *mitaines* sont les coups de gants (mitaines) qu'on distribuait, par exemple, le jour d'un mariage pour graver le souvenir de la cérémonie. Voir Rabelais, *Quart Livre*, chap. XII-XV. Il se pourrait que Villon fût plus cruel, puisque *noces* désignait en argot la pendaison, ou un châtiment public. Voir *Recherches*, t. I, p. 88.

665. *bacheler*. Ce mot s'applique toujours à des jeunes gens ; il est synonyme de jeune et peut-être le plus souvent traduit par « adolescent » ou « garçon ». Voir Jean Flori dans *Romania*, t. 96, 1975, p. 312-313.

668. *chevaucheur d'écouvettes*. C'est le sorcier qui chevauchait un balais pour se déplacer dans les airs. On brûla à cette époque de nombreuses femmes accusées de sorcellerie, en particulier à Arras. Voir les *Mémoires* de Jacques Du Clercq.

669. *civettes*. La civette était élevée pour sa fourrure (grise tachetée de noir) et pour le liquide onctueux qu'elle sécrète et qui a une odeur pénétrante de musc.

Page 146.

684. *me souffrait acouter*. Le verbe *s'acouter* signifiait « s'approcher » (comme le traduisent L. Foulet et A. Burger), mais aussi « s'étendre », « se coucher ».

685. *sacouter*. Ce verbe était en général intransitif : « parler à

l'oreille », quelquefois transitif : *sacouter quelqu'un*, « lui parler à l'oreille ». Voir J. Rychner, dans *Romania*, t. 74, 1953, p. 388.

694. *D'ambesas que c'étoient ternes*. Ce sont deux termes du jeu de dés. *Ambesas*, devenu *besas* ou *beset*, désignait le double as, un très mauvais coup ; de là des expressions comme *jeter*, *faire ambesas*, « mal réussir », *être à ambesas*, « être dans la détresse ». *Ternes*, le double trois, était un meilleur coup. Voir *Recherches*, t. I, p. 240-242.

695. Les manuscrits A et F présentent un autre texte, *Toujours trompeur autruy engaultre*, ce dernier mot étant un verbe argotique que nous rencontrons au vers 21 de la 3e ballade en jargon du manuscrit de Stockholm.

Page 148.

702. *D'une truie*. Le mot désigne la femelle du porc, mais aussi, et c'est le sens qui prévaut dans le contexte, une machine de guerre pour lancer des pierres contre les murailles et pour abriter les soldats dans leur progression. Jeu possible sur l'équivoque entre les deux sens.

704. *un poursuivant*. C'était d'abord un héraut de rang subalterne, souvent très pauvre. Le mot était passé dans le vocabulaire amoureux, comme l'atteste un rondeau de Charles d'Orléans : *J'ai été poursuivant d'amour, Mais maintenant je suis héraut...* Les poursuivants d'amour, comme les bannis de liesse, qui servaient en vain une belle inexorable, étaient représentés maigres et pâles. Sur ces deux huitains, voir *Recherches*, t. I, p. 213-249.

705. *Ainsi m'ont Amours abusé*. Amour, qui était du genre féminin, comportait fréquemment un *s* quand il désignait la divinité Amour ou la personnification ; il apparaissait au singulier ou au pluriel : voir Jean Frappier, « D'amors, par amors », *Romania*, t. 90, 1967, p. 433-474.

706. *pourmené de l'huis au pêle*. M'ont fait piétiner devant la porte fermée. *Pêle*, forme ancienne de *pêne*, a été usité jusqu'au XVIIe siècle.

708. *argent de coupelle*. Argent très fin qui a passé par l'essai de la coupelle, « petit vase fait avec des os calcinés, réduits en poudre, puis délayés dans l'eau, et dont on se sert pour séparer l'argent des autres métaux avec lesquels il est uni » (Littré).

712. *L'amant remis et renié*. Nous avons adopté l'interprétation d'A. Henry et J. Rychner. D'autres comprennent « l'amant repoussé et renié ».

713-714. Villon emploie un vocabulaire à la fois religieux (*renie*) et féodal (*défie*) pour renoncer à l'amour, à qui, dans le second vers, il déclare une guerre totale (*à feu et à sang*).

716. *Et ne leur en chaut pas d'un blanc*. Il s'agit d'un cliché, le blanc désignant une petite pièce d'argent, méprisée par rapport aux monnaies d'or.

717. *Ma vielle ai mis sous le banc*. L'expression, empruntée au métier de jongleur, implique une cessation d'activité qui n'est pas sans laisser de regrets, mis qui n'implique pas nécessairement l'idée de renoncer aux plaisirs. Voir M. Roques, dans *Romania*, t. 58, p. 83-85.

719. *rang.* Le mot désignait une assemblée au sens militaire ou judiciaire.

Page 150.

721. *j'ai mis le plumail au vent.* Le plumail était le panache qui ornait le casque. Voir l'explication de L. Foulet dans *Romania,* t. 68, 1944-1945, p. 73-74 : « Le poète naguère encore servait comme un bon guerrier dans la vaillante brigade des amants. Mais il ne veut plus marcher avec eux, il quitte leurs rangs. Et pour bien marquer sa résolution, il jette en l'air... le plumail, c'est-à-dire son panache de combattant. »

722. *Or le suive, Le,* qui est la leçon de tous les manuscrits, peut représenter soit *plumail,* soit *rang,* du vers 719.

724. *mon entente.* Mon intention de rédiger un testament.

729. *ma seuf.* La soif de mon agonie, qui rappelle celle du Christ sur la croix.

730. *Je crache blanc comme coton.* Fusion de deux expressions, *cracher blanc* et *cracher comme coton.*

731. *Jacopins gros comme un éteuf. Jacopins* désigne des crachats, sans doute parce que les dominicains ou jacobins étaient vêtus de laine blanche (au-dehors, ils portaient un manteau noir). L'*éteuf* était la balle utilisée au jeu de paume ; de là des expressions imagées : *courir après son éteuf,* « se donner de la peine pour recouvrer un avantage qu'on a laissé échapper » ; *renvoyer l'éteuf,* « se décharger sur un autre d'une commission ».

734. *roquard.* Rapace qui n'est pas de bonne race, bâtard, donc impropre à la chasse. Voir *Nouvelles Recherches,* p. 46-50.

736. *coquard.* Le mot, formé sur *coq,* appartient à une série bien fournie en moyen français (*coquardeau, coquebert, coquebin, coquibus, coquidé, coquillard...*) et désigne un personnage sot, prétentieux, vantard, quelquefois un mari trompé, voire impuissant. Voir le poème publié par A. Piaget dans *Romania,* t. 47, 1921, p. 179-188, et *Recherches,* t. I, p. 160-161.

737. *Tacque Thibaut.* Villon assimile Thibaud d'Aussigny à Tacque Thibaut à la faveur d'une homonymie. Selon Froissart, Tacque Thibaut, devenu le mignon du duc de Berry, s'appropria une puissance imméritée et s'enrichit honteusement au détriment des habitants d'Auvergne et de Languedoc. Grâce à ce jeu de mots, Villon accuse l'évêque d'être un parvenu aux mœurs anormales, d'être cupide et indigne de sa charge. Voir *Recherches,* t. I, p. 169-170.

738. *Qui tant d'eau froide m'a fait boire.* C'est l'eau que le poète avait comme unique boisson, mais aussi l'eau absorbée pendant la question, et l'eau de tristesse dont a parlé Charles d'Orléans.

739. *En un bas.* Dans un lieu bas, dans le cul-de-basse-fosse de Meung-sur-Loire.

740. *Manger d'angoisse mainte poire.* Villon joue sur les sens de l'expression, qui étaient, au XVᵉ siècle : poires d'un goût agréable (du village d'Angoisse en Dordogne), puis, à cause du nom, poires d'un goût amer ; peines morales et douleurs ; instrument de torture introduit dans la bouche pour obtenir le plus grand écartement possible des mâchoires. Voir *Recherches,* t. I, p. 146-148.

742-744. Villon charge *je pri* des sens que revêt ce mot dans les vers 33-48, avec toute une série de sous-entendus goguenards, mêlés de termes latins lourds d'une ambiguïté menaçante.

Page 152.

746. *son lieutenant.* Celui qui tenait la place de l'officier chargé de la justice temporelle de l'évêque (le *bailli*) et qui avait commencé à s'occuper de l'affaire, après l'arrestation de Villon.

747. *son official.* Juge ecclésiastique délégué par l'évêque pour juger en son nom. Villon le dit *plaisant et avenant*, parce qu'il s'appelait Étienne Plaisance, et ce nom lui convenait fort peu, l'official n'étant pas tendre envers les prisonniers.

750. *du petit maître Robert.* Ou bien le bourreau qui avait torturé Villon, ou bien l'assesseur de la cour épiscopale. *Petit* peut caractériser le physique ou le moral du personnage, ou avoir un sens antiphrastique.

751. *Je les aime tout d'un tenant.* Vers antiphrastique.

752. *Ainsi que fait Dieu le Lombard.* Le *Lombard* et *Dieu* peuvent être sujet ou complément d'objet du verbe *fait*, substitut d'*aimer*. Nous pouvons lire de deux manières : I. *Ainsi que Dieu aime le Lombard,* ce dernier mot désignant l'usurier, le prêteur sur gages, profession de beaucoup d'Italiens et de juifs qui étaient l'objet de la haine populaire. Voir *Requête à Monseigneur de Bourbon,* v. 21-22. Villon les hait autant que Dieu hait les usuriers. 2. *Ainsi que le Lombard aime Dieu.* Il s'agit alors de Pierre Lombard, théologien réputé, auteur de *Sentences* lues jusqu'à la fin du Moyen Âge et spécialiste de la Trinité. Villon les déteste autant que P. Lombard aime Dieu en trois personnes. Voir J. Frappier dans *Romania,* 1959, t. 80, p. 191-207, et *Recherches,* t. I, p. 166-168.

755. *Certains lais.* Certains legs dont l'ensemble constitue le *Lais.* Villon tient à opposer ses deux œuvres, conscient de la distance qui les sépare à tous points de vue.

761. *les.* Les legs que j'ai faits dans le *Lais.*

764. *le Bâtard de la Barre.* Perrenet Marchant, dit le Bâtard de la Barre. Sergent à verge de la douzaine du roi au Châtelet, garde du corps du prévôt de Paris Robert d'Estouteville. Pourquoi s'en prendre à trois reprises, dans le *Testament,* à ce personnage ? A-t-il joué un rôle auprès de Catherine, ou était-il indicateur de police, ou bien fut-il le rival de Villon auprès de Robert d'Estouteville ? Voir *Recherches,* t. I, p. 274-284.

765. *trois gluyons de feurre.* Trois bottes de foin ou de paille. *Feurre* rime avec *Barre,* ce qui implique une prononciation *fouarre* que nous avons dans la « Rue du Fouarre ». Voir *Recherches,* t. I, p. 275-276.

766. *mes vieilles nattes.* Nattes de paille dont on tendait les murs et recouvrait les planchers.

767. *tenir serre.* Tenir à l'étroit, étreindre, presser. Villon accuse son légataire d'être un proxénète ou un amant intéressé.

Page 154.

773. *S'il le demande.* Le manuscrit C présente le texte *si le*

demande, que l'on peut comprendre aussi : « qu'il demande son legs à Moreau... ».

774. *Moreau, Provins, Robin Turgis.* Trois personnages liés à la bonne chère : Jean Moreau fut maître juré du métier des rôtisseurs de Paris en 1454 ; Jean Provins était un pâtissier établi rue du Chaume, d'après des documents de 1457-1459 ; Robin Turgis possédait le cabaret de La Pomme de pin ; mais son nom appartenait aussi à la tradition littéraire : un Sarrasin s'appelle Turgis de Tortelose dans *La Chanson de Roland* ; c'est aussi le nom de personnages de fabliaux et du prêtre qui tenta en vain d'attraper le chat Tibert dans la branche XV du *Roman de Renart.* Voir *Recherches,* t. I, p. 306-307.

781. *détester.* C'est à la fois « écarter du testament » et « maudire », par une relation évidente. Voir W. Mettmann dans *Romanistisches Jahrbuch,* t. 10, 1959, p. 109-110.

782. *En cette présente ordonnance.* Le terme technique *ordonnance* désigne l'ensemble des dispositions testamentaires.

786. *papier.* Ce verbe, comme les verbes *paper, papeter, papoter, papeler...,* se rattache à la racine PAP-/POP- qui désigne le mouvement des lèvres pour parler ou manger. Voir P. Guiraud, *Les Structures étymologiques du lexique français,* Paris, 1967, p. 81.

Page 156.

797-798. *ce qu'Adam périt, Et du péri pare ses cieux. Péri* est un collectif : « l'ensemble de ceux qui avaient péri ». Fidèle à une tenace tradition médiévale, Villon rivalise avec les grands rhétoriqueurs en employant des mots qui allitèrent, d'autant plus que *peri* dans le français populaire se prononçait *pari.*

800. *petits dieux.* Cette plaisanterie semble propre à Villon.

801. Villon, qui joue au théologien, expose une théorie personnelle qu'il appuie sur la parabole de Lazare et du mauvais riche, distinguant une partie infernale où les âmes souffraient dans les flammes, et une partie supérieure où les patriarches et les prophètes échappaient aux flammes. Or selon la conception traditionnelle, qu'on trouve par exemple chez Vincent de Beauvais, l'enfer comportait quatre parties : la plus basse, avec les damnés ; plus haut, celle des enfants et le purgatoire ; au sommet, les limbes des saints.

811. *Qui n'êtes en théologie maître.* Villon n'était que maître ès arts. Dans *théologie,* *-eo-* ne compte que pour une syllabe, prononcée *o* ou *io.*

813. *C'est de Jésus la parabole.* Parabole de Lazare et du mauvais riche, rapportée par saint Luc, XVI, 19-31.

816. *Et du Ladre.* Ce mot, issu du latin *Lazarus,* fut d'abord le nom propre du pauvre à la porte du mauvais riche ; il prit ensuite le sens de « lépreux » et de « mendiant ». Le sens d'« avare » n'apparaît qu'au XVIIIe siècle.

Page 158.

818. *refrigere.* Mot savant, emprunté au texte latin de saint Luc (« ut refrigeret linguam meam »), d'un emploi assez courant depuis longtemps.

821. *Pïons*. Mot populaire et argotique pour désigner le buveur. On disait *croquer pie* ou *croquer la pie* pour « boire beaucoup ». Voir v. 1257 et 1259. L'origine de l'expression est discutée. Voir L. Sainéan, *Les Sources de l'argot ancien*, Paris, 1912, t. I, p. 29-32.

824. *de la main mise*. Celle de l'enfer. Villon, qui débite des bourdes, heurte, chemin faisant, un ressort caché (ici, l'enfer) et arrête brusquement le flot des facéties, se mettant à méditer.

827. *ce dit*. Cette œuvre littéraire, ce *Testament*.

828. *chimère*. Animal imaginaire, sans réalité, inconsistant.

829. *fièvre éphémère*. Fièvre d'une durée de vingt-quatre heures, souvent attribuée à la tristesse ou à la colère.

833. *doue de ma pauvre âme*. Il s'agit du verbe *douer*, « doter ». Mais on pourrait lire *done*, car l'expression *doner quelqu'un de quelque chose* existait en moyen français.

836. *Chambre de la divinité*. Formule consacrée, utilisée fréquemment dans la poésie religieuse. Voir Rutebeuf, *Les Neuf Joies de Notre-Dame*.

838. *Des dignes neuf Ordres des Cieux*. Les neuf chœurs des anges : Séraphins, Chérubins, Trônes ; Dominations, Vertus, Puissances ; Principautés, Archanges, Anges.

Page 160.

847-848. La tradition issue d'Aristote enseignait que les éléments tendaient à retourner dans leur lieu propre par un mouvement naturel.

Dans ce huitain, Villon s'amuse avec les mêmes mots qu'il emploie dans des sens différents : *grand* au sens de « vénérable » *(notre grand mère la Terre)*, de « beaucoup » *(grand graisse)* et d'un intensif *(grand erre*, « vite ») ; *erre* dans une locution en rapport avec le verbe *errer*, « cheminer » (du latin *iterare*) et à la troisième personne de l'indicatif du verbe *errer*, « se tromper » (du latin *errare*) ; *terre* est un nom propre au vers 842 et un nom commun au vers 846.

850. *Maître Guillaume de Villon*. Voir *Lais*, v. 70 et note.

852. *Enfant eslevé de maillon*. C'est le texte de C, qui peut se comprendre : « depuis que j'ai été délivré du maillot ». Il faut se rappeler que « tant qu'ils sont incapables de marcher, les enfants sont complètement empaquetés dans leurs langes ; seul le visage reste découvert » (M. Beaulieu, *op. cit.*, p. 117).

853. *bouillon*. Tourbillon, tempête, mauvaise affaire.

854. *de celui*. S'agit-il de l'affaire Ferrebouc de novembre 1462 ou de l'emprisonnement de Meung en 1461 ?

857. *ma librairie*. Ma bibliothèque, laquelle eu égard à la pauvreté de son propriétaire, sera tout à fait dégarnie, ou bien celle de Guillaume qui aura mis ses livres à la disposition de son protégé.

858. *Et le Roman du Pet au Diable*. Ce roman n'a sans doute existé que dans l'imagination et la conversation de l'étudiant, qui aurait développé d'ingénieux parallèles entre les romans médiévaux et les aventures burlesques de son temps.

859. *maître Guy Tabarie*. Il participa au vol du collège de Navarre et dénonça ses complices.

860. *Grossa, qui est hom véritable*. *Grossa* est à prendre dans un

double sens, l'un relatif au roman : il le grossoya, le copia ; l'autre, à propos du vol : il grossit et déforma la réalité. *Hom véritable* peut signifier, par antiphrase, qu'il a menti ou qu'il a trop fidèlement raconté l'histoire à tout venant.

861. *Par cayeux est sous une table.* La table peut être celle de la chambre du poète, ou la table des matières. Si Villon utilise la forme *cayeux*, plutôt que *cayers, cahiers,* c'est pour permettre une équivoque avec le nom de Colin de Cayeux qui avait participé, lui aussi, au vol du collège de Navarre.

862-864. On peut voir dans ces trois vers une description ironique du roman imaginaire, mais on peut les lire en fonction du vol au collège de Navarre, vol par effraction *(rudement),* remarquable dans la mesure où la justice n'eut pas connaissance d'un coup de main aussi important avant de longs mois (v. 863), en sorte que cette audace et cette habileté devraient assurer aux coupables le pardon des victimes (v. 864). Sur ce huitain, voir *Recherches,* t. I, p. 251-257.

Page 162.

865. *donne.* Le verbe est employé absolument, comme au vers 1728.

866. *notre Maîtresse.* La Vierge, qui est le refuge du poète et de sa mère.

Page 164. BALLADE POUR PRIER NOTRE DAME.

881. *jangleresse.* Féminin du nom *janglere, jangleeur,* « bavard », « médisant », « menteur ». Ce mot a d'ailleurs modifié la forme *joglere, jogleeur* en notre moderne *jongleur.*

882. *En cette foi je veuil vivre et mourir.* C'est la foi et la confiance de la chrétienne qui se proclame en même temps la vassale de Marie et du Christ. Pour *foi,* voir *Testament,* v. II et note.

885. *comme à l'Égyptienne.* Rutebeuf a raconté la vie de Marie l'Égyptienne, cette prostituée d'Alexandrie, sauvée par la Vierge : éclairée par la grâce à Jérusalem, elle se soumit à une très rude pénitence dans le désert. Voir les textes recueillis par P. Dembowski, *La Vie de sainte Marie l'Égyptienne,* Genève, 1977.

886. *au clerc Theophilus.* L'histoire de Théophile, très populaire au Moyen Âge — témoin le portail nord de Notre-Dame de Paris, le récit de Gautier de Coinci et *Le Miracle de Théophile* de Rutebeuf —, est celle d'un clerc qui, après avoir refusé de devenir évêque par humilité, fut disgracié par le nouvel élu, et qui, pour se venger de cette injustice, fit un pacte avec le diable ; mais la Vierge, émue par son repentir, obligea le diable à lui restituer le pacte qu'il avait signé. Villon, comme Théophile, fut victime d'un évêque ; mais il ne donna pas son âme au diable.

891. *Le sacrement qu'on célèbre à la messe.* L'Eucharistie.

Page 166.

895. *Au moutier, vois.* Peut-être l'église des Célestins où, selon Guillebert de Metz dans sa *Description de Paris* (sous Charles VI), « est paradis et enfer en painture, avec aus pourtraitures de noble

euvre en un cuer a part. Item, devant le cuer de l'église, a ung autel est painte ymage de Nostre Dame de souveraine maistrise ».

899. *haute déesse.* Villon n'est pas le seul à donner ce titre à la Vierge, témoin *L'ABC de plante folie*, BN, ms. fr. 12467, f° *64d* (cité par L. Thuasne), où l'auteur s'adresse à la Vierge :

> Tu es royne et priorese
> Du bien ensaigner et apprendre ;
> Tu es souveraine deesse
> Dou mont, ce devons nous entendre... ou encore Jean

Régnier :

> Ô princesse, doulce Vierge Marie,
> Ma déesse, ma maistresse, m'amye.

906. *Laissa les cieux.* Allusion au mystère de l'Incarnation.

895-906. En acrostiche, on lit : APELLA CE VILLON, « Villon composa ceci ».

Page 168.

910. *ma chère rose.* C'est le nom de la femme dans la poésie amoureuse et les dialogues de farce ; c'est l'héroïne du *Roman de la Rose* dont le jeune valet a entrepris la conquête et qu'il finit par posséder. Au surplus, le nom de *rose* s'insère dans plusieurs réseaux sémantiques : celui de la fleur épanouie qui se fane dans la *Ballade à s'amie* ; celui de la lettre R, lettre de cette ballade et lettre de l'hypocrisie ; celui, antithétique, de la Rose mystique qu'est la Vierge, en face de la rose charnelle.

911. *Ne lui laisse ne cœur ne foie.* L'emploi cocasse du mot *foie* est certes appelé par *cœur* ; mais il l'est aussi par le refrain de la ballade précédente : *en cette foi...* Villon demeure fidèle à la Vierge, mais refuse tout don à sa rose, cœur, foie (et foi de chevalier servant), écu et amour.

912. *autre chose.* C'est sans doute quelque arme des joutes amoureuses. Mais aussitôt Villon nous oriente vers une autre interprétation : il s'agit de gros sous. Au vers 917, *écu et targe,* si ce sont des boucliers, sont aussi des pièces de monnaie et des pièces du tournoi d'amour. Voir *Recherches*, t. I, p. 116-117.

916. *Mais pendu soit-il, que je soie.* Formule d'imprécation que celui qui parle dirige contre lui-même. Voir F. Lecoy, dans *Romania*, t. 80, p. 503.

922. *aux hoirs Michaut.* Ce sont des personnages obscènes et lubriques, enfermés dans les seuls plaisirs de la chair. Michaut passait pour être mort d'avoir trop bien servi sa dame dans les tournois amoureux. Manière de dénoncer la sensualité de Catherine.

924. *faites un saut.* Double sens : rendez-vous vite sur la tombe de Michaut, et en son honneur pratiquez *le saut Michelet,* « faites l'amour ».

925. *À Saint-Satur gît, sous Sancerre.* Saint-Satur est effectivement au pied de la colline de Sancerre. Mais Villon a choisi ce nom pour ses doubles sens érotiques : *satus* évoquait l'idée de « planter, procréer », *satur* signifiait « rassasié » (Michaut était mort à la tâche) ; Sancerre rappelle l'expression *tenir serre,* « tenir embrassé ». Voir J.-C. Aubailly, dans la *Revue des langues romanes*, t. 79, 1971, p. 73-84.

929. *D'amours une seule étincelle.* Nous avons gardé le texte de C ; la répétition d'*amour* n'est pas gênante, puisque c'est un nom propre au vers 927, et cette leçon s'accorde mieux avec le reste de l'œuvre, qui nous apprend que la dame a laissé espérer Villon sans le récompenser.

931. *ce m'est grand émoi.* Sens ironique.

932. *par sainte Marie la belle.* Double allusion à la Vierge Marie et à sainte Marie l'Égyptienne, la prostituée qui, elle, se repentit.

933. *Je n'y vois que rire pour moi.* Certains ont compris : « Je n'y vois pour moi que raison d'en rire. »

Page 170.

935. *Qui se termine tout par R.* Il est évident que notre traduction ne pouvait préserver une assonance aussi persistante. Cette lettre R, *canina littera*, était celle de la félonie. Voir J. Morawski, « Une lettre qui grince », *Mélanges... A. Jeanroy*, Paris, 1928, p. 153-168. Villon met ainsi en évidence le mérite de sa ballade tout en accusant sa belle d'être dure et fausse.

937. *Ce sera Pernet de la Barre.* Voir *Lais*, v. 177-178 et note. Il convient bien à sa mission, par son nom qui contient des R, par sa fonction de policier et par le portrait que Villon trace de lui : voleur, tricheur, débauché, proxénète, laid et répugnant. Voir *Testament*, huitain CVIII.

939. *Ma demoiselle au nez tortu.* Il s'agit de Catherine : Villon, après avoir dénoncé sa perversité, lui découvre un défaut physique. On remarquera que Villon offre à sa *chère rose*, à sa *demoiselle au nez tortu*, une ballade dont la seconde strophe comporte en acrostiche le nom de MARTHE. Sans doute la ballade a-t-elle été composée avant le *Testament* et, dans un nouveau contexte, acquiert-elle une nouvelle signification. Villon essaie maintenant d'attirer l'attention de Catherine en piquant au vif sa jalousie, en lui apprenant qu'une autre femme a joué un rôle dans sa vie ; il utilise ce moyen original pour rappeler les torts de sa dame et lui présenter l'avenir sous un jour sombre ; enfin, adressée à une telle femme, la ballade prend un ton parodique, et certaines expressions se chargent d'un double sens qu'elles n'avaient sans doute pas à l'origine, comme dans le premier vers, *Fausse beauté qui tant me coûte cher ;* c'est d'abord une beauté hypocrite qui lui cause bien des tourments, c'est ensuite une beauté surfaite qui lui coûte beaucoup d'argent. Voir *Recherches*, t. I, p. 123-124.

Page 172. BALLADE À S'AMIE.

942. *Fausse beauté.* Pour l'étude de cette ballade, voir *Recherches*, t. I, p. 71-75 et 98-109.

948. *Droit de Rigueur.* On peut comprendre différemment, en ne faisant plus de *Droit de Rigueur* une périphrase, mais en dissociant *Droit,* qui demeure sujet, et *Rigueur,* qui devient complément de *secourir* : la Justice ne veut-elle pas secourir un pauvre homme contre la Rigueur, contre une sévérité excessive ?

952. *hâcher.* Appâter. L'amant est comparé à un poisson qu'on amorce.

954. *Haro, haro, le grand et le mineur.* Le *haro* était un cri de

danger, un signal d'alarme. « Le grand haro était quelque chose de
plus sinistre encore, et l'évocation soudaine, à côté de cette clameur
d'alarme, d'un haro atténué et anodin, d'un avorton de haro a dû
amuser les contemporains de Villon » (L. Foulet, dans *Romania*,
t. 68, 1944, p. 97).

956. *selon cette teneur.* Selon la teneur de ce texte, de ce refrain.

942-965. On remarquera les acrostiches des deux premières stro-
phes, FRANCOYS et MARTHE, et, dans la troisième, une tentative qui
n'a pas été menée à son terme : VIILVON.

Page 174.

966. *Prince amoureux, des amants le graigneur.* Est-ce Charles
d'Orléans ou, comme le pense A. Burger (*Romania*, t. 79, 1958,
p. 492), René d'Anjou, alors tout occupé de l'amour de sa seconde
femme, Jeanne de Laval ?

Page 176.

970. *maître Ythier Marchant.* Voir *Lais*, v. 81 et note.

971. *mon brant.* Voir *Lais*, v. 82 et note.

972. *mais qu'il le mette en chant.* Sans doute une manière de dis-
créditer Ythier qui doit être incapable de mettre en musique le lai et
de jouer du luth.

973. *Ce lai contenant des vers dix.* Il contient en fait dix vers plus
six vers refrains.

974-975. *un De profundis Pour ses anciennes amours.* Des amours
présentement *anciennes* (Ythier est volage) ou des amours qui paraî-
tront bientôt anciennes, car la mort y aura mis un terme. Voir
Recherches, t. I, p. 270-271.

Page 178. RONDEAU.

978. Pour le texte de ce rondeau, nous avons choisi de le repro-
duire *in extenso*, comme l'a recommandé M. Omer Jodogne (dans
les *Mélanges... P. Le Gentil*, Paris, 1973, p. 399-408). Nous avons
fait de même pour la chanson de la p. 264 et pour le rondeau de la
p. 274. Il en résulte une rupture de séquence dans la numérotation
des vers.

982. *S'il est mort.* Le pronom *il* demeure ambigu : il peut repré-
senter *ma maîtresse* (le pronom *il* pouvait être employé pour le
féminin) ou, plutôt, *un cœur.*

988. *Comme les images.* Les peintures ou les sculptures. Ce ron-
deau, composé avant le *Testament* et inséré dans celui-ci, a pu avoir
successivement deux significations : poème de l'amour et de la mort
au moment de sa composition, poème qui, dans le *Testament*, sou-
haite à Ythier d'être séparé de sa belle par la mort. Voir *Recherches*,
t. I, p. 271-274.

Page 180.

990. *maître Jean Cornu.* Voir *Lais*, v. 84 et note.

992. *Car il m'a toujours secouru.* Vers antiphrastique : Cornu n'a
jamais aidé Villon.

994. *le jardin.* C'est le jardin et la maison. Peut-être sens grivois,
comme incite à l'imaginer le vers 508 du *Testament*, où il est ques-

tion du *sadinet* de la Belle Heaumière *dedans son petit jardinet*, et aussi la tradition littéraire : Deschamps emploie *jardiner* au sens de « faire l'amour ».

995. *maître Pierre Baubignon.* Procureur au Châtelet, avare, qui ne voulait pas payer les réparations d'une maison délabrée : Villon part souvent d'un fait divers. En outre, jeu sur le nom : *beau bignon*, « belle bosse », la bosse, comme les cornes, désignant le mari trompé.

996-997. On peut comprendre de quatre manières : 1. Je lui transfère le jardin... à condition qu'il fasse refaire... ; 2. Je lui transfère le jardin... en m'engageant à faire refaire... ; 3. Je lui transfère le jardin que maître Pierre Baubignon me loua à charge pour moi de refaire... ; 4. Je lui transfère le jardin que maître Pierre Baubignon me loua en s'engageant à refaire...

998-999. *j'y perdis Un grès et un manche de houe. Perdre :* égarer ou se faire déposséder au cours d'une bagarre. Le *grès* et le *manche de houe* servaient d'armes d'attaque. Tous ces mots prennent un sens sexuel.

1003. *un havet.* C'est le crochet qui servait à happer la viande du pot et dont les voleurs et les assassins se faisaient une arme.

1004. *point ne m'en loue.* Plusieurs possibilités d'interprétation : « Je ne me loue pas de mon voleur, car... », ou « Que mon voleur, quel qu'il soit, ne me bénisse pas... ».

1007. *maître Pierre Saint-Amant.* Voir *Lais*, v. 89 et note.

1008-1009. De quelle *coulpe* s'agit-il ? A-t-elle refusé de l'aider, le chassant de l'hôtel de son mari, ou bien aurait-elle trompé son époux avec le poète avant de chasser ce dernier ? La faute a pu être inventée de toutes pièces.

1010. *caïmant.* Mendiant et/ou malfaiteur. E. Deschamps a dénoncé « ces faulx caÿmans, villains, / Truans, coquins, qui par faintise / Faignent maulx... » (ballade MCCLIX).

1011-1013. Le Cheval blanc *qui ne bouge* était une enseigne ou une monture docile, bonne pour un mauvais cavalier, ou bien vieille, voire morte. Que signifie son remplacement par l'âne, l'adjectif *rouge* comportant l'idée de tromperie et de méchanceté ? C'est tomber dans le monde des inférieurs qui chevauchent des ânes, dans l'univers de la méchanceté, de la fausseté, de la sottise, de la lascivité et du démoniaque. De plus, le premier couple constitué par Villon avec le cheval blanc et la mule était celui de la décrépitude, de l'impuissance et de la stérilité ; il lui substitue celui de l'âne rouge et la jument, symboles de la lubricité, pour remédier à l'impuissance des légataires ou dénoncer leur vraie nature. Sur ce huitain, voir *Recherches*, t. I, p. 285-297, et *Nouvelles Recherches*, p. 77-88.

Page 182.

1015. *Hesselin, élu de Paris.* Hesselin se lit dans I. Ailleurs, le nom a été déformé en *Hyncelin* (A), *Hyncelin* (C), *Heinsselin* (F). C'était un personnage important, *élu* sur le fait des aides (c'est-à-dire fonctionnaire royal chargé de prélever les impôts) dès 1456, prévôt des marchands (1470-1474), clerc et receveur de la ville de Paris (1474-1500), et surtout familier de Louis XI.

1016. *Quatorze muids*. Soit 3 752 litres. Sur le muid, voir *Lais*, v. 127 et note.

1017. *Turgis*. Voir *Testament*, v. 774 et note. Sur ce huitain, voir *Recherches*, t. I, p. 299-307.

1023. *Maître Guillaume Charrüau*. Compagnon d'études de Villon, qui fait ironiquement de lui son avocat, soit parce qu'il était médiocre, soit parce qu'il avait plaidé contre lui, ou refusé de l'aider. En outre, c'est probablement lui qui, ayant perdu un fils tué dans une rixe, refusa tout accommodement, décidé à poursuivre le meurtrier, Olivier Bertin, jusqu'à la pendaison inclusivement. D'autre part, étant donné les jeux de mots qui suivent, il devient *l'homme de la charrue*, le laboureur au sens rabelaisien.

1024. *Que Marchant ot pour état*. Voir *Lais*, v. 81-83, et *Testament*, v. 971.

1025. *Mon brant ; je me tais du fourreau*. Pour *brant*, voir *Lais*, v. 83 et note. Le *fourreau*, c'est à la fois le fourreau de l'épée, l'organe sexuel féminin et le « boyau culier ».

1026. *un reau*. Le mot, dissyllabique, désigne le royal d'or, mis en circulation par Charles VII, d'octobre 1429 à décembre 1435, et très rare en 1460-1461 : c'est donc un don vain. Mais dans notre texte, *reau* est monosyllabique et évoque le *rot*, dont Villon reparlera au vers 1988 du *Testament*.

1027. *En change*. Ce reau, il le touchera *en change*, en petite monnaie, qu'il devra aller chercher *dans un change*, une officine de changeur, sur le mur d'enceinte, où bien entendu il n'y en avait pas, *comme change*, comme compensation pour la mort de son fils.

1028-1029. *la chaussée et carreau De la grand clôture du Temple*. Il s'agit de la nouvelle enceinte de Paris *(clôture)*, achevée en 1383, formée en bien des endroits de deux murs reliés par une plate-forme terrassée *(chaussée et carreau)*. Sur ce huitain, voir *Recherches*, t. III, p. 319-325.

1030. *mon procureur Fournier*. Voir *Lais*, v. 165 et note.

1033. *quatre havées*. Poignées de marchandises que percevait le collecteur d'impôt, et « bonjour » en latin *(ave)*.

1035. *Justes*. Fournier n'a donc rendu à Villon que de médiocres services.

Page 184.

1038-1039. *à maître Jacques Raguier*. Voir *Lais*, v. 153 et note.

1039. *Le Grand Godet de Grève*. Taverne de la place de Grève, aujourd'hui place de l'Hôtel-de-Ville.

1040. *quatre plaques*. Les plaques étaient des monnaies fabriquées en Brabant, en Flandre, en Lorraine et en France, et décriées en 1436, donc devenues illégales : c'étaient aussi des scrofules « sur gambes fort rogneuses ».

1042. *mol et grève*. Le mollet et le devant de la jambe. Les jambes nues, Raguier se pourra plus cacher la maladie dont il souffre.

1043. *chapin*. Pantoufle, chaussure de maison.

1045. *La Pomme de pin*. Voir *Lais*, v. 157 et note. Sur ce huitain, voir *Nouvelles Recherches*, p. 96-98.

1046-1047. *de Merebeuf Et de Nicolas de Louviers*. Voir *Lais*, v. 265-266 et note.

1050. *Mais chiens à porter éperviers.* C'est le texte de C, qu'il est inutile de corriger comme on l'a fait jusqu'à présent, car il est très clair : il s'agit de chiens dressés pour la chasse à l'épervier ou au faucon, comme en témoigne *Le Ménagier de Paris*, éd. Pichon, t. II, p. 281-282.

1053. *sur la Machecoue.* Rôtisseuse et marchande de volailles près du Grand Châtelet, morte avant 1461. Villon a conservé ce nom, parce que c'était celui d'une marchande auprès de qui de mauvais chasseurs pouvaient acheter du gibier pour sauver la face, et qu'il comportait le mot *coue*, « queue », qui nous maintient dans le registre animal du huitain, voire dans un registre érotique. Sur ce passage, voir *Nouvelles Recherches*, p. 103-111.

1054. *Robin Turgis.* Voir *Testament*, v. 774 et 1017.

1057. *le devin.* Le sorcier.

1058. *Le droit lui donne d'échevin.* Tout enfant de Paris pouvait devenir échevin, magistrat municipal. Mais sa pauvreté interdisait à Villon toute ambition de ce genre, et Turgis devait déjà posséder ce droit.

1060. *Si je parle un peu poitevin.* Le Poitou était en argot un pays imaginaire, synonyme de *non* et de *rien*, un pays fictif où l'on dit non. *Parler poitevin*, pour Villon, *aller à Niort*, c'est refuser de préciser l'endroit où il se cache et d'acquitter sa dette.

1061. *deux dames.* Sans doute Marthe et Catherine.

Page 186.

1063-1064. *à Saint-Génerou Près Saint-Julien-de-Voventes.* Comme ces deux bourgs sont distants de vingt-six lieues, on peut penser que Villon a rapproché ces deux noms pour faire un calembour. *Generou* pouvant se prononcer *genesou* comme *chaire* se prononçait *chaise*, on entend alors : *ge ne souds vos ventes*, « je ne paie pas ce que vous m'avez vendu ».

1066-1069. *i* (j), *Iquelles* (celles-ci), *M'arme* (par mon âme) et *seu* (suis) sont des formes poitevines. Voir J. Pignon, *L'Évolution phonétique des parlers du Poitou*, Paris, 1960, p. 531. Villon parle donc poitevin d'abord au sens figuré, puis au sens propre. Voir *Recherches*, t. I, p. 89-93.

1070. *à Jean Raguier.* Voir *Lais*, v. 131 et note.

1073. *une tallemouse.* Une tarte au fromage et aux œufs, et sans doute un soufflet.

1074. *sa mouse.* Son museau, mot vulgaire.

1075. *Bailly.* Ce personnage considérable, qui habitait près de la fontaine Maubué, était procureur en parlement et greffier de la justice du Trésor.

1076. *À Maubué sa gorge arrouse.* Une des fontaines publiques de Paris, qui se trouvait en face du numéro 121 de la rue Saint-Martin. On peut faire d'*arrouse* soit un indicatif : « il arrose sa gorge à Maubué », et le vers est antiphrastique car Raguier n'aime sans doute que le vin, soit un subjonctif : « qu'il arrose sa gorge à Maubué », « qu'il ne boive que de l'eau ». D'autre part, Maubué peut se décomposer en *mau* et *bué*, « mal lessivé », qui évoquait la pendaison, à en juger par le vers 21 de la *Ballade des Pendus* : *La pluie nous a débués et lavés.* De là un nouveau sens : « que, pendu, sa gorge soit en butte aux intempéries ».

1077. *au manger.* Ce verbe a peut-être le sens argotique de « dénoncer ».

1078. *au Prince des Sots.* Voir *Lais*, v. 272 et note.

1079. *Michaut du Four.* Tavernier et boucher, d'un caractère violent, il était aussi sergent à verge au Châtelet en 1457 et participa à l'enquête sur le vol au collège de Navarre. Peut-être apporta-t-il des preuves sur le rôle de Villon, qui cherche dès lors à le discréditer en signalant sa bêtise et sa brutalité. *Bon sot* a le sens commun d'imbécile et le sens technique d'« acteur de sottie ».

1080. *dit de bons mots.* Antiphrastique. Michaut, au lieu de dire de bons mots spirituels comme les sots dignes de ce nom, émet des plaisanteries de bas étage et profère des menaces.

1084. *Il est un droit sot de séjour.* C'est un vrai sot *de séjour*, de tout repos, dont les plaisanteries n'exigent pas un gros effort d'intelligence, et un vrai sot *de ce jour*, bien adapté à ce temps où les sots, acteurs comiques, ne manifestent pas un grand génie inventif.

1085. *Et est plaisant ou il n'est point. Ou* peut être l'adverbe relatif (« là où ») ou la conjonction (« ou bien ») ; *est plaisant* est un tour soit impersonnel (« il fait bon »), soit personnel où *Michaut* est le sujet. De là quatre sens : 1. Michaut est agréable là où il n'est pas, jamais ; 2. Michaut est agréable ou il ne l'est pas : au lecteur d'en décider ; 3. Il est agréable d'être où il n'est pas ; 4. Il est agréable de le fréquenter ou non. Sur ce huitain, voir *Recherches*, t. II, p. 327-337.

Page 188.

1086. *aux Onze-Vingts Sergents.* Agents d'exécution des sentences et gardiens de la sécurité publique, ils constituaient deux corps : les sergents à pied, dits sergents à verge, et les sergents à cheval, affectés aux exploits hors de Paris et de sa banlieue. Au civil, ils faisaient les sommations, procédaient aux saisies, assuraient la police des rues ; au criminel, ils arrêtaient les inculpés et assistaient aux exécutions.

1087-1088. *car leur fait est honnête Et sont bonnes et douces gens.* Ces deux propositions, qui s'appliquent à la fois aux 220 sergents et à Richer et Vallette, sont à prendre à rebours : les sergents passaient pour cupides et brutaux.

1089. *Denis Richer et Jean Vallette.* Policiers dont les noms peuvent être considérés comme significatifs : Richer est en rapport avec l'adjectif *riche* ; quant à Vallette, c'est la féminisation du nom Jean Valet, pour faire du personnage un sodomite passif et dénoncer un couple d'homosexuels.

1090-1091. *À chacun une grand cornette... Pour pendre... à leurs chapeaux de fautres.* Ces vers comportent deux sens. Villon donne une cornette, une bande de velours, pour qu'ils la pendent (comme ornement) à leurs chapeaux de feutre ; mais il peut s'agir aussi d'une corde pour qu'on les pende avec leurs chapeaux de feutre. Sur ce huitain, voir *Nouvelles Recherches*, p. 138-143.

1094-1095. *à Perrenet... J'entends le Bâtard de la Barre.* Voir *Lais*, v. 177-184, et *Testament*, v. 763-768 et 937.

1096. *beau fils et net.* En fait, Marchant est répugnant, laid et méprisable.

1097. *En son écu, en lieu de barre.* L'écu est le champ qui renferme les pièces des armoiries : la barre est un trait qui sépare l'écu de gauche à droite : la barre simple est large et forme une pièce honorable, la barre de bâtardise, étroite, signale l'origine de la famille.

1098-1099. *Trois dés plombés, de bonne carre, Et un beau joli jeu de cartes.* Ce tricheur se sert de dés qui, taillés comme il convient (*de bonne carre*), contiennent un petit poids de plomb (*plombés*) qui les fait toujours tomber sur la même face, et de cartes sans anomalie voyante dont il use avec une adresse consommée.

1101. *les fièvres quartes.* Fièvres qui reviennent tous les quatre jours. Voir *Recherches*, t. I, p. 276-284.

1102. *Cholet.* Voir *Lais*, v. 185 et note.

1103. *Dole, tranche douve ne boise.* Douve et *boise* sont les compléments d'objet des verbes *doler* (préparer les douves et les cerceaux avec la doloire, hache du tonnelier) et *trancher.* Voir M. Dubois, dans *Romance Philology*, t. 14, 1960-1961, p. 339.

1107. *le hutinet.* C'est le maillet du tonnelier, et aussi la bagarre, la querelle.

1108-1109. Villon oppose la fonction officielle du policier, qui est de ramener la paix, et ses goûts personnels qui le poussent à faire du tapage.

Page 190.

1110. *Jean le Loup.* Voir *Lais*, v. 185 et note.

1111. *bon marchand.* Voir *Lais*, v. 179 et note.

1112. *linget.* Mince, frêle (vient du mot *linge*). C'est sans doute le contraire qui était vrai.

1114. Les manuscrits (autres que C) ont comme texte : *Ung beau petit chiennet couchant* (un bon petit chien d'arrêt).

1116. *Le long tabart. Le*, parce qu'il a été question de ce manteau dans le *Lais* aux vers 189-190. C'était un manteau à larges manches, employé avec le costume civil ou religieux, et de différentes longueurs.

1118. *à L'Orfèvre de bois.* Surnom de Jean Mahé, sergent au Châtelet, qui aidait le questionneur pendant les séances de torture.

1120. *De gingembre.* Épice fort appréciée au Moyen Âge et aphrodisiaque.

1121. *pour accoupler ses boetes.* Par exemple, quand il enserrait les prisonniers dans les ceps. Voir *Lais*, v. 144 et note.

1122. *quoëttes.* Dérivés de *queues*.

1126. *Au capitaine Jean Riou.* On le connaît par son épitaphe au cimetière des Innocents : « Cy gist honorable homme Jean Rioult, en son vivant marchand pelletier et bourgeois de Paris et capitaine de six vingtz archers de lad. ville. Lequel trespassa le samedi 24 jour d'avril 1467. »

1127. *ses archers.* Sorte de garde nationale s'équipant à ses frais, organisée en confrérie sous le patronage de saint Sébastien, exempte d'impôts, désignant son capitaine.

1128. *hures de loup.* Nourriture tout à fait méprisée, qui passait pour donner du courage.

1130. *Pris à gros mâtins de bouchers.* Double sens de la préposition *à* qui peut signifier « avec » (« prises avec des chiens de boucherie ») ou « à » (« arrachées aux chiens de boucherie »).

1131. *en vin de buffet.* Vin *perdu* qu'on vendait aux pauvres.

Page 192.

1136-1137. *en tente, Ou pour user en quelque siège.* Villon se moque de ces faux guerriers.

1140. *moi qui suis son miège.* Villon joue maintenant au médecin, comme Renart avec le roi Noble qu'il enveloppa de *la pel del lou atot la hure,* « de la peau du loup avec la hure » (branche X).

1141. *Que des peaux, sur l'hiver, se fourre.* Allusion au métier de Jean Riou. C'est aussi le transformer en loup-garou ou le vouer à un tel sort. Sur ces deux huitains, voir *Nouvelles Recherches,* p. 113-126.

1142. *à Robinet Trouscaille.* Il s'agit sans doute de Robin Trascaille, locataire de *L'Homme armé,* receveur de l'aide pour l'armée à Château-Thierry en 1457-1458 et secrétaire du roi en 1462. Villon s'amuse à déformer son nom : si on lit, comme dans I, *trace-caille,* c'est celui qui traque les *cailles,* volatiles ou prostituées ; mais avec Trouscaille (*trousse-caille*), le légataire apparaît sous les traits d'un homme qui charge une caille de ses bagages (sens ancien de *trousser*) et qui *trousse* (au sens moderne) les dames de petite vertu.

1143. *Qui en service (c'est bien fait).* On peut lire d'une autre manière : *Qui en service s'est bien fait,* « qui s'est enrichi dans son service ». *Service* évoque les fonctions de Trascaille, le service féodal du vassal et le service de l'amant.

1145. *sur roncin gros et refait.* C'était un cheval de charge ou une monture pour valets et écuyers.

1147. *Une jatte.* Un vase de forme arrondie, sans grande valeur, mais aussi, comme le *mortier,* le sexe féminin.

1148. *Si aura ménage parfait.* Le ménage, ce sont les ustensiles nécessaires au ménage, les personnes dont une famille est composée, l'association d'un homme et d'une femme. Villon se moque à la fois de l'homme riche et avare, du bourgeois gentilhomme et de l'amoureux. Voir *Recherches,* t. II, p. 339-357.

1151. *Barbier juré.* Les barbiers étaient aussi chirurgiens, comme le fameux Olivier Le Dain.

1155-1156. *en son hôtel de cochons gras M'apâtela.* Vraisemblablement, Girart refusa de recevoir Villon et de le nourrir, ou le fit chichement.

1157. *l'abbesse de Pourras.* On pense généralement à Huguette du Hamel, abbesse de Port-Royal en 1455, jetée en prison à cause de sa débauche, dépossédée de sa fonction en 1463. Mais le mot *abbesse* désignait la tenancière d'une maison close, et on peut aussi lire *la besse, la baisse,* « la servante ».

Page 194.

1158. *aux Frères mendiants.* Voir *Lais,* v. 249 et note.

1159. *Aux Dévotes et aux Béguines.* Voir *Lais,* v. 250 et note.

1161. *Tant Turlupins que Turlupines.* Il s'agit d'une secte mystérieuse qu'on accusait de ne pas respecter Dieu, de s'adonner à la promiscuité sexuelle, de justifier et de pratiquer la nudité (Gerson le leur reproche dans ses *Considérations sur saint Joseph* en 1414), de prétendre que rien ne peut être interdit quand on a atteint la perfection. Ils furent brûlés à Paris à la fin du XIVᵉ siècle et dans les Flandres en 1420.

1162. *De grasses soupes jacopines.* En voici la recette : « ... souppe jacobine de pain tostee, de fromage du meilleur que on pourra trouver, et mettre sur les tosteez, et destramper de boullon de beuf, et mettre dessus de bons pluviers rotis ou de bons chappons ». BN (Lat. 6707, fᵒ 184), cité d'après L. Thuasne, t. II, p. 311.

1165. *Parler de contemplation.* Ce vers contient une allusion plaisante à un traité de Gerson sur la prière, *La Montagne de Contemplation,* où il recommandait l'itinéraire spirituel qui suit : humble pénitence dans le labeur, retraite et solitude, contemplation. Peut-être s'y ajoute-t-il une contrepèterie, car le mot peut se lire *complantation,* à rapprocher du vers 31 du *Lais. La Montagne de Contemplation* devient *La Montagne de Conplantation,* le mont de Vénus.

1172. *S'ils font plaisir à nos commères.* Villon accentue sa critique des frères mendiants accusés de débauche et d'hyprocrisie.

1174. *maître Jean de Poullieu.* Jean de Pouilly, docteur en théologie de Paris, avait critiqué avec virulence les ordres mendiants et leur avait refusé le droit de confesser. Il fut condamné en 1321 par le pape Jean XXII et contraint de se rétracter solennellement.

1178. Maître Jean de Meun. C'est l'auteur de la seconde partie du *Roman de la Rose,* dont Villon a repris les idées philosophiques et les arguments polémiques contre les frères mendiants. Voir D. Kuhn, *La Poétique de Villon,* Paris, 1967.

1179. *si fit Mathieu.* Matheolus, auteur, à la fin du XIIIᵉ siècle, de *Lamentationes* (traduites au XIVᵉ siècle par Jean Lefèvre), vigoureux plaidoyer contre les femmes et la prétention des frères mendiants à confesser les fidèles.

Page 196.

1186-1189. Villon reprend un argument traditionnel : les frères mendiants utilisent tous les moyens pour assurer leur puissance et se venger de leurs ennemis. Voir *Recherches,* t. II, p. 360-365.

1190. *à frère Baude.* Frère Baude de la Mare, du couvent des carmes, situé place Maubert.

1192. *Portant chère hardie et baude.* Villon joue avec le nom du personnage, un vieil homme, et l'adjectif *baude* qui signifiait : « gai », « allègre », « hardi » et « lascif ». Dans un rondeau (CCCXCIV), Charles d'Orléans avait illustré une expression courante : « Laissez baude buissonner ».

1193. *Une salade et deux guisarmes.* La salade était un casque d'origine italienne que portaient les gens de guerre à cheval ; la guisarme était une lance dont le fer présentait une pointe, un tranchant sur un côté et un croc de l'autre. Il est certes cocasse d'équiper un vieux moine en soldat. Mais *guisarmes,* comme toutes les armes, prêtaient à des équivoques érotiques.

1194. *Detusca.* Sans doute déformation du nom de Jean Turquant, lieutenant criminel du prévôt.

1195. *sa* Cage vert. Il existait en face du couvent des carmes une maison à l'enseigne de *La Cage.* Villon en fait la propriété de Baude et la qualifie de verte, couleur qui, en amour, signifiait la *nouveleté.* Sans doute Villon suggère-t-il ainsi une aventure avec une prostituée.

1196. *Vieil est.* Ces mots donnent la clé du huitain : il s'agit donc d'un vieillard, que Villon a évoqué comme s'il s'agissait d'un jeune homme.

1197. *le diable de Vauvert.* Monstre vert, porteur d'une grande barbe blanche, mi-homme mi-serpent, armé d'une massue dont il terrorisait les passants qui s'aventuraient près du château de Vauvert, vieux manoir en ruine au sud de Paris. Voir J. Collin de Plancy, *Dictionnaire infernal,* 1844, et *Recherches,* t. II, p. 359-380. Voir encore, de Gérard de Nerval, le conte *Le Monstre vert.*

1198. *le Scelleur.* Fontionnaire qui apposait le sceau pour authentifier l'acte.

1199. *Maint étron de mouche a mâché.* Mâchait-il de la cire pour l'amollir avant usage ou pour passer le temps ?

1201-1202. Il est si paresseux que Villon lui souhaite d'avoir le sceau mouillé d'avance (*d'avantage craché*) et le pouce très large (*écaché*) pour sceller d'un seul coup.

1204. *celui de l'Évêché.* S'agit-il de l'évêché de Paris ou de celui d'Orléans ?

Page 198.

1206. *des Auditeurs.* Ce sont les auditeurs du Châtelet, qui aidaient le prévôt à rendre la justice et dont le rôle n'avait cessé de grandir. À la fin du XIVe siècle, ils avaient des lieutenants et des clercs ; devenus juges, ils se disaient conseillers du roi au Châtelet.

1207. *Leur granche.* Leur grange, le bâtiment, sans doute délabré, où ils fonctionnent.

1210. *la petite Macée.* Il s'agit de Macé d'Orléans, lieutenant du bailli d'Issoudun. Villon féminise son nom pour faire du personnage un être bavard, méchant et injuste comme une femme, le symbole du niais et du mari trompé (que désignait le nom de *macé*), un être aux mœurs suspectes, dans un huitain où il est question de *culs* et d'*ordure.*

1211. *ma ceinture.* La ceinture pouvait être luxueuse ; on y suspendait aussi la bourse. S'agit-il aussi de la ceinture de vierge des Grecs et des Romains ? Voir *Nouvelles Recherches,* p. 127-137.

1214-1215. *à maître François, Promoteur, de la Vacquerie.* Licencié en décret, François de la Vacquerie fut surtout promoteur de l'Officialité, chargé à ce titre de poursuivre, au nom de l'évêque, les clercs criminels. Villon isole le mot *vacquerie* (troupeau de vaches, étable) qu'il oppose à *chevalerie.*

1216. *Un haut gorgerin d'Écossois. Gorgerin* : partie de la chemise de mailles qui protégeait le cou et la gorge ; mais aussi corde de potence ; quant à l'Écossais, c'était un soldat de la garde royale, ou un soldat licencié devenu brigand, ou un homme qui avait usurpé des droits.

1218. *quand reçut chevalerie.* La chevalerie, qui désigne l'ensemble de la cérémonie de l'adoubement aussi bien que le moment de la colée, n'est en fait ici qu'une vulgaire rossée.

1219. *Saint George.* Patron de la chevalerie.

1221. *Comme enragé, à pleine gorge.* Ce dernier vers peut s'appliquer à la fois au légataire qui blasphème comme un possédé et aux auditeurs qui rient à gorge déployée de sa mésaventure. Voir *Recherches*, t. II, p. 381-394.

1222. *à maître Jean Laurens.* Promoteur de l'évêché de Paris, il interrogea en 1458 Guy Tabarie sur le vol du collège de Navarre. Il était, d'autre part, chapelain de Notre-Dame de Paris.

1223. *les pauvres yeux si rouges.* Villon s'est livré à un exercice de style, réécrivant une ballade d'E. Deschamps (t. X, p. XLII), dont il a repris les rimes en *-ouges, bouges, rouges, Bourges, courges ;* la fin du refrain (*les paupières si rouges*) ; l'idée du vieux prêtre ivrogne ; l'allusion à Bourges ; les *bouges* et le *cendal.*

1225. *et courges.* Dans des gourdes faites de courges séchées et vidées.

1228. *archevêque de Bourges.* C'était alors Jean Cœur, le fils du richissime Jacques Cœur ; Villon n'avait sans doute pas eu à se flatter de son passage à Bourges, à en juger par les huitains CXL-CXLI.

1229. *cendal.* Riche tissu de soie. Voir, sur ce huitain, *Recherches*, t. II, p. 395-403.

Page 200.

1230. *à maître Jean Cotart.* Voir *Testament*, v. 34 et note.

1232. *Devoie environ un patart.* Comme il s'agit d'une petie monnaie de faible valeur, on peut penser que Villon estimait à bien peu le service rendu par Cotart, ou bien peut-être parle-t-il par antiphrase.

1234. *Quand chicaner me fit Denise.* Le nom de Denise, qu'il attribue ici à la femme aimée et haïe, désignait une femme volage, à en juger par les *Présomptions des femmes,* un texte satirique du XVe siècle, où Denise est opposée à Jean et Thibaud, ces noms évoquant des maris trompés.

Page 202. BALLADE ET ORAISON.

1238. *Père Noé, qui plantâtes la vigne.* Villon se borne à dire que Noé a planté la vigne ; il ne dit pas que Noé s'enivra et se dénuda dans sa tente (Genèse, IX, 20-23).

1239. *Vous aussi, Loth.* Villon fait de Loth l'incestueux une victime de l'amour, sans insister sur son ivresse qui le plongea dans une inconscience totale (Genèse, XIX, 30-36).

1243. *Archetriclin.* Maître du repas aux noces de Cana (Évangile selon saint Jean, II, 6-11), ou même époux, qui sut reconnaître un vin divin dans tous les sens du terme.

1244. *prêcher.* C'est la leçon du manuscrit C, qu'A. Burger a proposé de corriger en pêcher, image cocasse qui rappellerait saint Matthieu, IV, 19.

1246. *Jadis extrait il fut de votre ligne.* Double sens de *ligne* : « lignée » et « ligne du pêcheur ».

1249. *c'était un bon archer.* Archer, qui désigne en argot un

buveur, nous plonge dans un monde burlesque où Cotart devient
un chevalier du vin.

Page 204.

1257. *pour la pie juchier.* C'est la leçon de C, une expression
argotique pour « boire ». Il y avait, en argot, un jeu de mots sur *pie*
(boisson) et *pie* (oiseau). La pie-boisson est *juchée*, placée dans l'es-
tomac, comme la pie-oiseau est placée sur son perchoir. Voir le
Mystère de sainte Barbe (cité par René F. Guillon, *François Villon,
« Les Ballades en jargon » du manuscrit de Stockholm,* Groningue,
1920, p. 53) :

Allons deriser sur le coude
Tout à coup et croquer la pie,
Et quand sera juchée la pie,
Le demourant aura conseil.

1259. *Meilleur pïon.* Le pion est à la fois le buveur (de *pier*,
« boire ») et le fantassin (du latin *pedonem*, « qui a de grands pieds »).
Voir, sur cette ballade, *Recherches*, t. II, p. 405-420.

Page 206.

1266. *le jeune Marle.* L'identification dépend du sens donné à
jeune. Pris au sens propre, il s'agit de Germain de Merle, déjà chan-
geur sur le Pont-au-Change, en 1457. Mais si *jeune,* par antiphrase,
signifie « vieux », c'est alors le père, Jean de Merle, un très puissant
financier, qui mourut en janvier 1462. En outre, Villon joue sur ce
nom, *Marle* était la prononciation populaire et parisienne de *merle,*
l'oiseau lié au printemps et à l'amour, et aussi la prononciation
picarde du mot *masle,* « mâle ».

1267. *mon change.* Villon a organisé son huitain autour du mot et
de l'idée de *changer,* puisque nous avons trois mots de cette famille :
au vers 1267, le nom *change* (affaires ; échoppe de changeur) ; au
vers 1268, le verbe *changer* (changer de l'argent ; peut-être aussi
changer d'existence et de manière poétique) ; au vers 1269, l'ad-
verbe *en change* (en échange).

1271. *Pour trois écus six brettes targes.* Les mots *écu* et *targe* peu-
vent avoir une triple signification militaire, monétaire et grivoise,
tout comme *angelot* désignait un petit ange, un fromage et une
pièce de monnaie. De toute façon, le client perdra au change,
puisque trois écus valaient 900 deniers et que six brettes targes
n'en valaient que 60, le grand ange, de son côté, étant une mon-
naie illégale. Voir *Recherches,* t. II, p. 421-428, et *Nouvelles Recher-
ches,* p. 144-147.

1274. *ce voyage.* Pendant que je voyageais loin de Paris.

1275. *mes trois pauvres orphelins.* Colin Laurens, Girard Gossouin
et Jean Marceau, nommés dans le *Lais,* v. 201-202 ; voir note.

1276. *et deviennent en âge.* Ils sont en fait très vieux. Dans ce
passage très brillant, Villon recourt à l'antiphrase et à la polyvalence
sémantique à la fois pour faire le portrait de trois vieillards rapaces
et bornés et pour décrire de petits enfants dans leur vie d'écolier.

1277. *Et n'ont pas têtes de belins.* Ce ne sont pas des moutons sans
cervelle. L'antiphrase semble se prolonger.

1278. *d'ici à Salins.* Salins a été choisi par Villon, parce que le nom présentait l'avantage d'être lié au trafic du sel (reproché aux légataires), dans la réalité et dans le nom même.

1279. *N'a mieux sachant leur tour d'école.* Leur leçon.

1280. *par l'ordre des Mathelins.* Déformation de *Mathurins,* qui désignait un ordre institué par Innocent III pour racheter les esclaves des mains des infidèles. Mais ce nom rencontra le mot *matto,* « fou », d'autant plus facilement que le R médiéval était un R roulé, proche du L. De là un bouquet de locutions où le mot *Mathurin* est lié à la folie : *devoir une chandelle à saint Mathurin,* « être attaqué de folie », *envoyer à Saint-Mathurin,* « faire passer pour fou », « envoyer à l'asile d'aliénés ».

1283. *sur maître Pierre Richer.* Professeur de théologie fort réputé ; mais c'est aussi, peut-être, par jeu de mots, le maître qui est riche et qui apprend à s'enrichir.

1284. *Le* Donat *est pour eux trop rude.* Le Donat est trop rude pour ces petits élèves, bien que ce soit un traité élémentaire de grammaire (*De octo partibus orationis,* d'Aelius Donatus, pédagogue du IVe siècle), surtout parce que le fait de donner (*donat,* indicatif présent du latin *donare,* ou passé simple de *donner*) leur est très pénible. C'est une plaisanterie de clerc héritée d'une longue tradition : Rutebeuf écrivait déjà, dans *L'État du Monde,* que *chacun a perdu son donet.*

1287. Ave salus, tibi decus. *Decus* rime avec *audessus.* Villon rend hommage à la Vierge qui a contribué au salut du genre humain, mais aussi et surtout au salut pièce d'or, qui apporte l'honneur (*decus* en latin), attire l'argent (*d'écus*) et procure le plaisir charnel (*des culs*).

1289. *Toujours n'ont pas clercs l'audessus.* Plusieurs allusions : Marceau s'était, en vain, prévalu de sa cléricature pour échapper à la justice civile ; Fernand de Cordoue, en 1443, avait triomphé des plus grands clercs parisiens dans des débats demeurés célèbres. Peut-être aveu du poète : les clercs savants et cultivés sont souvent dupés par les commerçants.

Page 208.

1292. *la grand* Credo. C'est le symbole de Nicée et le crédit à long terme. De nouveau, plaisanterie traditionnelle, puisque Rutebeuf, dans *La Pauvreté Rutebeuf,* affirme : *Le credo m'est deveeiz* (interdit).

1294. Villon joue le personnage de saint Martin qui partagea son manteau avec un pauvre ; mais il a déjà donné son manteau à Jean Le Loup au vers 1116.

1296. *des flans.* Les flans sont des pâtisseries, mais aussi des fragments de métal préparés pour recevoir l'empreinte des coins au cours de la fabrication de la monnaie. Voir Étienne Fournial, *Histoire monétaire de l'Occident médiéval,* Paris, 1970, p. 9-12. Ainsi les trois orphelins pourront-ils s'enrichir indéfiniment.

1300-1301. À la fois petit croquis d'enfants en train d'écouter une leçon, le chapeau bien planté sur la tête, les pouces sur la ceinture en signe de soumission, et critique des avares, les pouces sur la ceinture pour préserver leur bourse des solliciteurs et des voleurs.

1302. *Humbles à toute créature.* Si Villon souhaite que les petits écoliers soient humbles et polis, les trois légataires sont orgueilleux, ne reconnaissant la supériorité de personne. Sur tout ce passage, voir *Recherches*, t. II, p. 428-452.

1306. *mes pauvres clergeons.* Voir *Lais*, huitains XXVII et XXVIII.

1307. *mes titres.* C'est sa nomination (*Lais*, v. 209), le droit d'obtenir, en tant que *gradué nommé*, un bénéfice vacant dont on pouvait se dessaisir en faveur de quelqu'un.

1309. *m'en dessaisinai.* Terme technique : la *dessaisine* ou *dessaisie* était l'acte par lequel on opérait l'aliénation d'un héritage.

1310. *Cens recevoir.* Villon joue sur le mot *cens (sans)* qui dénonce le caractère antiphrastique du passage, et que mettent en évidence les graphies des manuscrits qui comportent *sans recevoir*.

1313. *Sur l'hôtel de Gueuldry Guillaume.* Voir *Lais*, v. 223 et note.

Page 210.

1314. *jeunes et ébattant.* Sens apparent : ils sont jeunes et s'amusent bien, et je n'y trouve rien à redire ; sens réel : ils sont vieux et inertes, et j'en suis bien content.

1317. *Bien autres seront.* Sens apparent : ils se seront assagis ; sens réel : ils seront morts et décomposés depuis longtemps.

1318-1321. Ce sont des vieillards laids (au physique et au moral) et méchants : il est dangereux de leur déplaire.

1322. *Les bourses des Dix et Huit Clercs.* Le collège des Dix-Huit Clercs, sis à côté de la porte de l'Hôtel-Dieu, pour hospitaliser les clercs malades, dépendait de Notre-Dame. C'est donc un cadeau vain. Mais c'est un cadeau cruel, car ces pauvres clercs devaient asperger d'eau bénite et accompagner de prières les corps des trépassés quand on les sortait. N'est-ce pas suggérer aux vieillards qu'ils vont prendre le chemin du cimetière ? En outre, ce collège avait mauvaise réputation.

1324. *Pas ils ne dorment comme loirs.* Sens apparent : ce sont des écoliers laborieux. Sens réel : la somnolence de ces vieillards est inquiétante, proche de la léthargie et de la mort.

1330. *Si en récris au collateur.* Le collateur était chargé de conférer des bénéfices ou des bourses.

1337. *Onques ne vis les mères d'eux.* Si Villon décerne un brevet de vertu aux mères des deux légataires, c'est pour rejeter la naissance de ceux-ci bien avant le début du siècle. Villon joue donc tout au long deux personnages : l'éducateur prévenant et le fidèle de Saint-Benoît, hostile à Notre-Dame. Mais ses obsessions transparaissent sans cesse, préoccupé lui-même de la jeunesse, de la beauté, de la dissipation, et ne cessant de s'interroger. Voir *Nouvelles Recherches*, p. 156-163.

Page 212.

1338. *à Michaut Cul d'Oue.* Michel Culdoe était un riche bourgeois parisien, fidèle à Charles VII, échevin (en 1461) et prévôt de la Grande Confrérie aux Bourgeois de Paris. Villon transforme son prénom en Michaut, qui rappelle *le bon fouterre* du vers 922, et son nom en *Cul d'Oue*, ce qui fait de lui un être lubrique mi-homme mi-oiseau, comme certains personnages de Bosch.

1339. *Et à sire Charlot Taranne.* Changeur, mort en 1464, il fut en relations d'affaires avec Charles VII et Charles d'Orléans.

1341. *ils vendront de manne.* Ils viendront du ciel comme la manne pour les Hébreux affamés dans le désert.

1342. *unes house de basane.* Pour la définition de *house,* voir note au vers 232 du *Testament. Basane :* peau de mouton tannée. Mais l'expression avait un sens obscène : on parlait de *housser,* de ramoner la cheminée.

1344. *Jeanne.* Femme de petite vertu.

1346. *au seigneur de Grigny.* Voir *Lais,* v. 137 et note.

1348. *la tour de Billy.* Tour en ruine, contestée entre plusieurs propriétaires, au bord de la Seine, le long de l'actuel boulevard Morland. Villon joue aussi sur le nom : *biller,* c'était garrotter un prisonnier sur un billot de bois pour le torturer ; *bille* en argot désignait l'argent ; *biller,* c'était aussi jouer aux billes, s'enfuir ; enfin, les *billes* étaient des morceaux de bois, des débris.

1352-1353. Villon conseille à Grigny, désargenté, de faire de l'argent à *dêtre et senêtre :* sans doute était-ce l'habitude du personnage aux moyens plus ou moins avouables. Voir *Nouvelles Recherches,* p. 181-189.

1354-1355. Villon feint de se tromper sur le prénom de son légataire. C'est un moyen de nous inviter à prendre le prénom Jean dans son acception péjorative. En effet, Thibaud, comme Arnoul, Arnolphe, désignait le mari trompé. Quant à Jean et aux formes apparentées (latine, *Joannès,* dérivées, *Jennin, Janot,* redoublée, *Jean-Jean*), c'était le sobriquet des maris qui se laissent gouverner par leurs femmes ou qui sont trompés par elles. On disait : *sa femme l'a fait Jean ; il est tout à fait Jean ; c'est un bon Jean de mari ; c'est un double Jean.*

1357. *Assez j'ai perdu tout cet an.* Encore une parenthèse révélatrice, un aveu du poète qui nous a dit avoir perdu sa jeunesse et sa vigueur, sa dignité et ses illusions de clerc, sa bonne conscience, ses amitiés, son amour, ses espérances.

1359. Le Barillet. Enseigne de plusieurs tavernes, dont l'une se trouvait près du Châtelet.

1360. *Genevois.* Pierre Genevois avait défendu les droits de Notre-Dame, puis, en 1446 et 1457, ceux de Saint-Benoît-le-Bétourné.

1361. *Et plus beau nez a pour y boire.* Il avait un nez long ou un nez rouge. Le nez était aussi un symbole phallique. Voir, sur ce huitain, *Recherches,* t. II, p. 453-459.

Page 214.

1362. *Basanier.* Voir *Lais,* v. 162 et note. Son nom rappelle la *house de basane* du vers 1342.

1364. *De girofle plein un panier.* Épice qui servait d'aphrodisiaque. On payait les notaires et greffiers avec des épices.

1365. *maître Jean de Rüel.* Jean de Rueil était auditeur au Châtelet en 1461. Conseiller du roi et échevin de Paris, il finira par être anobli. Son nom rappelle l'expression *aller à Rueil,* « ruer », « attaquer », voire « tuer pour voler ».

1366. *Tant à Mautaint, tant à Rosnel.* Pour le premier nom, voir

Lais, v. 161 et note. Villon ajoute celui de Rosnel, Nicolas Rosnel, examinateur au Châtelet en 1451, dont le nom rappelle le chien Roënel, Rosnel du *Roman de Renart*.

1369. *Le seigneur qui sert saint Christofle.* Pourquoi désigner ainsi Robert d'Estouteville, prévôt de Paris ? Le saint protégeant de la luxure, c'est faire de Robert un modèle de fidélité conjugale. D'autre part, comme Christophe porta le Christ à travers un fleuve en crue, de même Robert est le soutien de Louis XI : par suite des mutations qui ont accompagné la montée de Louis XI sur le trône en 1461, il semble s'enfoncer dans la disgrâce ; mais on peut penser et espérer que, comme Christophe, il parviendra sain et sauf à l'autre rive, et sera récompensé à sa juste valeur.

1371. *Pour sa dame qui tous bien a.* Ambroise de Loré, épouse de Robert d'Estouteville, passait pour l'une des femmes les plus accomplies de son temps. Voir la *Chronique dite scandaleuse* de Jean de Roye.

1374. *Car au Pas conquêter l'alla.* Il s'agit sans doute du pas d'armes, du tournoi de Saumur, dit le Pas de la Joyeuse Garde, qui se tint en 1446 sur l'ordre du roi René d'Anjou. Il ne semble pas vraisemblable que Robert d'Estouteville l'ait emporté dans un tournoi dont Ambroise de Loré aurait été le prix. Bien plutôt, sa victoire rehaussa son prestige aux yeux de la jeune femme dont il conquit ainsi le cœur.

1377. *Qu'oncques Hector fit ne Troïle.* Allusion au *Roman de Troÿle et Criséida*, de Louis de Beauvau, qui adapta *Il Filostrato* de Boccace. Comme Troïle, fils de Priam, le fit avec Criséida dans le roman de Beauvau, Robert tint sans doute secret son amour pour Ambroise de Loré à qui, par timidité et respect, il n'osa d'abord déclarer sa flamme, et pour gagner son cœur il accomplit des exploits chevaleresques.

Page 216. BALLADE POUR ROBERT D'ESTOUTEVILLE.

1378. *s'ébat.* Terme technique de la fauconnerie, comme le précise une traduction du *De arte venandi* : « ce que li faucons fait quant il est liéés et il s'esforce de departir de la main ou du siege pour voleir ».

1380. *la mauvis.* Grive à la poitrine tachetée, *Turdus Iliacus.* Voir B. Charrier, « Les Avatars de la mauvis... », *Bulletin des jeunes romanistes*, t. VI, 1962, p. 26-36.

1384. *en sa volume.* Il s'agit sans doute du *Roman de la Rose*.

1388. *Laurier soüef.* Le laurier désigne Ambroise de Loré, dont le nom apparaît dans l'acrostiche des vers 1378-1391. D'autre part, le laurier était l'arbre d'Apollon, le symbole de la gloire littéraire et artistique, de l'aventure poétique, l'attribut des vainqueurs, le symbole de la vertu, de la vérité et de l'immortalité.

1389. *Olivier franc. Franc :* « qui produit des fruits doux sans avoir été greffé ». L'olivier représentait la sagesse, la justice, la paix et la réconciliation, la charité et la miséricorde, la victoire. Ces deux vers, emblème du *Testament*, évoquent les différents aspects de l'activité poétique de Villon et le rôle qu'elle joue dans sa vie. Voir J. Dufournet, « Villon, le laurier et l'olivier », *Revue des Sciences humaines*, t. 183, 1983, p. 86-93.

Page 218.

1394. *quand deuil sur moi s'embat.* Allusion aux déboires de R. d'Estouteville sous Charles VII, en 1460, et sous Louis XI qui le destitua le 1ᵉʳ septembre 1461. Il ne retrouva sa charge de prévôt de Paris que le 4 novembre 1465.

1399. *le fruit.* L'enfant. Sur cette ballade, voir *Nouvelles Recherches,* p. 191-216.

Page 220.

1406-1407. *à sire Jean Perdrier Rien, n'à François.* Les frères Perdrier appartenaient à un milieu de changeurs et de fonctionnaires des finances. François était de surcroît l'un des dix vendeurs de poissons de mer assermentés : il participait donc à un commerce très important.

1408-1409. Vers antiphrastiques : les deux Perdrier ont constamment refusé d'aider Villon et *a fortiori* de l'associer à leurs richesses ou à leurs affaires ; François est pour le poète le contraire d'un ami ou d'un compère avec qui il parlerait en toute familiarité.

1410-1413. *Langues cuisants, flambants et rouges* peut être considéré soit comme une apposition à *François mon compère,* individu méchant, infernal, dénonciateur et calomniateur, soit plutôt comme complément d'objet direct de *recommanda :* « François Perdrier... me recommanda des langues cuisantes, flambantes et rouges », il me conseilla la méchanceté et la dénonciation calomnieuse (conseil que Villon a refusé de suivre, de là ses déboires). Ces langues rouges évoquent à la fois celles qui sortaient de la bouche de démons, de personnages et d'animaux démoniaques, celles que portaient sur leurs vêtements les gens condamnés par l'Inquisition pour faux témoignage, et aussi les flammes des bûchers ou de l'Enfer.

1413. *à Bourges.* Bourges peut devenir, par métathèse du *r, bougres,* qui désignait les sodomites. Villon songerait, non plus à l'évêque de Bourges (comme au vers 1228), mais à l'évêque des bougres, c'est-à-dire, de nouveau, Thibaut d'Aussigny.

1414. *en Taillevent.* Taillevent (1326-1395), cuisinier célèbre, successivement chef de cuisine de Philippe VI, écuyer de cuisine en 1381, premier écuyer de cuisine en 1388, écrivit *Le Viandier,* où il traite en particulier de la manière d'accommoder les viandes. Voir l'édition de J. Pichon et G. Vicaire, Paris, 1892.

1418. *Macquaire.* Macaire, mauvais cuisinier, raillé par Geoffroy de Paris dans *Le Martyre de saint Bacchus.* Il y avait aussi un saint de ce nom, qui avait eu de nombreux démêlés avec les démons ; et encore un traître de la lignée de Ganelon, qui tua par traîtrise Auberi de Montdidier, défenseur de la reine Sebile, et qui fut tué en combat singulier par le chien de sa victime. Sur ces deux huitains, voir *Recherches,* t. II, p. 461-473.

Page 222. BALLADE.

1422-1423. Il s'agit de trois sortes d'arsenic : le *riagal,* « réalgar », est le sulfure naturel d'arsenic, qui cristallise en prismes rouges ; *l'arsenic rocher* est l'arsenic testacé ou pierre d'arsenic ou poudre à mouches, utilisé, comme le précédent, pour préparer la mort-auxrats ; *l'orpiment* est le sulfure jaune d'arsenic, moins actif que le réalgar.

1431. *ces langues ennuyeuses. Ennuyeuses,* qui est la leçon de C, a le sens fort de « malfaisantes », « désagréables ».

1432. *de chat qui hait pêcher.* Le chat, qui déteste l'eau, était tenu pour un animal démoniaque : c'est souvent sous la forme d'un chat noir qu'apparaissait le diable.

1440. *et tels nobles oiseaux. Oiseaux* a ici le sens plus large d'« animaux ».

Page 224.

1442. *En sublimé.* Le sublimé corrosif, le bichlorure de mercure.

1444. *En sang qu'on voit ès palettes sécher.* Les *palettes* (*poillectes* dans le manuscrit C) étaient de petites écuelles d'airain où les barbiers, qui étaient aussi chirurgiens, recueillaient le sang de ceux qu'ils avaient saignés.

1448. *essangent.* Décrassent le linge dans de l'eau avant de le mettre à la lessive. Les *drapeaux* sont ici les couches et les langes.

1453. *S'étamine, sac n'avez ne bluteaux. L'étamine* était une pièce d'étoffe légère qui servait à passer les liqueurs pour les filtrer ; le *sac,* à lire *sacs,* était un sas, un tamis ; le *bluteau* était un filtre pour séparer la farine du son. Cette ballade appartient au genre de la *ballade imprécatoire,* illustrée aussi par E. Deschamps et par J. Molinet. Voir S. V. Spilsbury, dans *French Studies,* t. 33, 1979, p. 385-396.

Page 226.

1457. *maître Andry Couraud.* Andry Courault était le procureur en Parlement de René d'Anjou, chargé de défendre les intérêts de divers Angevins, dont Thibaud d'Aussigny ; depuis 1455, il était conseiller du roi au Trésor.

1458. *Les Contredits Franc Gontier.* Villon annonce qu'il va prendre le contrepied du *Dit de Franc Gontier,* écrit par Philippe de Vitry (1291-1361), pour exalter le bonheur du campagnard Franc Gontier, qui mène une vie libre, simple et heureuse, fondée sur les fruits de son travail.

1459. *Quant du tyran séant en haut.* Ce vers reprend un vers de Pierre d'Ailli (1350-1420) qui, pour compléter *Le Dit de Franc Gontier,* avait décrit la vie du tyran terrorisé et méfiant que rongent soupçons et inquiétudes : *La vy thirant seant a haulte table.* Mais le mot *tyran* peut désigner aussi le maître d'Andry Courault, le roi René, qui avait lui aussi prôné le retour à la nature et peut-être mal accueilli Villon, et le bourreau, que l'on appelait *tirant,* assis en haut du gibet pour exécuter sa besogne.

1461-1464. Reprise de l'*Ecclésiastique,* VIII, I : *Non litiges cum homine potente, ne forte incidas in manus illius,* « Ne lutte pas contre le puissant de peur de tomber entre ses mains ». Villon a renouvelé la citation par le recours à des images de chasse : *tendre les filets, tomber dans les lacs.* Sur ce huitain, voir *Nouvelles Recherches,* p. 217-223.

1469. *Être pauvre hiver et été.* Ce vers précise le précédent : sa pauvreté, qui consiste à être pauvre tout au long de l'année.

Page 228. LES CONTREDITS DE FRANC GONTIER.

1477. *Boire hypocras, à jour et à nuitée.* L'hypocras, fait avec du vin, du sucre, de la cannelle, du girofle et du gingembre, était un aphrodisiaque. Voir sa recette dans *Le Viandier* (p. 196) et *Le Ménagier de Paris* (t. II, p. 112). Pour bien comprendre le vers de Villon, il faut savoir que l'hypocras ne se buvait qu'à *l'issue* du repas, en même temps qu'on mangeait le *mestier,* sorte d'oublie ou de gaufre, et qu'il ne se buvait pas en été à cause de sa force. « Boire hypocras » et autres infinitifs doivent être rattachés à « Je les vis ».

1483-1488. Dans ce passage, Villon réécrit et reprend certains vers du poème de Philippe de Vitri :

Ilec mengoit Gontier et dame Helaine
Fres fromaigot, lait, burre, fromaigée,
Craime, maton, prune, nois, pomme, poire,
Civot, oingnon, escaloigne froyee
Sur crouste bise, au gros sel, pour mieulx boire,

1485. *civots.* Petits oignons, ciboule, ciboulette.

1486. *N'acontassent une bise tostée.* Il s'agit du tour *n'aconter une bille,* « ne pas accorder la valeur d'une bille », « ne pas accorder de valeur », dont le complément d'objet pouvait se construire soit directement, soit avec les prépositions *à* ou *de* (comme au vers 1485). Le jeu de Villon consiste à remplacer *bille* par *bise tostée,* « tranche de pain bis grillée », dont Gontier et Hélène faisaient leurs délices.

1487. *maton.* Lait caillé, que *Le Viandier* et *Le Ménagier de Paris* ne mentionnent que comme nourriture des poulets et des oies à engraisser. La *potée* désigne le contenu du pot, en particulier des fèves et des pois et, le cas échéant, du porc.

1488. *Ne prise un ail.* Ici encore Villon joue avec une formule toute faite, *priser un ail* étant synonyme de *priser une bille,* « n'accorder aucune valeur » ; mais l'ail figure parmi les aliments préférés des amants rustiques.

Page 230.

1495. *Babyloine.* Le Caire ou Babylone.

1496. *À tel école.* Nous avons conservé la leçon de C qui était d'usage courant en ancien français. I comporte *à tel ecot* et A *à tel état.*

Page 232.

1507. *sa Bible.* Le manuscrit C a la forme *Bille* qui reflète la prononciation dont témoigne la rime avec *Évangile.* Dans la prononciation courante L, après consonne, gardait une sonorité assez forte pour l'emporter sur la labiale qui précède ; de là les rimes *Grenobles/Dolles* (v. 401-403) et *branle/tremble* (v. 1904-1906).

1508. *Ma damoiselle de Bruyères.* C'était la veuve de Girard de Bruyères, une femme pieuse et procédurière, qui possédait l'hôtel du Pet-au-Diable dont les étudiants s'étaient amusés à enlever la borne. En 1460, elle avait soixante-quinze ans.

1509. *Donne prêcher hors l'Évangile.* Le vers doit se comprendre de deux manières, *hors* pouvant être un adverbe (prêcher, au-dehors, l'Évangile) ou une préposition (prêcher en dehors de l'Évangile : il s'agirait alors de prêches plus ou moins hétérodoxes).

1511. *ces villotières*. Coureuses. Le mot vient du verbe *viloter*, « courir par la ville », « mener une vie de plaisir » ; sans doute est-il tombé dans l'orbite de l'adjectif *vil*.

1513. *cimetières*. On prêchait souvent dans les cimetières, que l'on considérait comme des lieux consacrés, à peine distincts des églises.

1514. *au Marché au filé*. Marché à la lingerie, contigu au cimetière des Saints-Innocents, dont la rue de la Lingerie perpétue le souvenir.

Page 234. BALLADE DES FEMMES DE PARIS.

1523. *chaières*. Des chaires de professeur pour enseigner le beau langage. Assimilation plaisante des Napolitaines à de vénérables professeurs d'Université.

Page 236.

1533. *De Petit Pont deux hérengères*. Le Petit Pont, entre la Cité et la rue Saint-Jacques, n'était pas seulement un nœud de communication, mais il comportait de nombreuses boutiques, comme celles des marchandes de poissons, lesquelles ne disparurent qu'en 1718.

1542. Dans cette ballade énumérative à la gloire des Parisiennes, Villon suit les traces d'E. Deschamps, mais il manifeste son habileté en évitant la monotonie par des remarques incidentes, en multipliant les noms (comme il le souligne au vers 1536), en introduisant des correspondances.

Page 238.

1543. Ce huitain surprend dans la mesure où il ne contient pas de legs. Sans doute Villon a-t-il voulu illustrer la ballade qui précède par un croquis incisif qui fait pendant à celui du huitain LVI, et prouver sa dextérité à manier les rimes en *-obes*, avec le verbe rare *hober* et le nom propre *Macrobe*.

1547. *Macrobes*. Cet érudit latin écrivit vers 400 un commentaire du *Songe de Scipion* de Cicéron, qu'on n'a cessé de lire au Moyen Age (Guillaume de Lorris le cite au début du *Roman de la Rose*) et un recueil de *Saturnales* où, en traitant de problèmes grammaticaux, il parle surtout du génie encyclopédique de Virgile.

1554. *mont Valérien*. Pourquoi bouleverser la géographie et adjoindre à Montmartre le mont Valérien ? Sans doute pour signaler les rencontres entre les nonnes peu pudiques de Montmartre, dont l'abbaye avait été fondée en 1133, et les membres de l'ermitage du mont Valérien ; mais surtout pour suggérer que les nonnes de Montmartre ne *vale(nt)* rien.

1555-1556. *plus d'un quartier d'an Du pardon qu'apportai de Rome*. Villon joue maintenant au pèlerin qui a rapporté de Rome les indulgences d'un pardon qu'il lègue à l'abbaye de Montmartre : chaque visiteur obtiendra une indulgence de plus de trois mois.

1558. *En l'abbaye où il n'entre homme*. Antiphrase : cette abbaye, en pleine décadence, était ouverte à tout le monde.

1561. *goyères*. Gougères, tartes au fromage.

1565. *sans mener grand bruit*. L'expression peut s'appliquer aussi bien au professeur Villon qu'aux valets et chambrières se livrant au *jeu d'âne*.

1566. *le jeu d'âne*. Le jeu d'amour, car l'âne passait pour fort lubrique.

Page 240.

1571. *Si fussent-ils de peu contentes*. *Ils* est ici féminin, comme le prouve l'attribut *contentes*, et désigne les filles de bien.

1573-1574. *entrementes Qu'ils se perdent aux Jacopins*. Entrementes est la forme la plus proche de celle du manuscrit C : *entementes ;* c'est un doublet de *dementres que,* « pendant que ». Pour *Jacopins*, voir *Lais*, v. 159, et *Testament*, v. 731. Les dominicains, en 1218, installèrent leur couvent dans un hospice pour pèlerins appelé hospice Saint-Jacques (aujourd'hui rue Soufflot), parce qu'il était en bordure de la route de Saint-Jacques-de-Compostelle. De là leur nom de *jacobins*. Villon joue sur le mot *lopins* et sur le pronom *ils*. *Lopin*, qui désigne un morceau, avait aussi un sens libre ; *ils* représentent soit les *pauvres filles* qui se damnent chez les Jacobins, soit plutôt les *lopins*, morceaux de pain gaspillés ou toute autre chose qui demeure inutilisée.

1575. *Aux Célestins et aux Chartreux*. Voir *Testament*, v. 238 et note.

1579-1580. *Témoin Jacqueline et Perrette Et Isabeau*. Peut-être de jeunes prostituées.

1581-1582. *Puisqu'ils en ont telle disette, À peine seroit-on damné*. Ils renvoient soit aux pauvres filles (v. 1578) qui subissent une telle pénurie de bons morceaux ou de parties de plaisir qu'elles ne peuvent se damner, faute d'avoir des tentations, soit peut-être aux jacobins, célestins et chartreux (v. 1574-1575) : si l'on donne un sens antiphrastique au vers 1581, sens préparé par le vers 1577 (*Si ont-ils largement entre eux*), ils seront certainement damnés.

1583. *à la grosse Margot*. C'était l'enseigne d'une taverne, devant laquelle l'ami de Villon, Régnier de Montigny, rossa le guet une nuit de 1452. Mais Villon fait de Margot l'héroïne d'une chanson, où elle représente toutes les prostituées. Beaucoup de ribaudes portaient ce nom.

1584. *Très douce face et pourtraiture*. Ces termes désignent soit l'enseigne qui représenterait une femme aux traits caricaturaux, soit la face de la prostituée enluminée par le vin.

1585. *brulare bigot*. Déformation de jurons anglais : *by our Lord, by God*.

Page 242. BALLADE DE LA GROSSE MARGOT.

1594. *Pour son amour ceins bouclier et passot*. Villot joue à la fois au chevalier servant et au proxénète qui aura peut-être à défendre sa protégée.

1600. *où tenons notre état*. Où nous exerçons notre profession, et où nous vivons en tenant notre rang, comme des gens de l'aristocratie.

1604. *Sa robe prends, demi-ceint et surcot*. Le mot *robe* pouvait désigner en bloc toutes les pièces du vêtement, ou la plus habillée d'entre elles, le *mantel*. Au XVe siècle, la robe ne fut plus qu'un vêtement plus ou moins long, en toutes sortes de tissus, souvent brodé, simple ou fourré. Le *demi-ceint*, qui fait son apparition dans la seconde moitié du XIVe siècle, était « une ceinture lâche terminée aux deux bouts par des mordants reliés par une chaînette pendant devant jusqu'aux genoux et s'achevant en une pomme de métal ou un bijou » (Beaulieu et Baylé, *op. cit.*, p. 97). Tantôt objet d'orfèvrerie précieux, tantôt simple bande de tissu, le demi-ceint était porté sur la cotte, donc invisible. La mention du *surcot* est curieuse, car il disparaît des textes vers 1420, supplanté par la robe. Il se composait d'un corsage extrêmement découpé, sans manches, et d'une ample jupe traînante.

Page 244.

1611. On remarquera la répétition en chiasme d'homonynes et les allitérations.

1612. *velimeux.* Venimeux, à prendre au sens propre (l'escarbot lance un liquide brûlant) ou au sens plus large de « répugnant, immonde ».

1614. *« Go ! go ! » me dit, et me fiert le jambot. Gogo* est une formule apaisante, que ce soit un mot enfantin que nous trouvons dans un rondeau de Charles d'Orléans (CLXX) ou un mot anglais.

1615. *comme un sabot.* Le mot a ici son sens le plus ancien, celui de toupie.

Page 246.

1628. *Marïon l'Idole.* Cette prostituée, dont il avait été question récemment (P. Champion, *François Villon...*, t. I, p. 112-113), était aussi appelée Marion la Dentue.

1630. *tenir publique école.* Une école ouverte à tous, une école de filles publiques.

1631-1633. L'Imprimé porte la leçon suivante pour le vers 1632 : *Lieu n'est où ce marchié ne tiegne.* Si l'on fait, au vers 1630, de *l'écolier* le sujet d'*enseigne*, il s'agit d'une école spéciale, celle des prostituées, et d'un monde à l'envers qui se retrouve à la *grille*, à la prison de Meung-sur-Loire où c'est l'élève qui enseigne au maître les vertus chrétiennes. Mais qu'on fasse de *maître* le sujet, et l'on est tenté d'adopter le texte de l'Imprimé et de comprendre : « ... je donne de tenir une école publique où le maître s'applique à enseigner l'élève. Il n'y a pas d'endroits où l'on ne trouve pas de telles pratiques, sinon à la prison de Meung. » Nouvelle attaque contre Thibaud d'Aussigny, qui refusa d'aider Villon dans la voie du salut et du redressement. Voir *Recherches*, t. II, p. 475-483.

1636. *à Noël Jolis.* Voir *Testament*, v. 662 et note.

1643. *par la main de Henri.* Henri Cousin, exécuteur de la haute justice à Paris de 1460 à 1479, appliquera un châtiment public à Jolis, dont ce seront les *noces*, en argot (voir *Testament*, 663).

1644. *à l'Hôtel Dieu.* D'origine épiscopale et bâti dans le voisinage de la cathédrale, l'Hôtel-Dieu, qui remonte au IXe siècle, recevait malades, vieillards, indigents, et aussi des pensionnaires qui n'étaient pas forcément d'un âge avancé. On admettait tout le monde, hommes, femmes, enfants (abandonnés ou amenés par leur mère ou nés à l'hôpital). Pendant le XVe siècle, l'Hôtel-Dieu nourrissait chaque jour de quatre à cinq cents malades. Voir E. Coyecque, *L'Hôtel-Dieu de Paris au Moyen Âge*, 2 vol., Paris, 1891.

1647. *assez maux*. *Maux* peut se lire *mots* : on paie les pauvres de beaucoup de bonnes paroles et de *bourdes*.

1648. *Chacun leur envoie leurs os*. On traite les pauvres comme des chiens à qui on donne les os à ronger, on leur distribue les restes.

1649. *Les Mendïants ont eu mon oie*. *Faire manger de l'oie, bailler de l'oie*, c'est « tromper par d'alléchantes promesses », comme le fait Pathelin avec le drapier Guillaume. Villon oppose les Mendiants, les frères mendiants, aux mendiants qui sont réellement pauvres.

1650. *et ils auront les aulx*. Les *aulx* désignent ici la sauce à l'ail qu'on servait avec l'oie. Rappel du proverbe : *Qui n'a de l'oe* (oie) *si ait de l'aillée !*

1651. *À menue gent, menue monnoie*. L'expression *menue gent* pouvait désigner les « petites gens » (mais ce qu'on appelait le *peuple menu*, par opposition au *peuple gras*, était plutôt la petite bourgeoisie) et les franciscains, nommés aussi frères menus. Voir *Nouvelles Recherches*, p. 225-238.

Page 248.

1652-1653. *à mon barbier Qui se nomme Colin Galerne*. Colin Galerne, qui passait pour avare, était barbier (c'est-à-dire coiffeur et chirurgien) et marguillier de Saint-Germain-le-Vieux dans la Cité. On lui attribue aussi la copie de deux œuvres du poète Pierre de Nesson. Voir P. Champion, *op. cit.*, t. II, p. 363. Le mot *galerne* désignait un vent froid et humide de nord-ouest qui faisait geler les vignes. Cette équivoque a sans doute déterminé le legs de Villon, *un gros glaçon*.

1654. *Angelot l'herbier*. Il s'agit d'Ange Baugis, qui était lui aussi paroissien de Saint-Germain-le-Vieux. Les herbiers ou herboristes qui préparaient les remèdes ordonnés par les médecins tenaient boutique ou vendaient en plein air. Ils avaient la réputation d'en conter à leurs clients ; de là l'expression de « mensonge d'herbier » et *Le Dit de l'Herberie* de Rutebeuf.

1659. *Il aura chaud l'été d'après*. Après être mort d'un refroidissement, il aura chaud dans les flammes de l'enfer.

1660-1661. *rien aux Enfants trouvés ; Mais les perdus*. Villon joue sur les mots *trouvés* et *perdus* : les *enfants trouvés* sont des enfants perdus, abandonnés, qu'on a recueillis dans une institution charitable ; les *perdus* sont des jeunes gens tombés dans la débauche et dont on a même perdu la trace. L'asile des Enfants trouvés dépendait de Notre-Dame et recueillait tous les enfants abandonnés aux portes des églises.

1663. *Marion l'Idole*. Voir *Testament*, v. 1628 et note. Il est normal de retrouver les enfants perdus, débauchés, chez une prostituée qu'ils fréquentent assidûment.

Page 250. BELLE LEÇON AUX ENFANTS PERDUS.

1668-1669. *vous perdez la plus Belle rose de vo chapeau*. Le *chapeau* est ici une couronne de fleurs, symbole de la joie et de l'amour. *Vo* est une forme picarde, en rapport peut-être avec Colin de Cayeux, d'origine picarde, et les Coquillards qui utilisaient des mots picards. *Perdre la plus belle rose* était une locution qui signifiait : « perdre son bien le plus précieux », à savoir la vie en ce monde et en l'autre.

1670. *Mes clercs près prenant comme glus.* Ces clercs sont à la fois les élèves de Villon qui joue au professeur (v. 1664-1665) et les clercs qui, comme lui, ont mal tourné. Dans le manuscrit C, on a non pas *près prenant*, mais *apprenans*, qui a le sens moderne et le sens ancien de « prendre, saisir ». La glu servait à prendre les oiseaux ; la comparaison a été ensuite appliquée aux femmes, à la Mort, aux voleurs...

1671. *Se vous allez à Montpipeau.* Si Montpipeau est un village près de Meung-sur-Loire, c'est surtout l'endroit où l'on *pipe*, où l'on trompe pour voler. La *pipée* était une chasse dans laquelle on contrefaisait le cri de la chouette ou d'autres oiseaux pour attirer les oiseaux sur des branches enduites de glu. On pipait les écus (on les escamotait), les dés, que l'on préparait pour truquer le jeu, les cartes, que l'on marquait de signes de reconnaissance.

1672. *Ou à Rüel.* Ville de la banlieue parisienne, mais aussi endroit où l'on *rue*, où l'on vole à main armée en abattant, voire en tuant sa victime. Voir seconde ballade en jargon.

1674. *le rappeau.* Appel à la justice ecclésiastique ; plus généralement, toute possibilité d'appel, de remise en jeu.

1675. *Le perdit Colin de Cayeux. Le perdit*, voir *Testament*, vers 452 et note. Colin de Cayeux, ami de Villon, membre de la bande des Coquillards, participa au vol du collège de Navarre ; il fut pendu vers 1460. Il est question de lui dans la seconde ballade en jargon, et au vers 861 du *Testament* ; voir notre note.

1676. *un jeu de trois mailles.* Un jeu de rien du tout, car la maille, en cuivre, était la plus petite monnaie, donc non divisible et d'une très faible valeur ; de là des locutions comme *avoir maille à partir avec quelqu'un, cela ne vaut pas la maille*, « cela ne vaut pas un clou ».

1681. *Dido.* Didon. L'histoire de l'héroïne de Virgile (*Énéide*, chant IV), puissante reine et amante malheureuse, avait été popularisée au Moyen Âge par le roman d'*Énéas* (XIIᵉ siècle).

Page 252.

1686. *charterie se boit toute.* Il s'agit d'un proverbe (voir nᵒ 342 du recueil de J. Morawski) où *charterie* désigne le contenu d'une charrette ou le gain du charretier.

1688. *il n'est quitté. Quitté*, leçon de C, I et F, est un terme technique : « libre de toute obligation » ; le manuscrit A porte *enté*, « greffé », « solidement fixé ».

1689. *Mais le dépendez.* Villon joue peut-être sur le mode du verbe, qui peut être un indicatif (« vous le dépensez »), ou un impératif (« dépensez-le »).

Page 254. BALLADE DE BONNE DOCTRINE À CEUX DE MAUVAISE VIE.

1692. *porteur de bulles.* Celui qui vend de fausses indulgences.

1693. *Pipeur ou hasardeur de dés.* Pour *pipeur*, voir *Testament*, v. 1671 et note. Le *hasardeur* jouait au jeu de dés appelé hasard.

1694. *Tailleur de faux coins.* Fabricant de fausse monnaie ; le coin était un morceau de fer trempé et gravé qui servait à marquer monnaies et médailles. Le châtiment des faux monnayeurs consistait à les plonger dans de l'eau ou de l'huile bouillantes.

1701. *comme fol feintif.* Le mot *fol* désigne aussi bien le sot au sens large que les fous de la Fête des fous ou les fous des princes. Voir *Testament,* v. 1078, et *Lais,* v. 272. *Feintif* signifie « hypocrite » et « paresseux ».

1702. *brouille, joue des flûtes. Brouiller :* soit « débiter des boniments », soit « faire des tours de prestidigitation ». *Jouer des flûtes* est peut-être à prendre au sens de « se moquer des gens par ses discours ».

1704. *jeux.* Sans doute s'agit-il de *sotties.* Voir *Lais,* v. 272 et note. Farce, sottie et moralité composaient à l'ordinaire un spectacle.

1705. *Gagne au berlan, au glic.* Le *brelan* était un jeu de cartes ou de dés ; le *glic* était un jeu de cartes, proche de la bouillotte.

Page 256.

1713. *se chanvre broyes ou tilles.* Travail pénible, que l'on broie le chanvre avec des instruments de bois ou de fer, ou qu'on le *teille* ou *tille,* qu'on sépare les fibres des *chenevotes* (*Testament,* v. 529) avec les doigts ou un petit bâton.

1714. *Ne tends ton labour.* On peut voir dans le verbe soit un impératif : « ne destine pas le fruit de ton travail... », soit plutôt un indicatif dans une phrase interrogative : « ne destines-tu pas... ? »

1716. *pourpoints.* Fait d'abord de toiles doubles, rembourrées d'un capiton de coton ou de bourre de soie, le pourpoint est un vêtement de dessous auquel s'attachent les chausses. À la fin du XIVe siècle, il est fait de plus en plus souvent de draps précieux et devient même vêtement de dessus. Voir Fr. Piponnier, *op. cit.,* p. 396. *Aiguilletés :* avec des aiguillettes, des cordons.

1718. *portez.* Ici encore, nous avons soit un impératif, soit un indicatif.

Page 258.

1720. *compains de galle.* Voir *Testament,* v. 225.

1722-1723. *ce mau hâle Qui noircit les gens.* Voir *Épitaphe de Villon,* v. 21-22.

1724. *c'est un mal mors.* La morsure de la mort est un lieu commun dans les poèmes de Rutebeuf.

1728. *aux Quinze-Vingts.* Maison des aveugles à Paris, que Saint Louis fonda entre 1254 et 1261, dans la rue Saint-Honoré, pour trois cents aveugles qui étaient autorisés à mendier. Voir Léon Le Grand, « Les Quinze-Vingts depuis leur fondation jusqu'à leur translation au faubourg Saint-Antoine (XIIIe-XVIIIe siècle) », *Mémoires de la Société d'Histoire de Paris et de l'Île-de-France,* Paris, 1887, t. 13 et 14, et Jean Dufournet, *Le Garçon et l'Aveugle,* Paris, 1982.

1734. *aux Innocents.* Le cimetière des Saints-Innocents, autour de l'église du même nom, était quatre fois plus grand que le square actuel des Innocents. Au début du XIVe siècle, le mur de clôture fut doublé, à l'intérieur, d'un mur à arcades ; des deux murs réunis par une voûte, on fit des charniers ; sur les arcades du charnier des Lingères, on peignit la *Danse macabre*. Ce cimetière était un lieu de promenade et de rendez-vous.

1738. *N'en grands lits de parement jeu. Jeu* est le nom *jeu* (*avoir jeu*, « jouer »), plutôt que le participe passé du verbe *gésir* (« avoir couché »).

1739. *engrossir panses*. Texte de C ; I et A ont *en grosses* (ou *grasses*) *panses*.

Page 260.

1746. *maîtres des requêtes*. « Magistrats qui composaient un tribunal nommé les Requêtes de l'hôtel, et dont l'office était de rapporter les requêtes des particuliers dans le conseil du roi présidé par le chancelier » (Littré).

1748. *portepaniers*. Portefaix ou colporteurs.

1750. *ou lanterniers*. Le mot pouvait désigner différentes personnes : le serviteur qui, dans la rue, porte une lanterne allumée devant son maître, le fabricant de lanternes, celui qui allume les lanternes publiques.

1758. *Seigneuries*. À la fois les titres et les pouvoirs des seigneurs.

1764. *fromentée*. D'après *Le Viandier* de Taillevent, la fromentée était faite avec de la farine de qualité, des jaunes d'œufs, du lait qu'on faisait bouillir, du sel et du sucre.

1760-1767. À comparer avec la première strophe de l'*Épitaphe de Villon*, ou *Ballade des Pendus*.

Page 262.

1770. *À régents cours, sièges*. Nous adoptons l'interprétation d'A. Henry et J. Rychner pour qui *regents* est le participe présent de *reger*, « administrer ». Les autres commentateurs font de *regents* un nom au sens de « magistrats » ou de « maîtres ». Les *cours* sont les tribunaux souverains, les *sièges* les tribunaux subalternes.

1772-1773. Ces deux vers sont à prendre dans un sens antiphrastique : ils sont cupides et s'engraissent aux dépens du bien public.

1774. *saint Dominique*. Les dominicains étaient chargés de l'Inquisition.

1776. *à Jacquet Cardon*. Voir *Lais*, v. 123 et note.

1779. *cette bergeronnette*. Le mot désignait soit une petite bergère, soit une poésie rustique, un chant de berger.

1780-1782. Il s'agit de chansons populaires, grivoises ou niaises, équivoques ou satiriques, que chantaient les étudiants et les amoureux.

1783. *Elle allât bien à la moutarde*. L'expression *aller à la moutarde* évoque l'habitude ancienne d'envoyer, à l'heure du repas, les enfants acheter de la moutarde qu'on venait de broyer. Ils s'y rendaient en bandes, chantant des airs plaisants, le plus souvent relatifs aux événements du jour. Bientôt, la locution se figea et on ne pensa plus qu'aux scandales que les enfants dénonçaient dans leurs chansons. Il s'agit d'airs anodins ou, plus souvent, satiriques. D'autre part, l'expression peut contenir une équivoque égrillarde : n'ac-

cusait-on pas certaines femmes de *prendre en tant de lieux moutarde ?*
Voir *Nouvelles Recherches,* p. 161-165.

Page 264. CHANSON.

1786. *Fortune.* Cette sombre déesse, inventée par Boèce dans son
De consolatione philosophiae, a hanté tout le Moyen Âge, tantôt pro-
vidence divine, tantôt hasard et aventure. Elle apparaît ainsi dans *Le
Jeu de la Feuillée,* accompagnée de sa roue, aveugle, muette, sourde
aux accusations et aux supplications, indifférente aux mérites et aux
actes des hommes. Voir R. Ortiz, *Fortuna labilis. Storia di un motivo
poetico da Ovidio al Leopardi,* Bucarest, 1927, et I. Siciliano, *François
Villon et les thèmes poétiques du Moyen Âge,* Paris, 1934.

1787. Antérieure au *Testament,* cette chanson a pu avoir trois
significations successives. Ce poème amoureux, dont l'inspiration
n'était pas très éloignée du début du *Lais,* prit, après les expériences
cruelles de Meung-sur-Loire et de Paris, un sens nouveau, plus
profond, et devint un poème de la prison où se profile l'ombre de la
mort. En l'insérant dans le *Testament,* Villon lui insuffle peut-être
une nouvelle signification en l'appliquant à J. Cardon, à qui il sou-
haiterait d'être malmené par la Fortune. Voir *Nouvelles Recherches,*
p. 165-166.

Page 266.

1796. *à maître Lomer.* Maître Pierre Lomer d'Airaines, membre
du clergé de Notre-Dame et curé de Bagneux en 1457, avait été
chargé de chasser les prostituées de certaines maisons de la Cité.

1797. *comme extrait que je suis de fée.* Villon va jouer auprès de
Lomer le même rôle que Morgane avec Ogier : le rajeunir.

1799. *fille en chef ou femme coeffée.* N'importe quel type de
femme, sans doute les prostituées et les femmes honnêtes.

1801. *Ce qui ne lui coûte une noix.* Ce qui ne lui coûte rien, sans
doute parce qu'il n'aime pas les femmes.

1802. *Faire la faffée.* Faire la bagatelle, l'amour.

1803. *Ogier le Danois.* Héros épique, célèbre au XVe siècle, où il
présente plusieurs visages : révolté cruel et démesuré dans son
opposition à Charlemagne ; personnage de roman célèbre par ses
aventures en Orient et dans les bras de la fée Morgane ; héros du
pays liégeois ; bras droit, souvent méconnu, de Charlemagne ;
défenseur de la justice et de l'innocence ; écolier précoce en tout, en
matière amoureuse en particulier. C'était le type du chevalier viril et
puissant, le héros de la sexualité morale. Lomer apparaît, en face de
lui, efféminé, décrépit, inverti ; de là l'expression *en dépit de,* « pour
faire la nique à... ». Sur ce huitain, voir *Recherches,* t. II, p. 487-501.

1804. *aux amants enfermes.* Il s'agit des *amoureux malades* d'Alain
Chartier (voir note suivante), mais Villon introduit l'adjectif
enferme, c'est-à-dire « infirme », « impuissant ».

1805. *le lais Alain Chartier.* Allusion au huitain suivant de *La
Belle Dame sans merci* :

Je laisse aux amoureulx malades,
Qui ont espoir d'allègement,
Faire chansons, diz et balades,
Chacun en son entendement,

> Car ma dame en son testament
> Prist a la mort, Dieu en est l'ame,
> Et emporta mon sentement
> Qui gist o elle soubz la lame.

1806-1809. Villon, par le legs du bénitier et du goupillon, souhaite que les amants martyrs meurent une bonne fois pour toutes ; à leur chevet, le bénitier sera rempli des larmes qu'ils auront versées si abondamment que le brin d'églantier demeurera vert à jamais. Ce brin d'églantier peut passer pour un symbole de la poésie : il ne perdra rien de sa force ni de sa puissance, malgré la disparition des diseurs de fadaises. D'autre part, le bénitier et le goupillon désignaient, dans la poésie libre et la farce, les organes complémentaires de l'homme et de la femme. Voir *Une Farce nouvelle des chambrières qui vont à la messe de cinq heures pour avoir de l'eau bénite*. Sur *vert*, voir *Testament*, v. 1195 et note.

1810. *le psautier*. Le recueil de 150 psaumes. Dans A, F et I, on a *ung psaultier*, qui désigne le grand chapelet monastique, comportant autant de grains que David a composé de psaumes. Voir *Recherches*, t. II, p. 501-506.

1812. *à maître Jacques James*. Ce personnage possédait une maison rue aux Truies et une maison à étuves rue Garnier-Saint-Ladre. D'autre part, il eut sans doute maille à partir avec la justice plusieurs fois entre 1457 et 1461 pour coups et blessures. Voir P. Champion, t. II, p. 369.

1813-1815. Pour Villon qui parle par antiphrase, c'est un paresseux qui recueille le fruit du travail d'autrui. Il a une façon bien connue de se procurer des femmes : il leur conte fleurette, va même jusqu'aux fiançailles, puis les contraint à se prostituer, se gardant bien d'épouser l'une ou l'autre.

1818-1819. *Et qui fut aux truies, je tiens Qu'il doit de droit être aux pourceaux*. Villon reprend un proverbe connu : *Se forfait la truie, que les pourceaux le compeirent*, « si la truie commet une faute, que les pourceaux le paient ». Il rappelle en outre implicitement l'adresse de la rue aux Truies. Enfin le mot *truies* pouvait désigner les prostituées. Quant au mot *pourceaux*, il rappelle la fin de l'*Épître aux amis*, où il désigne Villon et ses amis. De là deux sens : comme les enfants héritent de leurs parents, les pourceaux doivent hériter des truies ; d'autre part, le porc était le symbole de la luxure, de la saleté physique et morale, de la gourmandise et de la paresse. Voir *Recherches*, t. II, p. 507-511.

Page 268.

1820. *le camus Sénéchal*. Sans doute s'agit-il du grand sénéchal de Normandie, Pierre de Brézé, disgracié en 1461, fugitif, emprisonné à Loches, et qui ne sera libéré qu'en 1462. Il passait pour un parangon de la chevalerie, doué de toutes les qualités et en particulier de l'éloquence. Voir *Recherches*, t. II, p. 518-526. L'adjectif *camus*, qui avait un sens physique (« pourvu d'un nez court et plat »), recevait fréquemment l'acception figurée d'« embarrassé, interdit ». Brézé était, en effet, en mauvaise posture, réduit à la contrainte et à la honte d'un prisonnier.

1822-1823. *maréchal Sera*. Comme Brézé a perdu sa charge de sénéchal et comme le maréchal de Lohéac a lui aussi été privé de son commandement, le premier pourra être dédommagé en devenant maréchal de France. C'est évidemment un don impossible.

1823. *pour ferrer oies, canettes.* Double plaisanterie. Dans un premier temps, le maréchal ne sera plus qu'un maréchal-ferrant : le contraste est piquant entre l'élégance du chevalier et la besogne peu reluisante qu'on lui assigne. Mais quel sera son travail ? Ferrer des oies et de petites canes. Villon utilise une formule figée qui signifiait « s'occuper de choses vaines, chevaucher des chimères ». Locution que l'on trouvait illustrée sur une tenture du duc d'Orléans et sur des pièces de monnaie fantaisistes. Villon, tout en reprochant à Brézé de prôner un idéal chevaleresque périmé et ridicule, le rend grotesque quand il le représente au milieu d'une troupe d'oies et de canards.

1824. *ces sornettes.* Désigne le jeu de mots sur *maréchal* et l'ensemble des plaisanteries du *Testament.*

1826. *fasse en des allumettes.* Soit le jeu des allumettes qu'on jouait avec treize allumettes ou treize objets quelconques (voir *Recherches,* t. II, p. 514-515), soit des allumettes pour éclairer son cachot.

1827. *De beau chanter s'ennuie on bien.* Villon semble ironiser sur les calembredaines qu'il adresse au prisonnier.

1828. *au Chevalier du Guet.* Voir *Lais,* v. 145 et note.

1830. *Philibert et le gros Marquet.* Deux individus grotesques et tarés, vieux sans doute, parmi ceux que vient de révoquer Tristan l'Ermite, le prévôt des maréchaux, lequel était présenté ainsi dans les actes officiels : « chevalier et seigneur de Moulins et du Bouchet, conseiller et chambellan du roi notredit seigneur, prévôt de son hôtel et des maréchaux de France ».

1836. *à Chappelain.* Le nom du légataire, Jean Chapelain, sergent de la Douzaine (policier de la garde du prévôt de Paris), incite Villon à lui donner une chapelle.

1837. *Ma chapelle à simple tonsure.* Bénéfice ecclésiastique auquel Villon pouvait prétendre en tant que clerc tonsuré ; mais, étant donné le nombre des tonsurés, il avait peu de chances d'obtenir un bénéfice. Don purement théorique.

1838. *Chargé d'une sèche messe.* Messe qui pouvait être prononcée par un laïc, messe abrégée — *il ne faut pas grand lecture* — sans consécration ni communion, où l'on ne boit pas. Par le jeu des legs, Villon invite à voir en Chapelain un amateur de vin (v. 1838) et de femmes (v. 1843). Voir Jean Frappier, dans les *Mélanges... Italo Siciliano,* Florence, 1966, p. 451-452.

Page 270.
Jean de Calais. Notaire au Châtelet, chargé de vérifier les testaments des laïcs. Villon s'adresse à lui parce qu'il n'est plus clerc.

1846. *Qui ne me vit des ans a trente.* Qui ne m'a donc jamais vu, puisque Villon a la trentaine. Voir *Testament,* v. I.

1850. *jusqu'au res d'une pomme.* Jusqu'à la pelure d'une pomme, c'est-à-dire complètement. Selon W. Mettmann dans *Romanische Forschungen,* t. 73, 1961, p. 148-150, il faudrait comprendre que Villon limite le pouvoir de Jean de Calais à la valeur d'une pomme, donc à pratiquement rien.

1852. Dans ce huitain, Villon s'est complu à accumuler le plus grand nombre possible de termes juridiques empruntés à des testaments réels.

1857-1858. *Interpréter et donner sens, À son plaisir.* Villon semble prévoir et, par avance, absoudre les divergences contradictoires des commentaires.

1861. *Étoit allé de mort à vie.* Retournement d'une formule qu'on trouvait fréquemment dans les testaments réels, *aller de vie à trespassement.* Sans doute Villon reprend-il une formule des sermons : *aller de mort à vie,* c'était aller, comme le Christ, de cette vie mortelle à la vie éternelle.

1863. *l'ordre.* L'ordre des légataires.

1866. *Car, s'il l'appliquoit par envie.* F. Lecoy a bien vu le sens de *car* qui explique une idée intermédiaire non exprimée : et il n'y a pas lieu de s'étonner de ma confiance, car... *par envie :* soit qu'il garde l'aumône pour lui, soit qu'il en fasse profiter un parent ou un ami.

Page 272.

1868. *à Sainte Avoie.* Plaisanterie complexe. Dans les testaments recueillis par A. Tuetey, on note, plusieurs fois, parmi les légataires, *les bonnes dames de Sainte Avoie.* Le nom de Sainte-Avoie, qui devint celui d'une rue (une partie de l'actuelle rue du Temple) et de tout un quartier, provenait du nom d'une communauté de veuves, fondée sous Saint Louis par un curé de Saint-Merri, *les Bonnes Femmes de sainte Hedwige* (duchesse de Pologne, 1174-1243). À l'époque de Villon, c'étaient des quinquagénaires qu'on accusait de désordre moral. Or leur chapelle était au premier étage, comme l'a remarqué Marot : « La chapelle Saincte Avoye estoit lors et de nostre temps eslevee d'un estaige. » On ne pouvait donc y enterrer personne. En choisissant ce lieu, Villon reprend une plaisanterie de Deschamps qui avait écrit dans son *Testament par esbatement :*

> J'ay esleu ma bière
> En l'air pour doubte de périr :
> Talent n'avoie de mourir.

Enfin, Gautier de Coinci et Rutebeuf, en particulier dans leurs *Miracle de Théophile* auxquels Villon fait allusion dans la *Ballade pour prier Notre Dame,* s'étaient livrés aux délices de l'annomination sur le mot *voie :*

> La dame qui les siens avoie
> M'a desvoié de male voie
>   Où avoiez
> Estoie et si forvoiez
> Qu'en enfer fusse convoiez
>   Par le deable (Rutebeuf)

(« La dame qui met les siens dans la bonne voie m'a retiré de la voie funeste où je m'étais engagé et si bien fourvoyé qu'en enfer j'eusse été convoyé par le diable. ») Sainte Avoie remettra donc sur la bonne voie le dévoyé Villon.

1872. *mon estature.* Il s'agira d'un simple portrait en pied, et non pas, comme pour les grands personnages, d'une statue de marbre.

1879. *Et qui n'auroit point d'écritoire.* Texte de A et I. C a comme leçon : *Qui n'auroit point d'escriptouoire ;* dans la diphtongue *oi*, la semi-voyelle *w* tend à s'affirmer au point de compter pour une syllabe, comme au vers 820 du *Testament, machouere.* Voir P. Fouché, *op. cit.*, t. II, p. 274-275. L'écritoire était, au Moyen Âge et jusqu'à la fin du XVIIIe siècle, un meuble en forme de nécessaire et contenait non seulement l'encrier, appelé *cornet*, mais encore les plumes, le canif, les ciseaux, un couteau...

1883. *un bon folâtre.* Villon ne se trompait pas : jusqu'à Marot, on l'a pris surtout pour un joyeux farceur, buveur, voleur et trompeur. Voir notre *Villon et sa fortune littéraire*, p. 8-16.

Page 274. ÉPITAPHE ET RONDEAU.

1884. *en ce solier.* Chambre sous le toit, étage supérieur. Dans les patois, le sens le plus répandu était celui de « plancher d'une grange, grenier à paille ou à foin ». Voir J.-E. Dufour dans *Romania*, t. 63, 1937, p. 511-518.

1885. *Qu'Amour occit.* Il s'agit d'une proposition relative antéposée au nom *écolier* auquel elle se rapporte.

1886. *écolier.* Étudiant, clerc ; voir *Poésies diverses*, VIII, v. 132 : *votre pauvre écolier François*, et *Lais*, v. 2.

1888. *sillon.* Le cinquième d'un arpent, c'est-à-dire très peu de terre.

1890. *Table, tréteaux. Table* est au singulier dans le manuscrit C. Au moment du repas, la table était posée sur des tréteaux : c'est ce qu'on appelait *mettre la table.* En outre, Villon, comme le suggère le *Testament*, était trop pauvre pour posséder plusieurs tables.

1892-1893. *Repos éternel donne a cil, Sire, et clarté perpétuelle.* Traduction du refrain de l'Office des morts : *Requiem aeternam dona eis, Domine, et lux perpetua luceat eis.*

1896. *Il fut rés, chef, barbe et sourcil. Rés,* participe passé du verbe *rere*, en désuétude dès le XVIe siècle. Pourquoi fut-il rasé ? Plusieurs explications sont possibles. C'était la procédure légale très ancienne suivant laquelle on obligeait les clercs indignes à être *rés tout jus* pour faire disparaître la tonsure. Selon A. Burger (*Mélanges... I. Siciliano*, p. 151-152), Villon aurait été dégradé par Thibaud d'Aussigny, ce qui était la plus sévère des peines vindicatives : Regnier de Montigny et Colin de Cayeux furent pendus sans avoir été dégradés. Voir *Recherches*, t. I, p. 156-157. On tondait les fous. Il a pu être tondu par mesure hygiénique. Enfin, c'était le traitement qu'on infligeait aux présumés sorciers pour leur arracher le maléfice de taciturnité, pour les forcer à parler. Voir *Le Marteau des Sorcières* d'H. Institoris et J. Sprenger, trad. par A. Danet, Paris, 1973, p. 581, et nos *Nouvelles Recherches*, p. 122.

Page 276.

1899. *Rigueur le transmit en exil.* C'est d'abord la Rigueur de l'amour, bien connue des contemporains de Villon, qui l'a contraint à aller *en pays lointain*, à connaître l'exil, loin de la femme aimée et de Paris. Aussi a-t-il dû vivre d'expédients, si bien que s'est abattue sur lui la Rigueur de la justice ecclésiastique de Thibaud d'Aussigny qui le jeta en prison, et c'est le second sens du mot *exil* au Moyen Âge ; voir l'*Épître aux amis : en cet exil auquel je suis transmis Par*

Fortune (v. 4-5). Ce traitement sans indulgence a ruiné tout son être. *Exil* prend alors son acception la plus fréquente en ancien français, de « destruction ». Voir *Recherches*, t. II, p. 538-542.

1900. *Et lui frappa au cul la pelle.* Expression familière qui signifie « chasser honteusement ». Peut-être était-ce à l'origine un châtiment judiciaire : « Le patient, demi-nu, attaché à l'arrière d'une charrette, était promené par la ville. À chaque carrefour, la voiture s'arrêtait, et le bourreau, armé d'une sorte de battoir de blanchisseuse, remplissait son office » (Jean Dauvillier ; « Les Procès de François Villon », *Bulletin de l'université et de l'académie de Toulouse*, t. 51, 1943, p. 261-310).

Page 278.
1904-1905. *qu'on sonne à branle Le gros beffroi qui est de verre.* Le beffroi, qui était d'abord la tour dans laquelle une cloche était prête à sonner l'alarme, a désigné ensuite la cloche elle-même. Il s'agit ici du gros bourdon de Notre-Dame, la Jacqueline, qui, très fragile, a dû être réparé en 1429, 1434, 1451, 1479 : il était donc *de verre*. Villon plaisante quand il demande de le *sonner à branle*, ce qui consistait à donner aux cloches tout le va-et-vient qu'elles pouvaient avoir ; or on évitait de le faire parce que le bourdon était fragile, on ne le faisait pas pour les pauvres, on ne le faisait que dans les grandes circonstances, guerres ou orages.

1907. *Quand de sonner est à son erre.* La locution *être à son erre* (du verbe *errer*, « aller, cheminer ») est l'une des locutions que le français a essayées pour marquer la durée de l'action, aux côtés d'*être en voie de*, *en route à*, *en chantier de*, *en devoir de*, avant que ne s'impose *être en train de*. Voir G. Gougenheim, *Étude sur les périphrases verbales de langue française*, Paris, 1929, p. 60-65.

1910. *gens d'armes.* Il s'agit des mercenaires, écorcheurs, plus ou moins brigands.

1915. *ils seront de saint Étienne.* Les miches, les petits pains que donne Villon, seront les pierres avec lesquelles fut lapidé saint Étienne, le premier martyr chrétien. Voir *La Légende dorée*, éd. H. Savon, Paris, 1967, t. I, p. 75-81, et le tympan du croisillon sud de Notre-Dame de Paris.

1916. *Volant.* Ce gros marchand, qui fut, en 1460 et 1461, l'ambassadeur de la ville de Paris auprès des rois Charles VII et Louis XI, habitait rue Saint-Jacques, près du cimetière Saint-Benoît ; il était aussi vendeur de sel. Son nom rappelait la sonnerie des cloches à la *volée*. C'est *un homme de grand peine* : homme de peine qui effectue des travaux de force, homme dur à la peine. À prendre par antiphrase : Villon lui reproche d'être paresseux, comme il lui reproche d'être avare, puisqu'il vivra une semaine de quatre miches (v. 1918).

1919. *Jean de la Garde.* Voir *Lais*, v. 258, et *Testament*, v. 1354-1355. Villon joue maintenant sur le nom de famille de ce personnage, qu'il compare à un guetteur qui *garde* la ville et sonne les cloches en cas de danger.

1923. *Et contentent bien leurs detteurs.* Certains comprennent : « ils sont bons avec leurs débiteurs ».

1927. *Écris.* Villon s'adresse à son clerc Firmin.

Page 280.

1928. *maître Martin Bellefaye.* Avocat au Châtelet en 1454, lieutenant criminel du prévôt de Paris en 1460, conseiller lai au Parlement en 1462.

1931. *sire Colombel.* Guillaume Colombel, conseiller du roi, président en 1454 de la Chambre des enquêtes, commis au paiement des gages de la Cour de Parlement, était très riche : il s'occupait de quantité d'affaires financières, prêtait à gros intérêts, usait de contrats fictifs.

1934. *Michel Jouvenel.* C'était le sixième fils d'un personnage de tout premier plan, Jean Jouvenel des Ursins, prévôt des marchands, chancelier du dauphin, conseiller de la couronne. Michel Jouvenel fut bailli de Troyes en 1455, échanson de Louis XI en 1460, grand panetier de France.

1937. *les premiers frais.* Les frais à engager pour prendre possession de la succession.

1940. *gens de bien très.* À prendre à rebours : ce sont trois canailles sans foi ni honneur, méchants et débauchés, mécréants et blasphémateurs, prompts à s'approprier le bien d'autrui. Voir huitain CLXXXIII.

1941. *Philippe Brunel.* Voir *Lais*, v. 137 et note ; *Testament*, v. 1346.

1943. *maître Jacques Raguier.* Voir *Lais*, v. 153 et note ; *Testament*, v. 1038-1039.

1944. *Maître Jacques James.* Voir *Testament*, v. 1812 et note.

1948. *du leur.* De leur argent.

1949. *cette ordinaire.* Nous pouvons conserver la leçon de C, *ordinaire*, qui, désignant ce qu'on mange habituellement au repas, contient une allusion aux miches des vers 1912-1915. Les autres sources ont *ordonnance*.

1951. *en taillent.* Double sens : « taillent dans le testament » et « décident ».

Page 282.

1952. *Des testaments qu'on dit le Maître.* Celui qu'on appelait le Maître des testaments était un juge qui s'occupait des différends relatifs aux testaments des personnes relevant de la juridiction ecclésiastique. Si Villon dit qu'il n'aura rien de lui, c'est qu'il n'est plus clerc ou ne se considère plus comme tel.

1953. quy *ne* quot. Déformation de *quid ne quod*, « quoi que ce soit ».

1954. *ce fera.* Texte de C, où *ce* est régime de *fera* (littéralement : « fera cela »).

1955. *Thomas Tricot.* Du diocèse de Meaux, bachelier ès arts en 1452. Voir P. Champion, *op. cit.*, t. II, p. 172.

1957. *ma cornette.* Voir *Testament*, v. 1090 et note.

1958-1959. *S'il sût jouer en un tripot, Il eût de moi* Le Trou Perrette. Double sens : le tripot désignait un jeu de paume, lieu pavé entouré de murailles, dans lequel on jouait à la courte paume, et Marot nous dit que *Le Trou Perrette* était « un jeu de paulme à Paris » ; mais *faire l'amoureux tripot* était une locution synonyme du *jeu d'âne*, du jeu d'amour, et dès lors on comprend la signification grivoise des deux vers.

1960. *Quant au regard du luminaire.* Le service et les frais d'éclairage. Villon a redoublé la formule en employant *quant de* et *au regard de,* peut-être pour jouer sur *regard* dans un contexte de lumière.

1961. *Guillaume du Ru.* Bourgeois de Paris, maître de la confrérie des marchands de vin fondée sous le vocable de la Conception, dans l'église Saint-Gervais. Un de ses parents avait été procureur des chanoines de Saint-Benoît en 1457. Pourquoi choisir un marchand de vin ? Sans doute parce que les écrits bachiques proclamaient que le vin est au corps ce que l'huile est à la lampe. Voir le *Sermon de la Choppinerie,* v. 205-208 :

Emplissez en bien ce *gutur*
Ne lampades extingantur.
Car il est tousjours neccessaire
Que le saint ait beau luminaire.

1965. *Barbe, cheveux, pénil, sourcils.* À comparer avec le vers 1896. Villon fait sans doute allusion à des excès amoureux et bachiques. Annonce des facéties de la dernière ballade.

1966. *temps désormais.* Voici les leçons des autres manuscrits : *Mal me presse fort desormais, Si crie* (A), *Mal me presse temps est desormais Que crie* (F et I). La leçon de C peut se comprendre de deux manières : « [il est] temps désormais que je crie », ou *temps* étant considéré comme une graphie pour *tant*, « le mal me presse tant désormais que je crie... ».

Page 284. BALLADE DE MERCI.

1968. *À Chartreux et à Célestins.* Voir *Testament,* v. 238, 1575 et notes.

1969. *À Mendïants et à Dévotes.* Voir *Testament,* v. 1158-1159 et note.

1970. *À musards et claquepatins.* Le mot *musard* comportait différentes acceptions : « flâneur », « badaud », « sot, étourdi », « débauché ». Quant aux *claquepatins,* c'étaient les jeunes élégants de l'époque qui, lorsqu'ils voulaient, au sortir de l'église ou ailleurs, attirer l'attention de leur dame, se redressaient et faisaient sonner sur le pavé le talon de leurs chaussures. Les patins étaient enfilés sous les diverses formes de chaussures pour les préserver de la boue et de l'humidité ; c'étaient d'épaisses semelles de bois effilées en poulaine, parfois pourvues de deux talons. Voir M. Beaulieu et J. Baylé, *op. cit.,* p. 93.

1971. *À servants.* Il s'agit des servants d'amour plutôt que des serviteurs.

1972. *Portants surcots et justes cottes.* Pour les surcots, voir *Testament,* v. 1604 et note. La *juste cotte* est une cotte bien ajustée, moulante ; c'était une robe de dessous ou d'intérieur, à manches étroites et longues, fendue dans le dos du col aux reins et fermée par un laçage. Jusqu'en 1390, le surcot, très découpé, laissait voir une partie du corsage et les manches de la cotte ; ensuite, la cotte, recouverte par la robe, n'apparaît qu'aux poignets et à sa partie basse quand le vêtement de dessus est porté relevé. Voir M. Beaulieu et J. Baylé, *op. cit.,* p. 73, et F. Piponnier, *op. cit.,* p. 385.

1973. *À cuidereaux.* Ce sont les snobs, les gandins.

1974. *fauves bottes.* Bottines à lacet qu'on chaussait fièrement pour proclamer sa qualité d'amoureux et d'homme à la mode. Voir L. Foulet, dans *Romania*, 1913, p. 514.

1979. *marmottes.* Ce sont des guenons, des singes.

1981. *six à six.* C'est le nombre habituel des troupes d'acteurs à l'époque de Villon.

1982. *À vessies et marïottes.* Attributs traditionnels des fous et des sots, qui portaient des vessies remplies de petits pois et des marottes tintinnabulantes.

Page 286.

1984. *aux traîtres chiens mâtins.* Ce sont ses geôliers et ses bourreaux de Meung-sur-Loire.

1994. *De plombées.* Massues plombées, ou boules de plomb attachées à un bâton.

Page 288. BALLADE FINALE.

1996. *Ici se clôt.* Cette ballade, que certains ont retirée à Villon (voir H. Lang, dans *Symposium*, t. 9, 1955), n'est pas seulement un jeu parodique, car on y retrouve deux thèmes essentiels, l'impossibilité d'exorciser un amour d'une indéniable profondeur et le désir de fuir un monde hostile.

1999. *le carillon.* La clochette du personnage, *le semoneor de cors*, qui allait de porte en porte annoncer les enterrements.

2002. *Ce jura-t-il sur son couillon.* Sans doute à mettre en rapport avec les plaisanteries sur le mot latin *testis* (1° témoin ; 2° testicule).

2005. *un souillon.* Un valet de cuisine, tout à fait au bas de l'échelle sociale.

2007. *d'ici à Roussillon.* Longtemps les critiques se sont demandés si Villon était réellement allé dans cette ville du Dauphiné ou si c'était une façon d'évoquer ses lointaines errances. En fait, si Villon a choisi ce nom, c'est qu'il procurait une rime riche qui lui permettait de rivaliser, sur la même rime en -*illon*, avec Charles d'Orléans qui avait écrit le rondeau *Quant je fus prins ou pavillon*, et que d'autre part, en renouvelant une locution toute faite (*d'ici à Rome, à Babylone...*), le poète introduisait une double équivoque sur le *roux sillon*, *sillon* présentant l'acception générale de « terre » et une signification érotique, *roux*, couleur de Renart et de Judas (que l'on représentait avec les cheveux roux), symbolisant la fausseté.

2008. *brossillon.* Le mot a sans doute été créé par Villon.

2010. *son cotillon.* Ce diminutif désignait une sorte de blouse.

Page 290.

2016. *le ranguillon.* Ici, c'est l'ardillon, la pointe de métal qui fait partie d'une boucle et s'engage dans le trou d'une ceinture, d'une courroie.

2020. *émerillon.* Sorte de faucon, le plus petit et le plus docile des oiseaux de proie, qu'on utilisait pour chasser la caille, la perdrix ; symbole d'élégance et de noblesse. S'agit-il de Charles d'Orléans ? En tout cas, Villon a repris, dans cette ballade octosyllabique, certaines rimes d'un fort joli rondeau octosyllabique de Charles d'Orléans (*vermillon, émerillon, aiguillon*) :

Quant je fus prins ou pavillon
De ma dame tres gente et belle,
Je me brulé à la chandelle
Ainsi que fait le papillon.

Je rougiz comme vermillon,
Aussi flambant qu'une estincelle,
Quant je fus prins ou pavillon
De ma dame très gente et belle.

Se j'eusse esté esmerillon
Ou que j'eusse eu aussi bonne aile,
Je me feusse gardé de celle
Qui me bailla de l'aiguillon.

Villon a voulu rivaliser avec son modèle en multipliant les rimes en
-illon (Villon, carillon, Roussillon, brossillon, ranguillon) ; mais il l'a fait
avec un sourire, puisqu'il y glisse des mots et des réalités vulgaires
ou basses (couillon, souillon, haillon, vin morillon).

2022. de vin morillon. Ce nom commun désignait un plant gros-
sier de raisin noir dont une variété améliorée devint le pinot à la fin
du XVᵉ siècle. Mais ce nom peut se décomposer en mor(t) + suffixe
-illon, diminutif qui escamote et ridiculise la mort. C'était enfin un
nom propre, celui de l'abbé Hervé Morillon, abbé de Saint-
Germain-des-Prés, bien connu pour ses démêlés avec l'Université
de Paris, et qui était mort le 25 février 1460 : Villon but donc le vin
de Morillon, celui qu'avait bu Morillon, façon imagée de marquer le
terme de la vie.

POÉSIES DIVERSES

Page 294. BALLADE DE BON CONSEIL.
Titre d'Auguste Longnon (1892).

1. *bertaudés de raison.* Bertaudés est une correction de M. Del-
bouille (*Mélanges R. Guiette*, Anvers, 1961, p. 177-183), qui pro-
pose d'y voir un emploi figuré d'un verbe *bertauder,* « tondre » (de
bertaud, « animal châtré »), et de comprendre : « privés de raison ».
Le texte de base, qui se trouve au milieu d'un choix d'œuvres
d'Alain Chartier (BN, ms. fr. 833, fᵒ 193), comporte *bersaudés,*
« frappés à coups de flèches » ; de là un sens de « détournés (de la
raison) ». Dès la seconde édition, le mot a été corrigé en *despour-
veuz.* A. Henry et J. Rychner ont proposé, en désespoir de cause, de
corriger en *bestornez de raison,* « détournés du bon sens ».

5. *contre votre naissance.* Il faut comprendre : « contre votre nais-
sance à la vie éternelle ».

10. *autrui demaine.* Voir *Testament,* v. 416 et note.

Page 296.
21. *piper.* Voir *Testament,* v. 1671 et note.
22. *Quêter.* Il s'agit des quêtes de faux religieux ou de gens qui

proposent de fausses bulles d'indulgences. Voir *Testament*, v. 1692.

23. *Farcer*. Voir *Testament*, v. 1702. Il s'agit de « mystifier » et de
« bouffonner » plutôt que de « jouer la farce ».

34. *en l'épître romaine*. Il s'agit de l'Épître aux Romains de saint
Paul, dont Villon a repris, de loin en loin, des formules ou des
idées : ainsi, dans les premiers vers, nous retrouverons ce que Paul
dit en I, 22 : « dans leur prétention à la sagesse ils sont devenus
fous » et en I, 31 : « insensés, déloyaux » ; pour le vers 12, voir XII,
19 : « sans vous faire justice à vous-mêmes, mes bien-aimés, laissez
agir la colère » ; pour le vers 32, voir XII, 18 : « en paix avec tous si
possible, autant qu'il dépend de vous ».

31-36. VILLON en acrostiche. Sur cette ballade voir G. A. Bru-
nelli, *François Villon*, Messine, 1975, p. 189-210.

Page 298. BALLADE DES PROVERBES.
Titre de P.-L. Jacob (1854).

1. *Tant gratte chèvre que mal gît*. Cette ballade est tout entière
faite de proverbes et de tours à l'allure proverbiale, avec quelques
variations dans la structure des vers, construits autour de *tant...
que..., tant... comme..., tant plus... et plus..., tant plus... et moins...*
G. A. Brunelli n'a pas eu tort de discerner dans le poème un ton
autobiographique, au-delà d'un simple exercice de virtuosité.

7. *mauvais*. On peut comprendre qu'à force d'accumuler mau-
vaises actions et méfaits, on finit par lasser l'indulgence d'autrui.

8. *Tant crie-l'on Noël*. Noël était, en général, un cri de réjouis-
sance, qu'on poussait par exemple lors de l'entrée du roi dans une
ville.

10. *bon bruit*. Voir *Lais*, v. 69, et *Testament*, v. 426.

Page 300.
20. *Tant bat-on place*. Il s'agit, au sens propre, d'« assaillir une
place à coups de projectiles », et, au sens figuré, d'« entreprendre de
séduire une femme ».

27. *tout s'y frit*. Locution de la langue familière. Voir les *Cent
Nouvelles Nouvelles*, XXXIII, lignes 333-334 : *Or voy je bien que je
suis frict* (éd. Fr. P. Sweetser, Genève, 1966).

29. *Tant aime-on Dieu qu'on fuit l'Église*. Comme les hérétiques
qui ne fréquentaient pas les églises et refusaient de reconnaître
l'Église romaine. Autres leçons : *qu'on suit l'Église* (I et F, après
rature), *qu'on fait* (J). Sur cette ballade, voir G. A. Brunelli, *op. cit.*,
p. 263-274.

Page 302. BALLADE DES MENUS PROPOS.
Titre dû à P.-L. Jacob (1854).

1. *Je connois*. Villon joue sur les différents sens du verbe
connaître : « identifier », « distinguer », « reconnaître ».

2. *robe*. Voir *Testament*, v. 1605 et note.

9. *Je connois pourpoint au collet*. Je connais la valeur du pourpoint
d'après le col. Sur le pourpoint, voir *Testament*, v. 1716 et note.

10. *la gonne*. Gonne ou gonnelle : tunique ou casaque qui semble
être au XVᵉ siècle le vêtement typique du moine.

13. *quand pipeur jargonne*. Voir *Testament*, v. 1671 et note. Jar-

gonner, c'était soit parler le jargon, l'argot, soit bavarder, multiplier les paroles pour tromper.

14. *fous nourris de crèmes*. Le fromage était au Moyen Âge un attribut du fou. Le sot Warlet, dans *Le Jeu de la Feuillée,* apporte un fromage à saint Acaire ; dans le *Tristan* d'Eilhart d'Oberg, le héros, qui simule la folie, offre à la reine un fromage et, comme elle refuse, il lui en met un morceau dans la bouche. Voir les proverbes : *À fou fromage... Jamais homme sage ne mangea fromage.* Pour plus de détails, se reporter à J. Dufournet, *Sur « Le Jeu de la Feuillée ». Études complémentaires,* Paris, 1977, p. 18-19.

Page 304.
17. *cheval et mulet.* Voir *Testament,* v. 1011-1013 et note.
18. *leur charge et leur somme.* Les deux mots sont synonymes. Sans doute faut-il penser que le cheval sert de monture et que le mulet est une bête de somme.
21. *vision et somme.* La vision est une variété de rêve qui montre les événements futurs tels qu'ils vont survenir. Voir le classement de Macrobe dans son *In Somnium Scipionis* ; cf. H. Braet, *Le Songe dans la chanson de geste au XII* siècle,* Gand, 1975.
22. *la faute des Boemes.* Il s'agit des Hussites de Bohême et de Moravie, dont le chef, Jean Hus, excommunié par Alexandre V et condamné par le concile de Constance, fut brûlé en 1415.
28. *Je connois tout, fors que moi-mêmes.* Ce refrain pourrait être une des clés de l'œuvre de Villon, qui dissimule sous le paradoxe ses aveux les plus personnels. Voir G. A. Brunelli, *op. cit.,* p. 251-262.

Page 306. BALLADE DES CONTRE-VÉRITÉS.
Titre d'Auguste Longnon (1892).
3. *un botel de fain.* Fain (ou *fein*) est la forme parisienne du mot. Foin est peut-être une forme de l'Est. Voir P. Fouché, *Phonétique historique du français,* t. II, p. 376-377.
9. *Il n'est engendrement qu'en boin.* Sans doute Villon pense-t-il aux étuves, qui étaient souvent des lieux de débauche. D'autre part, au Moyen Âge, prostitution et famille ne pouvaient exister que rigoureusement séparées. « Que la prostituée puisse avoir une famille est pour les conteurs une hypothèse bouffonne, un gag. Dans *Boivin,* c'est une composante de la farce » (M.-T. Lorcin, *Façons de sentir et de penser : les fabliaux français,* Paris, 1979, p. 57).

Page 308.
18. *dire : « Fi ! ».* L'interjection marquait le mépris. Voir *Testament,* v. 522.
19. *Ne soi vanter que de faux coin.* Voir *Testament,* v. 1694 et note.
23. *Ne douceur qu'en femme étourdie.* L'adjectif n'a pas ici le sens d'« irréfléchie », mais plutôt celui — ancien aussi — de « brusque dans ses mouvements », de « violente ».
27. *Lettre vraie qu'en tragédie.* La tragédie est le type du récit fictif.
28. *Lâche homme que chevalereux.* Villon pense peut-être aux matamores qu'étaient les francs archers, ridiculisés à la même époque dans des monologues comme *Le Franc Archer de Bagnolet,*

Le Franc Archer de Cherré, Le Pionnier de Seurdre ; voir l'édition de
L. Polak, Genève, 1966.

29. Dans ce jeu poétique, on peut déceler nombre d'expériences,
de réflexions et de thèmes du poète et de son temps : le mensonge
et la vérité (v. 15 et 27), les apparences et la réalité (v. 4), la fausse
amitié (v. 2), l'amour trompeur (v. 13), la raison et la folie (v. 8 et
22), le courage et la lâcheté (v. 21 et 28), la pauvreté et la misère
(v. 1 et 3). Certains vers sont l'écho d'un passé récent au milieu des
mauvais garçons où l'on se flatte d'être poursuivi par la justice
(v. 10) ou d'être expert dans la fabrication de fausse monnaie
(v. 19). Tel autre vers reflète une remise en question des vieilles
valeurs chevaleresques (v. 6 et 28). De surcroît, il semble que Villon
ait voulu prendre le contre-pied d'une ballade d'Alain Chartier,
dont le premier vers énonce une vérité banale, *Il n'est danger que de
vilain*, et le refrain répète : *Ne chère que d'homme joyeux*. Voir l'édi-
tion de J. C. Laidlaw, *The Poetical Works of Alain Chartier*, Cam-
bridge, 1974. Sur l'ensemble de la ballade de Villon, voir
G. A. Brunelli, *op. cit.*, p. 221-250.

Page 310. BALLADE CONTRE LES ENNEMIS DE LA FRANCE.
Titre de Gaston Paris.

1. *Rencontré soit des bêtes feu jetant.* Ce sont les taureaux aux pieds
d'airain qui jetaient du feu par leurs naseaux ; Jason les maîtrisa,
leur fit labourer le champ d'Arès où il sema les dents d'un dragon,
desquelles sortirent des géants qu'il tua, avant de conquérir la
Toison d'or.

4. *Nabugodonosor.* Ce roi de Chaldée (605-552 avant J.-C.), qui
s'empara par deux fois de Jérusalem, fut métamorphosé en bête,
d'après le Livre de Daniel, IV, 28-31 : « Ces paroles étaient encore
dans sa bouche, quand une voix tomba du ciel : "C'est à toi qu'il
est parlé, ô roi Nabuchodonosor ! La royauté s'est retirée de toi,
d'entre les hommes tu seras chassé, avec les bêtes des champs sera
ta demeure, d'herbe, comme les bœufs, tu te nourriras, et sept ans
passeront sur toi, jusqu'à ce que tu aies appris que le Très Haut
a domaine sur le royaume des hommes et qu'il le donne à qui lui
plaît." Et aussitôt la parole s'accomplit en Nabuchodonosor : il fut
chassé d'entre les hommes ; comme les bœufs, il se nourrit
d'herbe ; son corps fut baigné de la rosée du ciel ; ses cheveux
poussèrent comme des plumes d'aigle et ses ongles comme des
griffes d'oiseau. » Voir Agrippa d'Aubigné, *Les Tragiques*, VI,
v. 369-423.

7. *Ou mis de fait soit avec Tantalus.* Le supplice de Tantale, puni
pour avoir révélé les secrets des dieux ou pour leur avoir servi en
festin son fils Pélops, revêt plusieurs formes : ou bien, victime d'une
soif et d'une faim éternelles, il voyait sans cesse l'eau fuir ses lèvres
et les branches chargées de fruits se relever quand il levait le bras
pour s'en saisir ; ou bien il se trouvait sous une énorme pierre qui
menaçait constamment de tomber.

8. *Et Proserpine.* La reine des Enfers fut enlevée par Pluton alors
qu'elle cueillait des fleurs dans les champs d'Enna en Sicile.

9. *Ou plus que Job soit en grieve souffrance.* Job, figure du Juste,
célèbre par ses malheurs et sa résignation. Voir, en particulier, un

mystère contemporain du *Testament, La Patience de Job,* éd.
A. Meiller, Paris, 1971.

10. *en la tour Dedalus.* Dans le labyrinthe que construisit Dédale
pour enfermer le Minotaure, et où lui-même, pour avoir aidé
Thésée à fuir, fut jeté avec son fils Icare.

13. *ainsi que le butor.* On croyait au Moyen Âge que le butor,
pour chanter (en fait, pour mugir), devait plonger la tête dans l'eau.
Voir Pierre Le Gentil dans les *Mélanges A. Henry,* Paris, 1970,
p. 129-134.

14. *Ou au grand Turc vendu.* Il s'agit des prisonniers chrétiens
vendus comme esclaves.

16. *comme la Magdelaine.* Les détails donnés par Villon montrent
qu'il est question non pas de Marie-Madeleine de Magdala, la
pécheresse repentie, mais de sainte Marie l'Égyptienne ; voir *Testament,* v. 885 et note, et *La Légende dorée,* éd. citée, t. I, p. 284.

18. *Narcissus.* Voir *Testament,* v. 638 et note.

19. *Absalon.* Symbole de la beauté au Moyen Âge. Contraint de
fuir pour avoir conspiré contre David son père, il fut tué par Joab,
les cheveux pris dans les branches d'un arbre. Voir II Samuel, XVIII.

20. *Judas.* La plupart des *Mystères de la Passion* racontent la fin
de Judas qui se pendit, désespéré d'avoir trahi le Christ.

21. *Simon Magus.* Simon le Magicien est le juif qui voulut
acheter à saint Pierre le pouvoir de conférer les dons du Saint-Esprit ; voir les Actes des Apôtres, VIII, 9. Selon *La Légende dorée*
(t. I, p. 414), à Rome, Simon le Magicien, qui flottait dans les airs,
fut précipité sur le sol après une prière de Pierre et se fracassa le
crâne.

Page 312.

23. *D'Octovïen puist revenir le temps.* Ce personnage apparaît en
particulier dans un roman formé de quinze contes, *Le Roman des
Sept Sages de Rome* : il est, dans le sixième, le plus riche et le plus
puissant des princes de son temps ; dans le septième, les Romains le
mirent à mort en lui coulant par la bouche dans le corps un bassin
d'or fondu. Ce personnage légendaire fut confondu au Moyen Âge
avec Octave-Auguste.

26. *saint Victor.* Arrêté au cours de la persécution de 303, ce
soldat fut écrasé entre les meules d'un moulin.

28. *Pis que Jonas.* Ce prophète hébreu, jeté à la mer par les matelots phéniciens, resta trois jours dans le ventre d'une baleine. Au
Moyen Âge, il devint la figure du Christ resté trois jours dans son
tombeau avant de ressusciter.

32. *Ainsi que fut roi Sardanapalus.* Voir *Testament,* v. 641-644 et
note.

34. *des serfs Eolus.* C'est le maître des vents, Éole, dont parle
l'*Odyssée* et qui reçut Ulysse avec amitié avant de lui remettre une
outre où étaient enfermés tous les vents, sauf celui qui devait le
ramener à Ithaque.

35. *En la forêt où domine Glaucus.* Selon É. Pasquier, dans *Les
Recherches de la France,* Paris, 1665, p. 112, « en vieux langage
françois, le mot *forest* convenoit aussi bien aux eaux qu'aux forests ».
Glaucus, pêcheur béotien, goûta une herbe qui le rendit immortel et

le fit dieu de la mer, le bas du corps transformé en queue de poisson, les joues recouvertes d'une barbe verte. Sans doute, dans ces deux vers, Villon s'est-il souvenu de la ballade VIII d'Eustache Deschamps :

De Neptunus et de Glaucus me plain,
Qui contre moy font la mer felonnesse.
Et d'Eolus, dieu des vens, le vilain...

Sur cette ballade, voir G. A. Brunelli, *op. cit.*, p. 61-73, et Claude Thiry, « La *Ballade contre les ennemis de la France* : une relecture », *Mélanges J. Horrent*, Liège, 1980, p. 469-480.

Page 314. RONDEAU.

1. *Jenin.* Sur la signification de ce nom, voir *Testament*, v. 1354-1355 et note.

2. *Va-t'en aux étuves.* Au Moyen Âge, les Parisiens, qui ne négligeaient pas les soins de propreté, disposaient d'étuves où ils prenaient des bains de vapeur ou des bains chauds. En 1382, il en existait vingt-six à Paris, où six ruelles ou culs-de-sac portaient ce nom. Le matin, de bonne heure, le barbier-étuviste criait quand les bains étaient prêts : « Les bains sont chauds, c'est sans mentir. » Son enseigne portait : « Céans, on fait le poil proprement et l'on tient bains et étuves. » Peu à peu, les étuves, devenues mixtes et servant de maisons de rendez-vous, eurent une mauvaise réputation, dénoncées par les prédicateurs comme Jean Maillard : « Mesdames, n'allez pas aux étuves et n'y faites pas ce que vous savez. » Voir E. Faral, *La Vie quotidienne au temps de Saint Louis*, Paris, 1938, p. 191-194, et J. Hillairet, *Évocation du Vieux Paris*, 2ᵉ éd., Paris, 1952, p. 19.

Page 316. BALLADE DU CONCOURS DE BLOIS.

Titre d'Auguste Longnon (1892).

1. *Je meurs de seuf auprès de la fontaine.* Charles d'Orléans lui-même a traité ce thème dans la ballade C de l'éd. Pierre Champion (t. I, p. 156-157), dont voici la première strophe :

Je meurs de soif en couste la fontaine,
Tremblant de froit ou feu des amoureux ;
Aveugle suis, et si les autres maine ;
Povre de sens, entre saichans l'un d'eulx ;
Trop négligent, en vain souvent songneux ;
C'est de mon fait une chose faiee *(magique)*,
En bien et mal par Fortune menee.

5. *vêtu en président.* Vêtu comme le président d'une cour judiciaire aux habits somptueux.

11. *Rien ne m'est sûr que la chose incertaine.* Une des clés du *Testament* et de la seconde moitié du XVᵉ siècle, qu'on retrouve dans la plupart des ballades écrites sur ce thème à la cour de Blois. Voir éd. de Pierre Champion, t. I, p. 191-203. Par exemple, dans la ballade CXXIII*b*, les vers 9-11 :

En doubte suis de chose tres certaine ;
Infortuné, je me repute eureux ;
Vraye conclus une chouse incertaine.

14. *Scïence tiens à soudain accident.* Or la science s'acquiert lentement.

Page 318.

27. *crois qu'il m'aide à pourvoir.* Comprendre : « je crois qu'il aide à me pourvoir ». *Pourvoir quelqu'un* a le sens de « lui prêter secours, le fournir en numéraire ». Voir L. Foulet dans *Romania*, t. 68, 1944-1945, p. 147.

31. *Prince clément.* Charles d'Orléans, qui accueillit peut-être Villon, et qui, en tout cas, proposa aux poètes d'écrire sur ce thème. Voir note du vers 11.

34. *Les gages ravoir.* Ravoir les objets remis à un prêteur ou à un marchand en garantie de la dette qu'on vient de contracter. Voir L. Foulet, « Villon et Charles d'Orléans », *Mélanges G. Schoepperle Loomis*, Paris-New York, 1927, p. 335-380 ; S. Cigada, dans *Studi Francesi*, t. 4, 1960, p. 202 ; D. Poirion, « Le Fol et le Sage auprès de la fontaine : la rencontre de François Villon et de Charles d'Orléans », *Travaux de linguistique et de littérature*, 1968, p. 53-68. Sur l'ensemble de la ballade, voir G. A. Brunelli, *op. cit.*, p. 75-90.

Page 320. ÉPÎTRE À MARIE D'ORLÉANS.

Épigraphe. « Déjà une nouvelle progéniture descend des hauteurs du ciel » (Virgile, *Bucoliques*, IV, 7).

2. *Envoyée ça jus des cieux.* Villon compare Marie d'Orléans à l'enfant annoncé par Virgile dans la IVᵉ Bucolique et que tout le Moyen Âge prit pour le Messie.

3. *Du noble lys digne scïon.* Charles d'Orléans était le rejeton de la maison royale de France, le petit-fils de Charles V.

6. *Font de pitié, source de grâce.* Appellatifs traditionnels de la Vierge Marie.

Page 322.

9. *des riches.* À la fois puissants et riches.

10. *le sustentement.* Le manuscrit présente la forme *substantament* qui est peut-être un latinisme. *Sustentement* a l'avantage de fournir une rime riche à côté d'*enfantement-honnêtement-saintement*.

12. *enfantement.* Ce mot signifie au XVᵉ siècle aussi bien « enfant » qu'« enfantement ».

14. *Hors le péché originel.* Selon la fiction du poète, la princesse Marie a été conçue hors du péché originel. Ainsi comprend André Burger. Toutefois, L. Foulet estime que *hors* modifie *honnêtement* et qu'il faut comprendre : « exception faite du péché originel ».

15. *saintement.* Il ne semble pas qu'il faille conserver la traduction habituelle de « saintement ». L'adverbe pouvait avoir en moyen français le sens de « dignement ».

17. *Nom recouvré.* Nom retrouvé de Marie : une nouvelle sainte Marie est née.

19-20. *Du doux seigneur première et seule Fille.* Marie est la seule (et première) enfant de Charles d'Orléans et de Marie de Clèves ; mais Charles d'Orléans avait eu de son premier mariage avec Isabelle de France une fille, Jeanne, née en 1409, mariée en 1424 à Jean II d'Alençon, morte en 1434.

21. *Du dêtre côté Clovis traite.* Pour Villon et ses contemporains, Clovis est un élu de Dieu à l'origine de la famille royale de France, comme David était un ancêtre de la Vierge Marie.

22. *Glorïeuse image.* De la Vierge, ou du Messie.

26. *Ès nobles flancs César conçue.* Le nom de César, qui représente ici Charles d'Orléans, désignait « le prince par excellence ».

29. *tissue.* Cet adjectif métaphorique redouble *traite.*

31. *Et aux enclos donner issue.* Rappel des prophéties d'Isaïe, LXI, 1 : « Il m'a envoyé porter la bonne nouvelle aux pauvres, panser les cœurs meurtris, annoncer aux captifs l'amnistie et aux prisonniers la liberté. » Jésus les reprit à Nazareth (Luc, IV, 17). Dans l'*Ave maris stella,* c'est à la Vierge Marie qu'on attribue ce mérite : *Solve vincla reis.*

Page 324.

38. *ainsi m'aist Dieux.* Voir *Testament,* v. 124 et note.

42-43. *Delectasti me, Domine, In factura tua.* Voir Psaume XCII, 5 : « Tu m'as réjoui, Yahvé, par tes œuvres. »

46. *Manne du ciel.* La princesse Marie est une manne, un secours divin envoyé aux hommes dans l'épreuve ; elle n'est pas le pain divin, le Messie.

47. *le guerdonné.* Ce qui est donné en retour, la récompense.

Page 326. DOUBLE BALLADE.

49-100. Nous avons ici une double ballade dont le refrain, *On doit dire du bien le bien,* est un proverbe que nous retrouvons dans l'œuvre de Coquillart, éd. M. J. Freeman, Genève, 1975, p. 9, v. 78 : *Il fault dire du bien le bien.*

50-51. *Inimicum putes, y a, Qui te presentem laudabit.* Cette maxime latine n'a pas été exactement identifiée, bien qu'on ait pensé aux *Disticha de moribus* du Pseudo-Caton (III, 4) : « Méfie-toi des paroles flatteuses. »

57-63. Saint André, d'abord disciple de Jean Baptiste, suivit le Christ que Jean venait de présenter à la foule. Voir Jean, I, 35-41.

Page 328.

66. *Rappeler.* Infinitif de but.

67. *Rigueur.* Voir *Testament,* v. 1899 et note.

68. *Fortune.* Voir *Testament,* v. 1786 et note.

70, 73-79. On ne peut savoir exactement à quoi Villon fait allusion. Charles d'Orléans l'a-t-il secouru dans le besoin ?

86. *Vôtre je suis et non plus mien.* Réminiscence du *Roman de la Rose,* v. 1985 : *Li cuers est vostres, non pas miens.*

Page 330.

90. *L'entrée de paix et la porte.* Voir *Ave maris stella,* 2 : *Felix caeli porta.*

92. *Qui nos fautes tout.* Réminiscence de Jean, 1, 29 : *Ecce qui tollit peccatum mundi.*

104-105. Villon oppose aux vertus innées *(Tant d'esperit que de nature)* les biens apportés par le hasard *(ceux qu'on dit d'aventure).*

106. *Plus que rubis noble ou balais.* Le balais est une sorte de rubis de couleur rouge violacé ou rose. On comparait fréquemment la Vierge à une précieuse topaze, à un fin rubis. Sur le rubis, voir L. Mourin, « Les Lapidaires... », *Romanica Gandensia,* t. 4, 1956,

p. 1972 : « De toutes pierres est ly rubis plus precieus... tant de biauté come de noblayce, de vertu et de toutes choses » ; il donne « grasce et domination sur les autres gens ».

107-108. *Selon de Caton l'écriture*, Patrem insequitur proles. Il s'agit d'un proverbe connu *(Patrem sequitur sua proles)*, attribué à tort aux *Disticha de moribus* du Pseudo-Caton, distiques moraux qu'on faisait apprendre aux enfants et qui sont dus en fait à Everard de Kirkham et à Élie de Winchester.

Page 332.
111. *et eussiez des ans trente six*, Villon veut dire que Marie, âgée de 36 ans, n'aurait pas un air plus réfléchi que maintenant, à l'âge de deux ans. Voir Th. Miguet, « Le Trente-six dans Villon », *Revue des langues romanes*, t. 86, 1982, p. 257-290.

121-122. Héroïnes antiques qui, pendant le Moyen Âge, ont symbolisé les vertus féminines : Cassandre, la sagesse ; Écho, la beauté (voir *Testament*, v. 333-335 et note) ; Judith, qui coupa la tête à Holopherne, le courage et la grandeur ; Lucrèce, qui se poignarda après avoir été violée par le fils de Tarquin le Superbe et qu'exalte Jean de Meun dans *Le Roman de la Rose*, la chasteté.

123. *Noble Dido*. Voir *Testament*, v. 1681 et note.

132. *Votre pauvre écolier François*. Voir *Lais*, v. 2, et *Testament*, v. 1886-1887 ; sur le jeu sur les noms de Villon, voir *Recherches*, t. II, p. 550-553, et notre article, « La Permanence d'une figure mythique ou Villon-Merlin », *Europe*, octobre 1983, nº 654, p. 83-92. Sur l'ensemble de la pièce, voir A. Burger, « L'Épître de Villon à Marie d'Orléans », *Mélanges I. Frank*, Sarrebruck, 1957, p. 91-99, et G. A. Brunelli, *op. cit.*, p. 1-31.

Page 334. ÉPÎTRE À MES AMIS.
1-2. Réminiscence de Job, XIX, 21 : *Miserere mei, miserere mei, saltem amici mei, quia manus Domini tetigit me.*

3. *En fosse gis*. Voir *Testament*, v. 739. Le houx et le mai désignent les feuillages dont on tapissait les murs des maisons les jours de fêtes printanières (voir *Guillaume de Dole ou le Roman de la Rose* de Jean Renart, éd. F. Lecoy, v. 4151-4186), ou les buissons à l'ombre desquels s'asseyaient les amants des pastorales.

4. *En cet exil*. Voir *Testament*, v. 1899, *Rigueur le transmit en exil*, et note.

5. *Par Fortune*. Voir *Testament*, v. 1786 et note.

6. Nous adoptons pour ce vers la ponctuation et l'interprétation de Jean Frappier, dans *Studi in onore di Italo Siciliano*, Florence, 1966, p. 454. *Nouveaux* : « neufs, frais, vifs » plutôt que « novices ». Villon s'adresse d'abord aux filles peu farouches, à ses compagnons de ripaille, aux amuseurs publics.

7. *faisant les pieds de veaux*. D'après Cotgrave, cité par L. Thuasne, t. III, p. 580, « to make an untowardie or clownish leg, or clownishly to lift up the leg in dancing », c'est-à-dire : se livrer à des acrobaties grotesques en dansant, lever la jambe pour faire rire.

9. *comme gastaveaux*. C'est le texte du manuscrit C. Sans doute un mot du Sud de la France, mal perçu par Villon. G. Paris, et,

après lui, tous les éditeurs jusqu'à A. Henry et J. Rychner, l'ont corrigé en *cascaveaux*, « grelots ».

11. Il s'agit maintenant des gens d'esprit, des poètes et des chanteurs.

12. *Galant*. Voir *Testament*, v. 225 et note.

13. *francs de faux or, d'aloi*. On peut encore comprendre « exempts de faux or, voire d'alliage » ; d'autres proposent : « dépourvus de pièces fausses et *a fortiori* de pièces de bon aloi ». Jean Frappier avait traduit : « Gens toujours en mouvement, francs comme l'or pur, sans hypocrisie ».

16. *Faiseurs de lais, de motets et rondeaux*. *Lais*, sans doute lais lyriques, dont Guillaume de Machaut fut le maître au XIVᵉ siècle, et qui chantaient l'amour, ses angoisses, ses tristesses et ses joies. Le *motet* était, en musique, une « composition harmonique vocale, à deux, trois ou quatre parties, le plus souvent à trois, ayant habituellement pour ténor un fragment de plain-chant, quelquefois un air populaire ». (H. Morier, *Dictionnaire de poétique et de rhétorique*, Paris, 1961, p. 263) et, en littérature, un poème à forme fixe sur deux rimes. Quant au *rondeau*, c'était, selon sa définition la plus générale, un poème à forme fixe, apparu au XVᵉ siècle, dont les seize vers sont construits sur deux rimes ; voir O. Jodogne, dans les *Mélanges Pierre Le Gentil*, Paris, 1973, p. 399-408, et H. Morier, *op. cit.*, p. 357. Pour un exemple de rondeau, voir celui que Villon offre à Ythier Marchant, v. 978 et suivants. Plus simple est le rondeau sur Jenin l'Avenu (ci-dessus, p. 315).

17. *chaudeaux*. Bouillon chaud offert aux invités après la noce.

Page 336

22. *Nobles hommes, francs de quart et de dix*. Il s'agit maintenant des nobles, à prendre sans doute à la fois directement et dans un sens antiphrastique, exempts de l'impôt du quart (qui portait en particulier sur le vin) et de la dîme.

23. *Qui ne tenez d'empereur*. Mot du vocabulaire féodal : « qui ne dépendez pas de... » ; voir *Testament*, v. 10 et 52.

25. *Jeûner lui faut dimanches et merdis*. C'est-à-dire même les jours où l'on pouvait faire gras.

28. *verseau*. Voir *Testament*, v. 14, 738 et note.

29. *table n'a ne tréteaux*. Voir *Testament*, v. 1890 et note.

31. *Princes nommés*. Ce sont les nombreux personnages globalement nommés dans les trois strophes.

33. *Et me montez en quelque corbillon*. Les prisonniers de certaines geôles étaient descendus dans les basses fosses au moyen de poulies. Peut-être allusion à saint Paul, converti depuis peu, que ses disciples firent échapper dans une corbeille descendue le long des remparts (Actes des Apôtres, IX, 23-24, et IIᵉ Épître aux Corinthiens, XI, 30-33). Sur cette ballade, voir *Recherches*, t. I, p. 134-142, G. A. Brunelli, *op. cit.*, p. 113-126 et J. Frappier, art. cité dans la note du vers 6.

Page 338. REQUÊTE À MONSEIGNEUR DE BOURBON.

1. *Le mien seigneur*. Formule traditionnelle, quand on sollicitait un prince. Les manuscrits I et R ont fait de Jean II, duc de

Bourbon, le destinataire de cette ballade. On peut estimer de
manière aussi légitime qu'il s'agit du duc d'Orléans.

3. *que Travail a dompté.* Voir *Testament*, v. 93. *Travail* a le sens
ancien d'« épreuve », de « tourment ». Voir G. Gougenheim, *Les
Mots français dans l'histoire et la vie*, Paris, 1962, p. 201-203.

4. *À coups orbes.* Par opposition aux coups tranchants avec
effusion de sang.

9. *n'intérêt.* Le mot *intérêt* a le sens ancien de « préjudice » et
redouble *dommage.*

17. *Car se de gland rencontre la forêt.* Les autres éditeurs ont cor-
rigé le manuscrit en : *Car se du gland rencontre en la forêt.* Marot a
fait remarquer qu'il n'y avait pas de forêt de chênes aux alentours
de Patay. Nous retrouvons donc ici l'esprit ironique de certains
dons inexistants du *Testament.*

Page 340.

22. *À un Lombard, usurier par nature.* Voir *Testament*, v. 752 et
note.

25. *à gipon.* Les deux mots *pourpoint* et *gipon* (en désuétude au
temps de Villon) sont synonymes. Cette pièce du vêtement était
rembourrée d'étoupe de chanvre, ou *gambois,* pour modifier les
formes du corps selon le goût du jour. Le plus souvent en drap de
soie ou en velours, avec ou sans col, le pourpoint s'arrête immédia-
tement au-dessous des hanches et se fixe aux chausses au moyen
d'aiguillettes. Les manches, parfois d'une étoffe différente de celle
du corps du vêtement, sont en général ajustées, boutonnées sur
l'avant-bras, très larges lorsque le pourpoint est porté, pour les fêtes
et les danses, comme vêtement de dessus. Voir M. Beaulieu et
Jeanne Baylé, *op. cit.*, p. 44-46. Pour la *ceinture,* voir *Testament*, v.
Testament, v. 1211 et 1615.

27. *devant moi croix ne se comparaît.* C'est la croix gravée sur les
pièces de monnaie. Voir *Testament*, v. 98 et note.

29. *la vraie.* La croix des monnaies. Équivoque possible avec la
sainte Croix.

31. *qui n'as à tout bien complaît.* A. Burger voit en *complest* du manus-
crit non pas le verbe *complaît,* mais l'adjectif *complet* ; de là le sens
« qui êtes d'une bonté parfaite ». On remarquera que l'ancien et le
moyen français utilisent, après un relatif complétant un vocatif, la 2e
ou la 3e personne ; voir *Testament*, v. 325.

32. *Que cuidez-vous.* Que est sans doute un renforçant de l'impé-
ratif, comme *car* dans l'ancienne langue.

Page 342. LE DÉBAT DU CŒUR ET DU CORPS DE VILLON
Titre. Le titre, que nous devons à l'Imprimé de Levet, ne corres-
pond pas tout à fait au contenu de la ballade, où l'être physique et
moral de Villon dialogue avec son cœur. « Cœur est à la fois le
blâme intérieur de la conscience et le reproche collectif de tous les
mentors, affectueux et importuns, de Villon. Il n'y a pas conflit à
proprement parler entre la raison et les bas instincts » (J. Frappier,
dans *Romania*, 1954, p. 265). Le titre de F, *La complainte de Villon
à son cœur,* est aussi inexact dans la mesure où c'est le cœur qui se
plaint du comportement de Villon dans un poème qui appartient au

genre de la ballade dialoguée. Là encore, Villon rivalise avec la cour de Blois, puisque Charles d'Orléans a composé des rondeaux dialogués. Voir O. Jodogne, « La ballade dialoguée dans la littérature française médiévale », *Mélanges R. Guiette*, Anvers, 1961, p. 71-85.

3. substance ne liqueur. Les deux noms forment couple : *substance* désigne la chair et les os, *liqueur* le sang et la lymphe.

5. Com pauvre chien tapi en reculet. Sans doute réminiscence du *Roman de la Rose*, v. 451-452 (il s'agit de Pauvreté) : *Des autres fu un poi loignet ; com povres chien en un coignet...*

6. Pour ta folle plaisance. L'expression comporte la double idée de débauche et d'irréflexion.

10. *Et je m'en passerai.* On peut comprendre aussi : « Et je m'en tiendrai là. » Voir J. Orr, *Essais d'étymologie et de philologie françaises*, Paris, 1963, p. 114-136.

12. *C'est l'âge d'un mulet.* C'est le bon âge pour un mulet. Voir *Recherches*, t. I, p. 142.

13-14. C'est donc foleur. Qui te saisit ? *Par où ? Par le collet ?* Jeu sur les sens figuré et propre de *saisir*.

15. Rien ne connois. Voir *Ballade des Menus Propos*, v. 1, et *Ballade du Concours de Blois*, v. 26.

Page 344.
26. cette méchance. Le mot comporte les idées de malchance et de méchanceté.

27. conséquence. Terme de la scolastique.

32. *Quand Saturne me fit mon fardelet.* Pour désigner le responsable de son malheur, le Corps reprend l'explication de l'*Épître à ses amis* : c'est Fortune à qui il donne ici un autre nom, Saturne, symbole de la fatalité. Mais, pour le Cœur, l'homme est libre, et c'est lui qui façonne sa destinée. Il faut se rappeler qu'on croyait alors à l'influence des astres sur la destinée des hommes.

33. *Ces mots y mit.* C'est le texte de toutes les sources, corrigé à l'ordinaire en *ces maux*. Cette correction n'est pas nécessaire : il faut comprendre *ces mots*, graphie pour *ses mots*, dans le sens de « ses conditions ».

35. en son rolet. Dans son rouleau, son livret.

36-37. C'est une citation du Livre de la Sagesse (VII, 17-19) : « C'est lui qui m'a donné la science vraie de ce qui est, qui m'a fait connaître la structure du monde et les propriétés des éléments, le début, la fin et le milieu des temps, l'alternance des solstices et la succession des saisons, le déroulement de l'année et les positions des astres. »

41-46. VILLON en acrostiche.
Sur cette ballade, voir *Recherches*, t. I, p. 142-146, et G.A. Brunelli, *op. cit.*, p. 91-112.

Page 346. PROBLÈME OU BALLADE DE LA FORTUNE.
Problème est le titre du manuscrit C.

1. *Fortune.* Voir *Testament*, v. 1786 et note.

8. *de mes faits de jadis.* Nous voyons en *de* un article partitif, mais on peut faire de *de* une préposition : « au sujet de ».

10. *un souillon.* Voir *Testament*, v. 2005 et note.

15. *Priam.* Allusion à la guerre de Troie.

16. *barrière.* Première enceinte d'une ville ou d'un château fort, souvent en bois.

18-19. En fait, Hannibal ne mourut pas à Carthage ; mais, exilé de cette ville en 195 avant J.-C., il se réfugia auprès d'Antiochus le Grand, puis de Prusias de Bithynie, et finit par s'empoisonner, en 183, pour ne pas tomber vivant entre les mains des Romains.

19. *Et Scipion l'Afriquain fis éteindre.* Il s'agit de Scipion Émilien, le second Africain, qui détruisit Carthage en 146 av. J.-C., et mourut sans doute empoisonné en 129.

20. *Jules César au Sénat je vendis.* On peut hésiter sur la traduction de *vendre*, et comprendre soit « je livrai Jules César au Sénat », soit « je trahis Jules César dans le Sénat ».

22. *en un bouillon.* Dans un tourbillon, une tempête. Voir *Testament*, v. 853 et note. Nous ignorons la tradition que Villon a suivie, car en général on admet que Jason mourut assommé par une poutre de son navire, Argo, qui avait été tiré sur le rivage. Sur Jason, voir *Ballade contre les ennemis de la France*, v. 1.

23. *Et une fois Rome et les Romains ardis.* Allusion à l'incendie de Rome de 64 après J.-C., dont Néron fut accusé, et dont lui-même rendit responsables les chrétiens.

Page 348.

26. *l'étoile poussinière.* La constellation des Pléiades. Alexandre passait au Moyen Âge pour avoir voulu explorer non seulement toute l'étendue de la terre, mais aussi le ciel et les profondeurs de la mer. Alexandre est la parfaite synthèse du héros médiéval : héros épique par ses exploits guerriers, ses victoires, ses conquêtes et sa démesure, héros romanesque par son goût du risque et de l'aventure, sa chance insolente, sa curiosité tournée vers la quête des merveilles et l'exploration des terres étranges, par sa générosité et sa largesse. Voir *Testament*, v. 129 et note.

27. *envlimée* ou *envelimée*, doublets d'*envenimée* « empoisonnée ». Il s'agit d'une tradition médiévale dont E. Deschamps s'était fait l'écho (ballade 655) ; en fait, Alexandre mourut à Babylone, emporté par une fièvre violente.

28. *Alphasar roi.* Le roi des Mèdes, Arphaxad, fut vaincu et tué par Nabuchodonosor (Livre de Judith, 1).

32. *Holofernes.* Ce général de Nabuchodonosor fut séduit et enivré par Judith qui profita de son sommeil pour lui couper la tête (Livre de Judith, VIII-XIII). Voir *Épître à Marie d'Orléans*, v. 122 et note.

35. *Absalon.* Voir *Ballade contre les ennemis de la France*, v. 19 et note.

41. Charles d'Orléans a consacré plusieurs ballades à Fortune. Voir éd. de P. Champion, t. I, p. 175-178. Certains vers de Villon ressemblent à ceux de son prédécesseur :

> Je, qui suis Fortune nommee,
> Demande la raison pourquoy
> On me donne la renommee...
>   (ballade CXIII, v. 1-3)

Tous ceulx qui en sont malcontens,
En gré prengnent joye ou destresse
   (*ibid.*, v. 24-25)
J'ay fait, faiz encore et feray
Ainsi que bon me semblera
De ceulx qui sont soubz ma puissance
   (ballade CXV, v. 5-7)

Sur cette ballade, voir l'article de R. Dragonetti, dans la *Revue des langues romanes*, t. 86, 1982, p. 177-189.

Page 350. QUATRAIN.
   Titre. Cette pièce, qui n'a pas de titre en F, est appelée *Tetrastique quant il fut jugé* dans le manuscrit R, *Le rondeau que feist ledit villon quant il fut jugie* dans l'Imprimé de Levet et le *quatrain que feist villon quant il fut juge a mourir* dans l'édition de Marot.
   1. *Je suis François, dont il me poise.* Villon souffre d'être François qui, amoureux déçu, fasciné par le mal, attiré par les mauvais garçons, risque de finir pendu. Il souffre d'être un Français de l'Île-de-France, alors que, Savoyard comme son ami Dogis, il aurait été gracié dans l'affaire Ferrebouc, tandis que lui-même fut condamné à mort.
   2. *Né de Paris emprès Pontoise.* Pontoise apparaît dans la littérature médiévale, non pas comme le symbole de la petite ville, mais comme une ville renommée pour sa bonne prononciation du français. Ainsi Conon de Béthune se plaint-il, dans un poème, qu'on lui ait reproché d'avoir dit des *mots d'Artois*,
Car je ne fui pas norris *(élevé)* à Pontoise.
De même, de l'héroïne, anglaise, du roman de Philippe de Remy, *Jehan et Blonde* (v. 358-359).
Un peu paroit *(apparaissait)* a son langage
Que ne fu pas nee a Pontoise.
   4. *Saura mon col que mon cul poise.* Ce vers appartient à la tradition, mais le travail poétique de Villon a consisté à le rendre plus frappant en le ramassant en un octosyllabe fondé sur une structure en chiasme où les deux sujets, de part et d'autre de *que*, se répondent par des consonnes identiques, en introduisant de surcroît un jeu d'échos au quatrième pied des vers 3 et 4 entre *corde* et *col*. Sur la signification de ce quatrain, voir *Nouvelles Recherches*, p. 239-248.

Page 352. L'ÉPITAPHE DE VILLON EN FORME DE BALLADE.
   Titre. Le titre est de Marot. Autres titres : *L'Épitaphe Villon* (F), *Épitaphe dudit Villon* (I). C'est la célèbre pièce couramment appelée « Ballade des pendus ».
   1. *Frères humains.* Villon, qui s'imagine pendu au gibet de Montfaucon, parle aux humains au nom de tous les pendus. Voir Ch. Martineau-Génieys, *Le Thème de la mort dans la poésie française de 1450 à 1550*, Paris, 1978, p. 171-173.
   4. *mercis.* Villon a souvent ajouté un *s* aux noms pour faciliter la rime.
   5. *attachés, cinq, six.* Voir première ballade en jargon, v. 4.

6-8. *nourrie... pourrie... poudre.* Ce jeu de rimes se trouve déjà dans le huitain CLXIV du *Testament. Dévorée :* « mise en pièces, détruite » ; mais on pourrait conserver l'idée de « dévorée (par les oiseaux) ».

13. *Par justice.* Par une décision de justice et par une juste décision.

18. *l'infernale foudre.* Il semble que cette expression soit propre à Villon.

19. *âme ne nous harie. Harier,* c'est tourmenter par des insultes et des moqueries.

Page 354.

21. *débués.* Sans doute création de Villon : le préfixe a une valeur intensive. Voir, dans *Le Garçon et l'Aveugle,* farce du XIIIe siècle, les vers 183-184 :

> On ara tel linçuel bué
> Et pendu, qui tex n'estoit mie.

(On aura lessivé et pendu des draps qui n'étaient pas tels que moi, c'est-à-dire des fripons qui ne me valaient pas.)

22. *Et le soleil desséchés et noircis.* Voir *Testament,* v. 1722-1723. Sur le prétendu réalisme de Villon, voir Ch. Martineau-Génieys, *op. cit.,* p. 172-173.

28. *Plus becquetés d'oiseaux que dés à coudre.* Cette image se retrouve dans un texte de l'époque de Villon, *Ensuit aucun dit de la Mort :*

Tout picoté comme est ung day *(dé)* pour coudre
D'ung tas de vers desquelz seras repas.

31. *qui sur tous a.* Sur la troisième personne, voir *Requête à Monseigneur de Bourbon,* v. 31.

33. *soudre.* « Débattre avec quelqu'un » ou « payer ». Sur cette ballade, voir G. A. Brunelli, *op. cit.,* p. 151-178.

Page 356. LOUANGE À LA COUR OU REQUÊTE À LA COUR DE PARLEMENT.

Titre. Les titres que nous avons sont ceux de F, *La louange que feist Villon a la court quant fut dit que il ne mourroit point,* et de Marot, *La requeste de Villon presentee a la court en forme de ballade.* Le 5 janvier 1463, la cour de Parlement annula la condamnation à mort de Villon et bannit le poète pour dix ans « de la ville, prévôté et vicomté de Paris » ; Villon, dans cette ballade, demanda un délai de trois jours pour régler ses affaires et dire adieu aux siens.

2. *le sensitif, aussi.* Voir *Lais,* v. 297 et note.

3. *ou il y a reprouche.* On peut comprendre aussi « (mes membres) où il y a matière à reproche, qui avez quelque chose à vous reprocher ».

9. *fille du Souvrain Sire.* Fille du roi de France ou de Dieu.

13-14. Voir Exode, XVII, 6 et Nombres, XX, 2-13.

17. *conjointe au Saint Empire.* On peut comprendre : « associée à l'empire du ciel ».

19. *au ciel empire.* On distinguait le firmament, le ciel cristallin et le ciel empire (ou impérial). Ainsi dans *L'Image du monde* (XIIIᵉ siècle) :

Est uns autres biaus ciex communs
Environ amont et aval
Aussi con couleur de cristal,
Blanc et cler, mult noble et mult fin,
Et l'apiele on ciel cristalin.
Dessus celui ciel tot encor
Est uns ciex de porpre coulor
Que li devin voelent descrire,
Et l'apielent le ciel enpire.
Cil est plains de toutes biautés.

Page 358.

31. On voit que cette ballade est, pour une large part, une requête instante, surtout dans l'envoi, plus personnel et moins ampoulé.

33. *aux changes.* Voir *Testament,* v. 1267 et note.

34. fiat. « Que cela soit fait », « accordé » : c'était la mention que le juge mettait en face d'une requête accordée. Sur la ballade, voir G. A. Brunelli, *op. cit.,* p. 139-150.

Page 360. QUESTION AU CLERC DU GUICHET.

Titre. Voici les titres de cette ballade dans la tradition manuscrite et imprimée : *La question que feist Villon au clerc du guichet* (F) ; *S'ensuit l'appel dudit Villon* (C) ; *Cause d'appel dudit Villon* (I) ; *Ballade de l'appel de Villon* (Marot). Le guichet était la porte de la prison du Châtelet, et le clerc du guichet tenait le registre d'écrou.

2. *Garnier.* D'abord geôlier de la Conciergerie en 1453, il fut emprisonné et mis à l'amende pour avoir favorisé la fuite d'un prisonnier ; ensuite, de 1559 à 1463 au moins, il sera clerc de la petite geôle ou guichet du Châtelet.

4. *Qui.* Si on ; voir *Testament,* v. 571 et note.

6. *par plaisir volontaire.* Par décision arbitraire. Villon oppose aux peines légales, que prescrivent et limitent les ordonnances et les coutumes, le jugement qui le frappa, prononcé à la discrétion des juges.

7. *cette homélie.* Emploi ironique de ce mot du vocabulaire religieux qui désigne une instruction sur l'Évangile ou sur des sujets de religion.

9. *Hue Capel.* Le premier roi capétien, Hugues Capet, qu'une tradition vivace rattachait à une famille de bouchers, comme l'attestent la chanson de geste d'*Hugues Capet* et le *Purgatoire* de Dante (XX, 52). Voir Robert Bossuat, « La Légende d'Hugues Capet au XVIᵉ siècle », *Mélanges Henri Chamard,* 1951, p. 29-38.

12. *Fait boire en cette écorcherie.* Il s'agit de l'eau de la torture qu'on faisait boire aux prisonniers ; voir *Testament,* v. 738 et note. Quant à l'écorcherie, c'est à la fois le lieu où l'on écorche les animaux, l'abattoir, et le lieu de torture. Allusion à Pierre de La Dehors, lieutenant criminel qui avait fait mettre Villon à la torture et qui appartenait à une famille de bouchers.

13. *joncherie*. Tromperie, plaisanterie trompeuse. À l'origine, mot d'argot ; voir cinquième ballade en jargon, v. 1, *Joncheurs jonchans en joncherie*. Les joncheurs étaient des « cabuseurs de gens » (Archives nationales, X, 1474, Registres du Parlement, f° 332 v°), « gens pleins de malice et damnée cautelle, lesquels, quant la raison leur fault a avoir ce qu'ilz pretendent, treuvent les invencions nouvelles, voire damnees et reprouvees de Dieu pour parvenir a leur intention » (Jean Bouchet, *Les Regnars traversent les Voies perilleuses*, éd. de 1522, f° 11). Le jonc était la paille dont on jonchait le sol des bordels ; *joncher*, c'était donc d'abord mener l'existence des paillards qui vivaient dans les bordels, rançonnaient les prostituées et se livraient à toutes sortes d'activités frauduleuses.

Page 362.
    18. *philosophie*. Sagesse, bon sens, habileté.
    25. *se j'eusse eu la pépie*. Si je n'avais plus pu parler, comme les oiseaux atteints de la pépie.
    26. *Clotaire*. Villon serait mort comme Clotaire, qui évoque des temps fort anciens, qu'il s'agisse de Clotaire Ier, mort en 561, ou de Clotaire II, roi de Neustrie (584-613), puis roi de la Gaule (613-629). Il existait un tombeau de Clotaire à Saint-Denis, non loin du gibet de Montfaucon.
    27. *comme une épie*. Espie, qui a donné notre mot *espion*, désignait un guetteur. Sur cette ballade, voir G. A. Brunelli, *op. cit.*, p. 179-188.

BALLADES EN JARGON

Page 366. BALLADE I.
    I. *À Parouart*. Villon a joué sur deux mots : *Paris* et *paroir*, prononcé *parouar*, qui désignait le chevalet où l'on étendait les peaux que l'on voulait *parer*, le lieu où l'on préparait les peaux.
On comparait fréquemment les opérations du tannage au « tannage » que les pendus subissent du fait du soleil, de la pluie et du vent. Enfin, le mot *rouart*, doublet de *roastre*, désignait le bourreau qui roue les condamnés, les policiers et les sergents.

Page 368.
    26. *le grant Can*. Par allusion au grand Khan des Tartares que la publication du journal de voyage de Marco Polo avait fait connaître, il s'agit du grand chef de la police de Paris, autrement dit du prévôt de Paris.

Page 370. BALLADE II.
    1. *Coquillars en aruans a ruel*. Les *Coquillards* ou *compagnons de la Coquille* étaient une bande de brigands où l'on voit avec raison un débris de l'armée des Écorcheurs, soldats devenus pillards, et qui dévasta la Bourgogne entre 1450 et 1455. Ils menaient à Dijon une vie oisive, fréquentant la boutique d'un barbier, Perrenet Le Fournier, où ils jouaient aux dés, aux tables, aux marelles. Les uns

faisaient le trafic des bijoux et des objets précieux, les autres des chevaux. Ils avaient des receleurs et des fabricants de faux bijoux à Paris et voyageaient d'une province à l'autre. La police finit par les découvrir. Une quinzaine d'entre eux (mais la bande a pu compter de 500 à 1 000 brigands) tomba aux mains de la police et fut exécutée ; l'un d'eux, pour sauver sa tête, donna les noms des chefs, les usages de la bande et surtout les clés de leur langage secret ; voir L. Sainéan, *Les Sources de l'argot ancien,* Paris, 1912, t. I, p. 83-110. Cette bande, formée de gens venus de différents pays et provinces, constituait une véritable corporation avec ses apprentis, ses compagnons et son maître, le Roi de la Coquille. Villon leur fut lié, en particulier à Colin de Cayeux et Régnier de Montigny, qui tous deux furent pendus. Voir Marcel Schwob, *Spicilège,* Paris, 1896, p. 1-96, et B. Geremek, *Les Marginaux parisiens aux XIVe et XVe siècles,* Paris, 1976, p. 138-144. Sur Rueil, voir *Testament,* v. 1672 et note.

4. *Collin l'escailler.* Colin de Cayeux. Voir *Testament,* v. 861 et 1675.

13. *Montigny.* Régnier de Montigny. Voir *Lais,* v. 130.

Page 378. BALLADE IV.

5. *Berart.* Selon A. Ziwès, c'est le « surnom ou sobriquet de l'homme de police ou peut-être du mouchard d'occasion, du "coqueur", du faux frère qui prend part à un mauvais coup et trahit ensuite ses complices, les vendant à la justice » (*Le Jargon de Maître François Villon,* Paris, 1960, p. 206).

Page 382. BALLADE V.

3. *Qu'Ostac.* Il s'agit sans doute, par une anagramme approximative, du même personnage que le *Detusca* du vers 1194 du *Testament,* nom déformé de Jean Turquant, lieutenant criminel du prévôt de Paris et ami de Guillaume de Villon.

INDICATIONS BIBLIOGRAPHIQUES

I. MANUSCRITS

Aucun des manuscrits de Villon ne contient tous les textes qui lui sont attribués. Les plus complets sont les suivants :

Manuscrit A, de la fin du XVᵉ siècle, à la Bibliothèque de l'Arsenal (Paris), nº 3523 (reproduction diplomatique de Paul Lacroix, Paris, 1886) ;

Manuscrit B, postérieur à 1464, à la Bibliothèque nationale (Paris), fonds français, nº 1661 ;

Manuscrit C, dit manuscrit Coislin, de la seconde moitié du XVᵉ siècle, à la Bibliothèque nationale (Paris), fonds français, nº 20041 (reproduction diplomatique de B et de C par A. Jeanroy et E. Droz, Paris, 1932) ;

Manuscrit F, dit manuscrit Fauchet, de peu antérieur à 1480, à la Bibliothèque royale de Stockholm, V.u. 22, ms. fr. LIII (reproduction diplomatique de Marcel Schwob, Paris, 1905 ; de Jean de Bonnot, Paris, 1977).

Nous ne possédons aucun manuscrit autographe de Villon, sauf peut-être, dans un recueil exécuté sous la direction de Charles d'Orléans (Bibliothèque nationale de Paris, fonds français, nº 25458), deux pièces, le *Dit de la naissance de Marie d'Orléans,* la *Ballade du concours de Blois,* accompagnées d'une ballade, *Parfont conseil, eximium,* dont il est difficile d'attribuer la paternité à Villon.

II. PRINCIPALES ÉDITIONS

Au XVᵉ siècle :
Édition publiée par P. Levet en 1489 sous le titre *Le Grant*

Testament Villon et le petit. Son Codicille. Le Jargon et ses balades. On l'appelle *L'Imprimé.* Il en existe deux exemplaires à la Bibliothèque nationale de Paris, Réserve Y^e 245 et Y^e 238 (nombreuses reproductions diplomatiques).

Au XVIe siècle :
Édition de Clément Marot, chez Galiot du Pré, en 1533 :
Les œuvres de françoys Villon de Paris, reveues et remises en leur entier par Clément Marot, Valet de chambre du roy.

Au XIXe siècle :
Éditions de J.-H.-R. Prompsault en 1832 et 1835.

Au XXe siècle :
Édition d'A. Longnon, *Poésies de Villon,* dans les « Classiques français du Moyen Âge », Paris, Champion, 1911, qui est une reprise de la première édition parue dans la collection Lemerre, et qui a été revue et corrigée par L. Foulet en 1914, 1923, 1932.
Édition commentée par L. Thuasne, en trois volumes, Paris, Picard, 1923 ; Genève, Slatkine Reprints, 1967.
Édition d'A. Mary, *Œuvres de Villon,* introduction de J. Dufournet, Paris, Garnier, 1970.
Édition de J. Dufournet, *Poésies de Villon,* Paris, Gallimard, 1973 ; 2e éd., 1991.
Édition de J. Rychner et A. Henry, *Le Testament Villon,* t. I, texte, t. II, commentaire, Genève, Droz, 1974 ; *Le Lais Villon et les Poèmes variés,* t. I, texte, t. II, commentaire, Genève, Droz, 1977.
Édition de Claude Thiry, *Villon, Poésies complètes,* Paris, le Livre de poche, 1991.

Pour les ballades en jargon, on utilisera :
LANLY (A.), *Ballades en jargon,* édition et traduction, Paris, Champion, 1971.
ZIWÈS (A.) et DE BERCY (A.), *Le Jargon de Maître François Villon,* Paris, Waltz et Puget, 1960.

III. TRADUCTIONS, COMMENTAIRES ET LEXIQUE

BURGER (A.), *Lexique complet de la langue de Villon,* Genève, Droz, 1974.
DUFOURNET (J.), *Recherches sur le « Testament » de François Villon,* Paris, SEDES, 2e édition, t. I, 1971, t. II, 1973 ; *Nouvelles Recherches sur François Villon,* Paris, Champion, 1980.

LANLY (A.), *Œuvres de Villon*, 2 vol., Paris, Champion, 1969 ; 2ᵉ éd., 1 vol., 1992.

THOMAS (J. T. E.), *Lecture du Testament de Villon (Huitains I à XLV et LXXVIII à LXXXIV)*, Genève, Droz, 1992.

TZARA (Tr.), *Œuvres complètes*, t. VI : *Le Secret de Villon*, Paris, Flammarion, 1991.

Voir aussi les éditions citées de L. Thuasne et de J. Rychner et A. Henry, ainsi que l'édition du Livre de Poche, présentée, établie et annotée par P. Michel, Paris, 1972.

IV. ÉTUDES PUBLIÉES EN VOLUMES

BRUNELLI (G. A.), *François Villon. Commenti e contributi*, Messina, Peloritana, 1975.

CHAMPION (P.), *François Villon. Sa vie et son temps*, Paris, Champion, nouvelle édition, 1967, 1984 (avec postface).

CONS (L.), *État présent des études sur Villon*, Paris, Les Belles Lettres, 1936.

DEMAROLLE (P.), *L'esprit de Villon*, Paris, Nizet, 1968 ; *Villon, un testament ambigu*, Paris, Larousse, 1973 ; *Le vocabulaire de Villon, étude de langue et de style*, Lille, 1979.

DEROY (J.), *François Villon, coquillard et auteur dramatique*, Paris, Nizet, 1977.

DESONAY (F.), *Villon*, Paris, Droz, 1947.

DUFOURNET (J.), *Villon et sa fortune littéraire*, Saint-Médard-en-Jalles, Ducros, et Paris, Nizet, 1970 ; *Villon : ambiguïté et carnaval*, Paris, Champion, 1992.

FAVIER (J.), *François Villon*, Paris, Fayard, 1982.

FOX (J.), *The Poetry of Villon*, Londres, Nelson and Sons, 1962.

FRAPPIER (J.), *Du Moyen Âge à la Renaissance. Études d'histoire et de critique littéraire*, Paris, Champion, 1976, p. 133-243.

GUIRAUD (P.), *Le Jargon de Villon ou le Gai Savoir de la Coquille*, Paris, Gallimard, 1968 ; *Le « Testament » de Villon ou le Gai Savoir de la Basoche*, Paris, Gallimard, 1970.

HABECK (F.), *Villon ou la légende d'un rebelle*, Paris, Mercure de France, 1970.

KÜHN (D.), *La poétique de François Villon*, Paris, A. Colin, 1967.

LE GENTIL (P.), *Villon*, Paris, Hatier, 1967.

MARTINEAU-GENIEYS (C.), *Le thème de la mort dans la poésie française de 1450 à 1550*, Paris, Champion, 1977.

PARIS (G.), *François Villon*, Paris, Hachette, 1901.

PETIT-MORPHY (O.), *François Villon et la scolastique*, Paris, Champion, 1977.

PINKERNELL (G.), *François Villon et Charles d'Orléans (1457-1461) d'après les Poésies diverses de Villon*, Heidelberg, Carl Winter, 1992.

ROSSMANN (V.-R.), *François Villon. Les concepts médiévaux du « Testament »*, Paris, Delarge, 1976.

SARGENT-BAUR (B.), *Brothers of Dragons. Job Dolens and François Villon*, New York et Londres, Garland, 1990.

SCHWOB (M.), *François Villon. Rédaction et notes*, réimpression, Genève, Slatkine Reprints, 1974.

SICILIANO (I.), *François Villon et les thèmes poétiques du Moyen Âge*, 2ᵉ édition, Paris, Nizet, 1967 ; *Mésaventures posthumes de Maître François Villon*, Paris, Picard, 1973.

SÜPEK (O.), *Szolgálat és Zseretet*, Budapest, 1980, p. 119-164.

VAN ZOEST (A. J. A.), *Structures de deux testaments fictionnels : le « Lais » et le « Testament » de François Villon*, La Haye-Paris, Mouton, 1974.

VITZ (E. B.), *The Crossroad of Intentions*, La Haye-Paris, Mouton, 1974.

V. ARTICLES D'ÉCRIVAINS

CARCO (F.), *Le Destin de François Villon*, Paris, 1931.

CENDRARS (B.), « Sous le signe de François Villon », *La Table Ronde*, nº 51, mars 1952, p. 47-69.

EMMANUEL (P.), préface à *Villon*, Fribourg, 1944, p. 9-14.

GAUTIER (T.), « François Villon », *Les Grotesques*, Paris, Desessart, 1844, t. I, p. 1-59.

MAC ORLAN (P.), « François Villon », *Tableau de la littérature française*, Paris, Gallimard, 1962, t. I, p. 164-172.

MAROT (C.), *Prologue aux lecteurs*, dans l'édition citée.

POUND (E.), « Moncorbier alias Villon », *Esprit des littératures romanes*, Paris, 1966, p. 244-262.

SOLLERS (Ph.), *Les Folies françaises*, Paris, Gallimard, 1988.

STEVENSON (R. L.), « François Villon, Student, Poet and Housebreaker », *Familiar Studies of Men and Books*, Londres, 1882.

SUARÈS (A.), « François Villon », *Les Cahiers de la Quinzaine*, Paris, 25 janvier 1914.

TZARA (T.), préface à *François Villon, Poésies*, Paris, Gallimard, 1973, p. 7-16.

VALÉRY (P.), *Villon et Verlaine*, Paris, 1937. Repris dans ses *Œuvres*, Paris, Gallimard, 1959 (Bibliothèque de la Pléiade, t. I, p. 427-443).

VIALATTE (A.), « François Villon ou l'hygiène des poètes », *Dernières Nouvelles de l'homme*, Paris, 1978, p. 118-123.

VI. ARTICLES DE CRITIQUES

AUBAILLY (J.-C.), « Un exemple de triple signification chez Villon : À Saint-Satur gist soubs Sancerre (*T.* 925) », *Revue des langues romanes*, t. 79, 1971, p. 73-84.

BARTEAU (F.), « Y a-t-il un cadavre dans le placard ? De la difficulté d'être au rendez-vous, lorsqu'il se nomme « François Villon » ou même « Renart », *Revue des langues romanes*, t. 86, 1982, p. 239-256.

BURGER (A.), « L'Entroubli de Villon », *Romania*, t. 79, 1958, p. 485-495 ; « La Dure Prison de Meung », *Studi in onore di Italo Siciliano*, Florence, Olschki, 1966, p. 149-154.

DRAGONETTI (R.), « La Ballade de Fortune », *Revue des langues romanes*, t. 86, 1982, p. 177-189 ; « Le Contredit de François Villon », *Modern Language Notes*, t. 98, 1983, p. 594-623.

DUBRUCK (E.), « Villon's Two Pleads for Absolution », *L'Esprit créateur*, t. VII, 1967, p. 188-196.

DUFOURNET (J.), « Villon, le laurier et l'olivier », *Revue des Sciences humaines*, n° 183, 1981, p. 85-93 ; « Les Formes de l'ambiguïté dans le *Testament* de Villon », *Revue des langues romanes*, t. 86, 1982, p. 191-219 ; « La permanence d'une figure mythique ou Villon-Merlin », *Europe*, n° 654, octobre 1983, p. 83-92.

FOULET (L.), « Villon et Charles d'Orléans », *Medieval Studies in memory of Gertrude Schoepperle Loomis*, Paris-New York, Champion, 1927, p. 335-380 ; « Villon et le duc de Bourbon », *Mélanges... A. Thomas*, Paris, Champion, 1927, p. 165-171.

FOX (J.), « The Date and Composition of Villon's *Testament* », *French Studies*, t. VII, 1953, p. 310-322.

FRAPPIER (J.), « Contribution au commentaire de Villon », *Studi in onore di Italo Siciliano*, Florence, Olschki, 1966, p. 437-456 ; « Les trois Ballades du temps jadis dans le *Testament* de François Villon », *Bulletin de la Classe des lettres et des sciences morales et politiques de l'Académie royale de Belgique*, t. 57, 1971, p. 316-341.

HARDEN (R.), « François Villon and his monetary bequests », *Speculum*, t. 33, 1958, p. 345-350.

JODOGNE (O.), « À propos du cinquième centenaire du *Testament* de Villon : l'homme, son portrait littéraire et sa légende », *Bulletin de la Classe des lettres et des sciences morales et politiques de l'Académie royale de Belgique*, t. 47, 1961, p. 525-539.

KADA-BENOIST (D.), « Le Phénomène de désagrégation dans les trois Ballades du temps jadis de Villon », *Moyen Âge*, t. 80, 1974, p. 301-318.

LECOY (F.), « Notes sur le texte ou l'interprétation de quelques vers du *Testament* de Villon », *Romania*, t. 80, 1959, p. 493-514.

LE GENTIL (P.), « Villon, *Lais*, vers 281-304 », *Mélanges Jean Frappier*, Genève, Droz, 1970, t. II, p. 611-617.

MIGUET (T.), « L'Ésotérisme de Villon », *Mélanges A. Lanly*, Nancy, 1980, p. 239-262 ; « Le Trente-six dans Villon », *Revue des langues romanes*, t. 86, 1982, p. 257-290.

PAYEN (J.-C.), « Le coup de l'étrier : Villon martyr et goliard, ou comment se faire oublier quand on est immortel ? », *Études françaises*, t. 16, 1980, p. 21-34.

POIRION (D.), « Opposition et composition dans le *Testament* de Villon », *L'Esprit créateur*, t. VII, 1967, p. 170-179 ; « L'Enfance d'un poète : François Villon et son personnage », *Mélanges J. Lods*, Paris, E.N.S. de jeunes filles, 1978, p. 517-529.

SMEETS (J. R.) et VERHUYCK (P.), « François Villon, les dernières strophes du *Lais :* lyrique et science », *Revue des langues romanes*, t. 86, 1982, p. 221-238.

SPITZER (L.), « Étude a-historique d'un texte : la *Ballade des dames du temps jadis* », *Modern Language Quarterly*, 1940, t. I, p. 7-22.

SÜPEK (O.), « L'épithalame de Villon », *Annales Universitatis Scientiarum Budapestinensis de Rolando Eötvös nominatae, Sectio philologica*, t. I, 1963, p. 133-138 ; « Villon et la symbolique des nombres », *ibid.*, t. VI, 1965, p. 27-36 ; « La carte poétique de Villon », *Acta litteraria Academiae scientiarum hungaricae*, t. XIII, 1971, p. 475-486.

THIRY (C.), « La *Ballade contre les ennemis de la France :* une relecture », *Mélanges Jules Horrent*, Liège, 1980, p. 469-480.

WAGNER (R. L.), « Villon, *Le Testament*, commentaire aux vers 157-158 », *Fin du Moyen Âge et Renaissance, Mélanges offerts à R. Guiette*, Anvers, de Nederlandsche Boekhandel, 1961, p. 165-176.

VII. BIBLIOGRAPHIES

MORABITO (P.), « Bibliografia villoniana », dans G. A. Brunelli, *François Villon*, Milan, Marzorati, 1961, p. 201-298.

DI STEFANO (G.), « Villoniana : Bibliografia, 1959-1978 », *Le Moyen français*, n° 2, 1978, p. 120-155.

PECKHAM (R. D.), *François Villon. A Bibliography*, New York-Londres, Garland, 1990.

STURM (R.), *François Villon. Bibliographie und Materialien 1489-1988*, Munich-Londres-New York-Paris, K. G. Saur, 1990, 2 vol.

TABLE

GF Flammarion

04/12/111075-XII-2004 – Impr. MAURY Eurolivres, 45300 Manchecourt.
N° d'édition FG074107. – janvier 1993. – Printed in France.